내 멋대로 사는 인간,
호모 아니무스

## I am the Mind

# 내 멋대로 사는 인간,
# 호모 아니무스

**딥 트리베디** 지음  **최문형** 옮김

아마존의나비

# 내 멋대로 사는 인간,
# 호모 아니무스

**발행일** ┊ 2021년 9월 10일 초판 1쇄 발행

**지은이** ┊ 딥 트리베디
**옮긴이** ┊ 최문형
**발행인** ┊ 오성준
**편집** ┊ 정일영
**디자인** ┊ (주) 아작

**발행처** ┊ 아마존의 나비
**등록번호** ┊ 제2020-000073호
**주소** ┊ 서울특별시 은평구 통일로73길 31
**전화** ┊ 02-3144-8755, 8756
**팩스** ┊ 02-3144-8757

**ISBN** ┊ 979-11-90263-14-6 03190
**정가** ┊ 16,800원

아마존의나비는 카오스북의 인문학 단행본 브랜드입니다.

이 책은 Kangseong International Pvt Ltd.를 통해
Aatman Innovation Pvt Ltd.와 카오스북의 독점 계약으로 발행되었습니다.

# 한국어판
# 지은이 서문

'마음'의 비밀을 알아내어 마음을 이해하기를 원치 않는 사람이 있을까? 우리의 일상을 지배하는 것은 바로 마음이니 말이다. 마음에 저항하고 마음의 요구를 억누르면 우리는 아무것도 할 수 없다. 자신의 마음을 잘 아는 지혜로운 사람들은 기쁨과 성공을 누릴 수 있지만 불행하게도 극소수의 사람에게만 가능하다.

이 책의 목적은 뚜렷하다. 자신의 마음을 확실하게 파악한 사람들이 늘어나 성공과 행복에 이르도록 안내하는 것이다. 마음의 법칙은 간단하다. 당신이 마음을 주인으로 섬기면 마음은 당신의 삶을 뒤흔들겠지만, 당신이 마음의 주인이 된다면 마음은 곧바로 놀랄 만한 삶의 에너지를 제공할 것이다.

이 책의 주제는 사람들이 뇌와 마음의 차이점을 전혀 모르는 바람에, 뇌와 마음이 서로의 영역을 간섭함으로써 우리 인생이 안타까운 처지에 놓인다는 사실을 밝히는 것이다.

나는 이 책에서 여러 가지 흥미로운 에피소드와 우화를 통하여 '마음'과 '뇌' 사이의 차이점과 마음의 작동 체계를 분명하게 설명하고 마음과 뇌를 다루는 방법을 제시했다. 이 책이 당신의 인생에 새로운 방향을 제시할 수 있으리라 낙관한다. 한국의 독자들이 이 책을 읽고 스스로 마음의 주인이 되기를 바란다.


딥 트리베디

# 옮긴이 서문

이 책은 마음의 비밀을 밝혀 인생을 성공으로 이끌길 원하는 분들을 위한 입문서이자 이론서이고 동시에 워크북이다. 저자 딥 트리베디는 정신역학(psychodynamics) 분야의 전문가이다. 정신역학은 의식적 또는 무의식적으로 인간의 행동을 자극하는 인지적이고 감정적인 정신 과정을 탐구하는 학문이다. 탐구의 대상에는 인간의 유전적·생물학적 요소, 사회적 환경, 무엇보다 인간의 경험과 기억 간의 상호작용 등이 포함된다.

저자는 인도를 넘어 전 세계에 걸쳐 명쾌한 저술과 강연을 통해 사람들의 삶을 바꾸는 일에 열정을 쏟고 있다. 마음 사용법을 밝히는 그의 주제는 전 생애에 걸쳐 적용되며 분야와 연령대를 막론하고 귀 기울일 요목들이 있다. 이 책을 읽는 동안 독자들은 저자의 결연한 음성으로 현장 강의를 듣는 듯한 생생함을 느낄 수 있으리라 믿는다.

책은 3부로 구성되어 있다. 1부는 마음의 특성과 구조와 기능을 이론으로 밝힌다. 마음의 다양한 층위와 각 영역의 기능을 자세히 밝히고 있다. 또한 마음과 뇌의 차이점에 대해 상세하게 기술하였다.

2부는 인생의 슬픔과 걱정의 원인을 분석하고 그 해결책을 제시한다. 우리는 평소 염려와 불안과 슬픔의 문제에 민감하게 느끼지 못할 때가 많다. 그저 '인생이 그렇지' 하고 산다. 저자는 이런 문제들이 우리가 마음에 대해 잘 알지 못하고 나아가 마음을 잘못 다루는 데 있다고 알려준다. 우리가 평소에 겪고 사는 고질병 같은 문제들의 원인을 파헤쳐 해결책을 제시한다. 저자의 예리한 분석과 설명을 따라가다 보면 우리 삶의 문제가 명쾌해지는 기쁨을 맛볼 수 있다.

3부는 한걸음 더 나아가 우리의 삶을 행복과 성공으로 이끌 더 적극적이고 진취적인 요소들과 행동 지침을 제시한다. 2부가 문제점을 지닌 삶의 질곡에서 빠져나오기 위한 방법이라면, 3부는 성공의 사다리를 오르는 방법론으로, 하나씩 실천한다면 어느 새 달라진 자신의 시간과 인생을 깨닫게 될 것이다.

아마존의나비 출판사 오성준 대표에게 이 책의 번역을 제안받았다. 인도에서 이미 백만 명 이상의 독자가 선택한 책이었다. 인생의 성공과 행복을 이끄는 열쇠로서 '마음'을 소개하는 이 책의 매력에 즉시 번역을 수락했다. 진행하던 원고들을 뒤로하고 긴 시간 몰두하는 동안 마음의 리셋이 이루어지는 경험을 했다. 교정 원고를 대할 때도 이 책은 나에게 많은 힘과 에너지를 주었다. 흥미로운 사례와 이야기들로 저자의 주장들이 마음속에 쏙쏙 들어왔다.

현대 과학은 뇌의 비밀을 밝혀내어 인간의 마음과 행동을 분석하고 이해한다. 과학의 발달은 마음의 작용과 뇌의 기능의 전통적 구분을 상쇄하는 중이다. 하지만 저자는 뇌와 마음을 전혀 다른 실체로 파악하여 마음과 뇌의 특질과 기능을 비교 분석하는 데 많은 지면과 노력을 할애하였다. 또한 마음이 몸의 중심, 배꼽에 위치한다는 인도 사상의 고유성과도 마주하게 된다. 뇌과학이 저자의 주장을 어떻게 수용할지가 이 책의 핵심은 아니다. 독자인 우리는 마음이 가진 능력과 특성을 부각시키려는 저자의 의도와 주장에 주목할 뿐이다.

이 책의 종교에 대한 관점을 다소 못마땅해 할 독자들도 있으리라 생각한다. 저자가 활발한 마음의 긍정적 작용을 방해하는 요소들로서 사회 규범과 관습, 종교 교의 등을 적극적으로 비판하기 때문이다. 그는 곳곳에서 종교가 갖는 의식과 종교인들의 위선 등을 신랄하게 고발한다. 비교적 종교인이 많은 한국의 실정에서 조심스러운 부분이다. 하지만 저자가 예수나 부처 등 성인들의 생애와 사상에 대한 존경과 존중을 곳곳에서 표현한 대목에서 종교를 대하는 저자의 진심을 볼 수 있다.

문장 다듬기에 편집부의 큰 기여가 있었음을 고백하지 않을 수 없다. 구어체의 연설문 스타일의 원고가 문어체의 간결함으로 거듭나는 데 많은 노력과 경험을 보태주었다. 한국과 인도 사이에 문화적 차이가 존재하지만 사람들 마음의 본성은 큰 차이가 없다고 생각한다. 이 책과의 만남은 행운이라고 확신한다. 역자 또한 마음의 비밀과 사용법을 명백하게 알게 해 준 이 기회를 인생에서 매우 소중하게 여기며 이 책의 지침들을 실천할 생각이다.

2021년 여름
옮긴이 최문형

# 차례

# 1부

# 나는 누구인가

당신은 무엇을 위해 사는가?

누구나 삶의 즐거움과 성공을 위해 애쓰지만 수십억 인구 중 그 목표에 이르는 사람은 매우 적다. 모든 사람들이 행복과 성공을 꿈꾸며 살지만, 왜 그렇게 살지 못하는가.

이제 그 이유를 분명히 밝히려 한다.

나는 마음이다. 나는 당신 안에서 당신의 일거수 일투족을 조종하며 행복과 성공의 여정을 안내한다. 하지만 나를 무시하고 나의 의도를 벗어난다면 나의 짓궂은 장난기와 속임수 때문에 당신의 인생은 고통과 괴로움에 빠질 것이다.

그러니 당신은 나를 제대로 이해해야 한다. 이제 나의 비밀을 털어놓는다. 당신이 나를 잘만 이해한다면 성공과 행복은 온전히 당신의 것이다.

자, 나와 함께 행복과 성공의 여정으로 출발하자.

# 나는 마음이다

나는 '마음'이다. 나는 우주만큼이나 오래되었다. 나는 인류의 등장과 인류의 성패에 대한 유일한 목격자이다. 인류가 오늘날 존재할 수 있는 건 순전히 내 덕분이다. 낮이고 밤이고 인간을 지배하는 것은 전적으로 '나'이다. 나야말로 성공과 실패, 즐거움과 슬픔 등 인생의 모든 기복 뒤에 있는 원초적이고 중요한 이유이다.

아이러니한 것은 내가 영겁의 세월을 살고 있는데 인류는 여전히 '나'에 대해 완전히 무지하다는 사실이다. 사실 나에 대한 무지야말로 인류의 슬픔과 실패의 근원이다. 인류에 대한 동정과 연민을 포기하지 못하게 된 나는, 수많은 세월이 지난 오늘에 와서야 내가 어떤 존재인지, 나의 작동 구조와 영향력이 무엇인지 말하게 되었다.

생각해보자. 인생의 목표는 무엇인가? 한마디로 행복과 성공이다. 나와 당신이 반드시 알아야 할 것은, 사람들이 날이면 날마다 오직 즐거움과 성공을 얻기 위해 애쓴다는 점이다. 어제 오늘의 일이 아니다. 지구상에 인류가 나타난 이래 일반적인 현상이다. 근거 없이 하는 말이 아니다. 세기를 거쳐 발달한 인류의 지능, 삶을 개선하려는 인류의 지속적인 노력의 결과들을 보자.

인류는 야생의 과일과 뿌리와 날고기로 허기를 달래 왔는데, 이제는 맛과 영양이 풍부한 음식을 만들어냈다. 숲 속에서 추위와 더위에 맞서 싸웠지만 지금은 이것들을 막아주는 콘크리트 집을 짓고 산다. 마찬가지로 나뭇잎으로 수치를 가렸던 인류는 이제 화려하고 다양한 패션으로 아름다움을 뽐낸다.

이뿐인가? 애초에 고립 생활을 하던 사람들이 이제는 효과적으로 사회적 합의를 만들어냈다. 사람들의 지칠 줄 모르는 노력이 세계를 하나로 만들어 지구촌 시대가 되었다. 오늘날 최대의 성과는 사람들의 주의와 관심이 처음에는 자신에게만 한정되어 있었는데 이제는 인류 전반으로 확대되었다는 점이다.

수억 명의 사람들과 수만 개의 사회봉사 단체들이 인류의 삶을 향상시키기 위해 분주히 일하고 있다. 수백, 수천의 고아원들, 장애인을 위한 집, 병원과 공원들이 혜택받지 못하는 사람들을 돕기 위해 설립되었다. 불공평에 희생되는 사람들이 없도록 많은 법률들이 만들어졌다. 종교도 한몫했다. 다양한 종교와 경전들이 인류의 슬픔을 없애고 행복과 기쁨을 선사하기 위해 만들어졌다. 수많은 성인들과 신의 화신들이 신앙을 통하여 인류의 삶을 도우려고 이 지구상에 나타났다.

종교는 그들의 신앙 체계가 진리라고 인정되는 경우에, 그 필요가 있는 한에는 앞으로도 계속 전승될 것이다. 수천 가지의 의식들, 다양한 형태의 기도, 예배, 종교적 관습들이 여러 종교와 종교 지도자들에 의해 제시되었다. 인생 업그레이드를 간절히 원하던 인류는 곧 이러한 관습들에 복종했고, 그 결과 전 인류가 종교와 그 제의에 귀의했다.

그 후 인류의 행복과 기쁨을 과학이 책임지기 시작했다.

많은 지식인들이 이 고상한 동기에 참여하면서 과학의 시대가 도래했다. 그 결과 200년 전 50%에 달하던 유아 사망률은 2%대로 현저히 떨어졌다. 혈액 검사, 약물 요법, 치료법들이 고안되면서 많은 질병의 원인이 규명되고 치료되어 인류의 건강과 복지가 확보되었다. 심장 수술에서부터 무릎 뼈와 간장 이식 같은 복잡한 의술도 가능해졌다. 주목할 만한 과학의 발전은 인류의 삶을 엄청나게 바꾸어 놓았다.

과학은 인류의 삶의 다른 영역에서도 놀라운 역할을 해냈다. 끝없는 노력으로 인류의 건강과 장수, 웰빙에 기여했으며 편안하고 안정된 진보를 가져왔다. 안락한 집과 잘 고안된 에어컨, 자동차, 엘리베이터 같은 숱한 발명품을 만들어 냈다. 또 영화, TV, DVD와 같은 오락거리도 제공하였다. 동시에 교통 통신 혁명을 통해 인류 생활을 향상시켰다. 비행기, 라디오, 휴대전화 등 다양한 기기를 통해 사람들이 연결되었다. 달리 말하면, 과학은 인간의 손에 세계를 움직일 수 있는 리모콘을 쥐어주었다.

오늘날 아이들이 어린 시절부터 교육받을 수 있게 된 것이 과학의 덕택이라는 사실을 잊어서는 안 된다. 과학이 없었다면 성공과 행복을 얻으려는 인류의 근원적 욕구가 어떻게 달성될 수 있었을까?

나, '마음'은 사람들이 자신의 삶을 전반적으로 향상시키려는 노력들을 칭찬하고 진심으로 감사한다.

나는 종교, 사회, 과학, 교육이 인류의 삶을 기쁨과 평화와 행복으로 채우는 데 엄청난 노력을 했다는 사실에 동의한다. 그러나 시선을 돌려 최대한 겸손하게, 최종 결과에 대해 답해보자. 이렇게 많이 노력했는데 인간의 삶이 정말로 기쁨과 평화와 행복으로 가득 차 있는가? 나는 그렇게 생각하지 않는다.

원시시대부터 오늘날까지 분노, 이기심, 슬픔, 실패, 스트레스, 걱정, 권태와 폭력이 인류의 삶을 지배해 온 것을 나는 보았다. 만일 당신이 자신과 다른 이들의 인생을 찬찬이 둘러본다면, 모든 이들의 삶이 이러한 불편한 진실들로 가득 차 있음을 알 수 있다.

수천 년에 걸친 노력에도 불구하고 인류는 여전히 슬픔과 걱정에 빠져 산다. 이러한 현실이 더 이상 무시되어선 안 된다! 인류가 번영과 진보를 이루었지만 여전히 이렇게 가련한 처지에 놓여 있다면 정말 비참한 일 아닌가? 아무리 몸부림쳐도 고통이 존재하는 이런 가혹한 현실을 무시할 수 있을까? 종교, 과학, 사회적 시도들이 인간을 행복하게 만드는 일에 실패했으니 말이다.

지구에 출현한 자연의 최고 걸작품인 '인간'이 겨우 슬퍼하고 긴장하고 걱정이나 하고 있어서야 되겠는가? 그럴 수는 없는 노릇이다. 인류가 누릴 최초이자 최고의 권리는 행복과 성공과 즐거움이다. 자연은 지구상의 다른 어떤 종에게도 이런 특권을 허락하지 않았다.

이것이 사실이라면, 우리는 왜 불행한가? 도대체 무엇이 문제인가? 신이나 경전이 문제일까? 과학이나 사회 시스템이 문제일까? 그도 저도 아니면 우리의 삶의 방식에 문제가 있는 걸까?

이 문제에 대한 답을 찾으려면 우리 인생의 모든 것이 감정에 의해 움직인다는 것을, 그리고 인간의 모든 감정이 나, '마음'과 직접적으로 연관되어 있다는 점을 세심히 관찰해야 한다.

내가 인류의 삶을 좌지우지하는 존재가 아니라고 누가 쉽사리 부정할 수 있는가? 그렇다! 나야말로 바로 그런 존재이다.

사람들이 즐거움과 행복을 느낄 수 있는 것은 나 때문이고 슬픔과 실패의 원인 또한 나이다. 종교, 과학, 사회, 교육은 인간의 즐거움과 행복, 슬픔과 실패와 아무런 관련이 없다. 사람들은 자신의 삶을 향상시키려고 갖은 노력을 다했지만 나, 마음의 힘과 역할을 알려는 시도는 없었다.

하지만 나를 모르고 나의 힘과 능력을 제대로 활용하지 못하면 사람들은 행복과 기쁨을 누릴 수 없다. 인류가 나를 이해하고 해석하려고 노력하지 않은 건 아니다. 그러나 그러한 노력은 피상적이어서 딱히 결론에 이르지 못했고, 이에 대한 나의 안타까움이 나 자신을 사람들에게 낱낱이 알리게 만들었다. 이제 나에 관해 알게 되면 사람들은 행복하고 즐거워질 것이다.

위대한 과학자 에디슨의 인생을 보자. 에디슨은 세상을 환하게 밝혀줄 전구에 사용할 섬유를 찾고 있었다. 실험에 돌입하여 다양한 섬유들을 하나씩 테스트했다. 실험에서 그는 '전구를 밝히지 못하는' 섬유들을 분류하여 제거해 나갔다. 무려 6천 개 이상의 섬유들을 실험한 끝에 드디어 전구를 밝히는 '카본 필라멘트'를 찾는 데 성공했다.

당신도 에디슨처럼 오래전부터 수많은 섬유(해결책)들을 실험하면서 당신 인생의 빛을 밝히려 부단히 노력하지 않았는가? 하지만 성공은 야속하게도 당신을 요리조리 비껴갔다.

왜 그럴까? 다른 이유가 아니다. 당신은 아직도 당신의 삶을 밝혀주지 못하는 섬유(해결책)들을 가지고 수천 수만 번의 실험을 반복하고 있기 때문이다. 절, 사원, 교회 등 낡아빠진 종교들과 그들의 기도 방식과 의식들 말이다. 과거부터 지속되어 온 뇌에 대한 의존, 오래전부터 반복되어온 교훈들, 사회적 규범과 종교 경전, 똑같은 이야기와 원칙들, 바로 그 흔해빠진 훈련들 때문이다. 이러한 해결책을 아무리 반복해 실험해도 당신 인생에 행복을 가져올 수 없다는 사실을 똑똑히 인식해야 한다.

이제 나는 당신에게 이 사실을 이해시키고 새로운 일을 하도록 할 것이다. 무엇보다 중요한 사실은 당신이 인간이라는 것, 이 악순환을 끝내야 한다는 거다. 그러려면 나를 완벽히 파악해야 한다. 나, 그러니까 당신의 마음에 관해서 말이다.

나라는 '필라멘트', 나의 '능력'을 활용해야 당신의 인생을 밝힐 수 있다.

나의 목적은 당신에게 도움을 주는 것이다. 이를 위해 나의 작동 구조와 시스템을 상세히 안내하겠다.

  인간 존재의 성공과 실패의 비밀은
그의 마음 깊숙이 감추어져 있다.

# 나의 존재

당신에게 나를 소개했으니 이제 내가 누구인지, 나에 대해 말하려 한다. 나는 모든 사람들에게 동일한 분량으로 존재한다. 조금만 진지하게 생각한다면 당신 인생의 모든 것을 좌지우지하는 것이 바로 '나'라는 사실을 깨닫게 될 것이다. 삶에서 내가 관여하지 않는 부분은 없다. 내가 작동하는 방식은 꽤나 복잡해서 지금 당신에게 다 설명하기는 어렵다. 나는 당신 인생을 지배하는 엄청난 존재이지만 여전히 당신에게 알려지지 않은 실체이다. 최고의 지성을 가졌다 한들 나를 이해하기는 힘들다. 그래서 일단 나라는 존재에 대한 이해의 실마리를 제공하려 한다. 내가 관여해서 이룬 문명의 엄청난 진보에도 불구하고 과학은 여전히 나를 알아채지 못하고 있기 때문이다.

과학이 나를 알아보지 못하는 이유가 무엇일까? 과학이 관찰하고 분석하는 대상은 '가시적'인 작동 구조를 지닌 대상에 한정된다. 다시 말해 관찰과 분석을 통해 '볼 수 있는' 사물들의 작동 체계에 한정된다. 과학의 발견이나 연구의 대상은 서로 다른 것들의 융합이나 충돌에서 오는 결과이다.

간단히 말하면, 과학은 '시간과 공간' 안에 존재하는 사물들의 기능 체계를 찾아내는 것이다. 과학은 실험실 책상 위로 가져올 수 없는 것들을 인식하는 것이 아니며, 또 그렇게 해서도 안 된다. 과학의 진보는 '보이지 않는 것'을 믿느냐 믿지 않느냐의 여부에 달렸다. 그것은 끈질긴 노력으로 얻은 확신이며 그것으로 모든 실마리를 푸는 것이다. 더 이상의 의문이 없을 때 과학은 비로소 휴식을 취한다.

과학의 확신과 노력은 칭찬받아 마땅하다. 그것을 유지해주는 힘은 '이성'이다. 과학으로 인하여 인류는 달과 화성에 발을 들여놓았고 블랙홀과 수백만 개의 별들을 발견했다. 뿐만 아니라 거대 입자 가속기를 활용하여 빅뱅이론에 관한 실험을 이어왔다.

다시 '나의 존재'라는 주제로 돌아가 보자. 과학의 노력,

실험, 확신들은 인정할 만하다. 하지만 과학은 실제 나(마음)의 존재 자체를 아직도 알아내지 못했다. 나의 복잡한 메커니즘과 나의 동요, 감정들과 힘들은 개개인의 중심에 자리잡고 있다. 하지만 나는 전적으로 시간과 공간으로부터 독립해 있다. 나는 사람들의 몸 안 어디에도 물리적으로 존재하지 않는다. 그래서 과학은 나의 존재를 결코 인정하지 않는다.

과학은 인간의 핵심, 중심부를 '뇌'라고 인정해왔다. 하지만 뇌가 당신 인생에 미치는 영향은 겨우 10%이다. 나머지는 전적으로 나의 영향을 받는다. 나는 적절한 때에 뇌와 나 사이의 차이점을 밝힐 것이다. 지금은 나의 존재가 과학의 범위 밖에 있다는 사실만 설명하고자 한다.

간단히 소개하면, 나는 당신의 좋은 감정과 나쁜 감정의 중심이다.

나의 능력은 뇌가 가진 능력보다 천 배는 더 효율적이다. (과학적으로는) 보이지 않는 존재이므로 나의 감정과 능력 또한 과학적으로는 보여줄 수 없다.

행복, 슬픔, 질투, 후회, 분노, 긴장, 염려, 도취 등은 모두 나에게서 생겨나는 감정들이다. 이러한 수많은 감정들을 당신이 느끼고 감내해야만 하는 이유는 전적으로 나 때문이다. 이제 주의해 살펴보라. 인간 존재는 무엇인가? 만약 이러한 다양한 감정이 일어나지 않는다면, 그리고 이런 감정들이 상호 작용하지 않는다면 실제로 인생이 무엇이란 말인가?

아무것도 아니다. 인생에서 긍정적이거나 부정적 감정을 갖지 않는 순간은 없다. 당신이 어떠한 감정도 갖지 않는 순간이 있다면, 결국은 나(마음)의 상태가 '지루하다'는 것을 의미한다. 당신의 인생은 다름 아닌 나이다. 그저 나이다.

문제는 과학이 나의 존재를 믿지 않는 데 있다. 지난 5백 년 동안 태어난 과학자들을 살펴보자. 인류 역사에서 지금보다 더 똑똑한 사람들이 태어났던 적은 없다. 그들이 인류의 평화와 행복과 진보에 크게 기여했다는 사실은 의심의 여지가 없다.

과학자들은 육체적 고통이 인간의 삶을 생지옥으로 만든다는 사실을 인지했다. 또한 평화와 행복이 모든 사람들의 원초적 욕구라는 사실도 확실히 알았다. 그러나 문제는 과학이 자신의 이해방식의 한계 때문에 인간의 평화와 행복을 신체적 편안함, 삶의 질 향상, 흥밋거리와 연결한 데서 시작되었다. 결과적으로 끈질긴 과학의 헌신 덕에 안락과 사치, 즐거움을 안겨주는 다양한 도구와 장치가 발명되었다.

과학이 인간의 삶의 수준을 끌어올리는 데 기여한 것은 확실하다. 나 또한 삶의 질 향상, 편안함, 즐거움과 흥밋거리가 인생의 일차적 요구라는 데 동의한다. 기계의 발명이 인류의 삶의 수준을 엄청나게 향상시킨 사실도 인정한다. 하지만 과학이 인정할 수밖에 없는 것은 이 모든 것들이 인류의 삶에 미친 영향은 표면적이라는 점이다.

당신은 최고의 기계들이 제공하는 오직 신체적 편안함에만 한정되는 행복지수가 어떤 것인지를 경험해 볼 필요가 있다. 과학이 제공하는 편안함과 즐거움의 도구들에도 불구하고, 나의 수준, 즉 마음의 수준에서 인류는 여전히 슬픔, 걱정, 분노, 좌절 등에 포위되어 있다.

편안함과 흥미를 위한 수단들이 행복한 인생에 별 도움이 안 된다는 것을 알게 되면서, 과학은 '뇌'의 기능에 대한 실험을 시작했다. 과학은 뇌 표면의 화학물질의 종류와 스트레스 상황에서 신체에 작용하는 각각의 내분비선이 배출하는 호르몬의 종류를 밝히는 데 노력했고, 부분적으로 성공을 거두었다.

과학이 이런 실험으로부터 찾아낸 결론은 뇌에서 나오는 특정 화학 물질 때문에 각각의 감정 충동을 경험한다는 사실이다. 과학은 인간이 경험하는 다양한 감정의 높낮이를 담당하는 것이 바로 뇌라는 결론에 도달했다.

그러나 단언하건대, 과학이 내린 결론은 전적으로 틀렸다. 감정을 방출하는 것은 '나'이고 뇌는 단순히 그에 반응할 뿐이니까 말이다.

과학이 이러한 반응에 관한 연구를 했지만, 그 연구의 성공을 기대하기는 힘들 것이라 단언한다. 왜냐하면 뇌의 특정 화학 물질의 분비를 영구히 멈추게 하거나 인간의 근심 걱정을 완벽히 제어하는 약이나 주사를 발명할 수는 없기 때문이다.

이런 노력들이 비효율적으로 판명되었음에도 과학은 다시 DNA와 유전자를 발견했다. 이 선구적인 발견은 칭찬받을 만하다. 과학이 일구어낸 이 중대한 업적은 인간의 삶과 관련된 많은 비밀들을 밝혀냈다. 하지만 슬픔과 스트레스에 연관된 문제에 대해서는 연구가 정체되어 있다. DNA와 유전자는 체격, 나이, 피부색 등에 관련된 1차적 결정 요인들이지만 걱정, 스트레스, 분노 등에는 아무런 영향을 주지 못하기 때문이다.

과학에서 추진하는 DNA와 유전자 암호 해독과 재설계 연구 또한 칭찬할 일이다. 이것은 몇 마디 칭찬으로 때울 수 없는 과학이 이루어낸 획기적인 업적이다. 그러나 문제는 이 모든 발견들 이후에 당신이 얻은 것은 무엇인가 하는 점이다. 물론 몇몇 질병들이 정복되었고 인류의 수명 또한 늘어났다. 그러나 인간이 느끼는 감정의 문제는 어떻게 다루었는가? 이 모든 과학의 업적들은 단지 인간의 건강과 장수에만 적용될 뿐 나로부터 비롯되는 감정들에는 적용되지 않는다는 사실이 문제이다.

당신은 이렇게 말할지도 모른다.

"그 말을 어떻게 믿을 수 있나요?"

나는 이 과학의 시대 한 가운데서 나를 둘러싼 신비를 벗겨내고자 한다. 내가 말하고자 하는 것이 무엇이건 간에 그것은 과학의 시대에서 증명되어야 한다는 말이다. 그래서 나는 준비했다. 하지만 어려움은 있다. 나는 물리적 존재가 아니므로 과학자의 실험실 안에서는 나 자신에 관해 아무것도 증명할 수 없다는 점이다. 내가 만약 시공간의 제약을 받는 존재였다면, 과학은 이미 오래전에 나에 대한 분석을 끝내버렸을 것이고 인생의 걱정, 스트레스, 분노를 없애는 데 성공했을 것이다. 그렇다고 나란 존재가 실험실에서 전혀 증명 불가능하다는 얘기는 아니다.

나의 '살아 있는 실험실'은 바로 인간이므로 최소한의 지성을 가진 사람은 당장 나의 존재를 인식하고 실현할 것이다. 간단하다. 내가 말하고 경험한 모든 것을 단지 받아들이기만 하면 된다. 나는 당신 안에 존재하므로 나의 실험실인 당신이 무엇을 느끼는지 그것을 어떻게 느끼는지만 밝혀내면 된다.

같은 맥락에서 이야기해보자. 당신은 인간의 건강이 과학에 의해 유지된다는 사실에 동의할 것이다. 과학은 이제

혈액 몇 방울로도 신체 각 부분의 문제들을 정확하게 감지할 정도로 발전했다. 과학은 여러 질병들을 치료할 수많은 의약품들을 만들어냈다. 뿐만 아니라 당신의 신체를 다루는 데도 숙달되어 다양한 수술을 척척 해낸다. 하지만 이제 과학이 어떤 면에서 무기력한지를 밝히고자 한다.

과학은 나의 존재를 부정하지만 나의 모든 감정들을 수용할 수밖에 없다. 과학자들조차 기쁨, 슬픔, 염려를 겪을 수밖에 없으니, '보이지 않는 것'의 존재는 부정하면서도 일상에서는 형체 없는 감정들을 견뎌야 한다는 사실이 아니러니 아닌가? 비록 지금은 아닐지라도 장래의 어느 날, 과학은 '보이지 않는 것'의 존재를 확실하게 받아들일 수밖에 없을 것이다.

얼마나 오랜 시간이 지나야 과학이 눈을 떠 존재하는 것을 볼 수 있을까? '보이지 않는 것에는 동의하지 않는다'는 과학적 원칙이 있다 해도, 과학자들이 보이지 않는 감정을 실체로 인식할 날이 언젠가는 올 것이다. 과학이 별별 노력을 다한다 해도 결코 당신의 몸 안에서 눈에 보이지 않는 감정들을 찾아내지는 못할 것이다.

생각해보자. 과학이 인간 존재 안에 있는 염려의 양이 얼마나 되는지 실험으로 알아낼 수 있을까? 혈당이나 콜레스테롤 수치처럼 말이다. 과학이 혈압계 같은 기구를 발명해서 인간의 분노가 한계점을 넘어가는지 아닌지를 밝혀낼 수 있을까? 과학이 인간의 불안과 두려움을 조절할 약을 만들어낼 수 있을까?[*] 과학이 누군가의 유전자나 DNA로부터 그가 삶에서 맞닥뜨릴 문제들을 수치로 계량하고 염려의 한계를 예측할 수 있을까? 과학이 인간 존재에 숨겨 있는 슬픔을 제거할 수술을 할 수 있을까?

대답은 '노!'이다. 단언컨대 불가능하다. 왜냐하면 이러한 문제들은 과학의 손이 닿을 수 없는, 시간과 공간의 영역 밖에 있기 때문이다.

그러니 우선 당신의 지성을 활용하여 '나'라는 보이지 않는 존재와 보이지 않는 세계를 인식하라. 그리고 나서 나를 활성화하라. 그러면 당신의 인생에서 걱정과 고통들을 확실하게 제거할 수 있을 것이다.

당신이 나를 인식하는 데 성공한다면 눈에 보이지 않는 기쁨과 성공이 당신의 운명이 될 수 있다.

당신의 인생은 확실하게 행복으로 가득 찬 여행이 될 것이다. 당신이 지성을 지니고 나와 함께 인생을 살아간다면 말이다.

---

[*] 물론 일부 약들이 만들어져 판매되고 있지만, 대중적 요법에 그칠 뿐 근본적 치료에 이르지는 못한다. — 옮긴이

# 나의 속임수

나의 작동 방식과 능력을 자세히 설명하기 전에 나의 속임수, 나의 짓궂은 장난에 대해 말해보려 한다. 당신은 나의 속임수를 알아차리지 못했겠지만 나의 속임수 때문에 어려움을 겪은 일이 있었을 것이다. 일상에서 나의 속임수를 이런저런 방식으로 해결해 왔겠지만 그것들을 알아차리기는 힘들었을 것이다.

생각해보자. 당신은 바보이거나 자신의 이익을 해치는 사람인가? 아닐 거다. 그러면 생각만으로 당신의 어리숙함을 다룰 수 있을까? 오로지 당신이 원한다고 당신의 이익이 지켜질 수 있는가? 그렇지 않다. 당신이 이 모든 것들을 뇌로 생각하는 한 그렇게 할 수 없다. 이러한 속임수들은 나로 인해 나타나기 때문이다.

예를 들어 보자. 스물두 살 청년이 공원에서 평화롭게 쉬고 있었다. 짓궂은 친구가 옆을 지나가게 되었다. 친구가 편히 쉬는 꼴을 보아 넘기지 못하는 장난꾸러기 친구가 그에게 다가가 진지한 목소리로 심각하게 말했다.

"네가 여기 있는 사이 네 아내가 어떤 놈이랑 산책하는 걸 봤어."

이 말을 들은 친구가 외쳤다.

"이런 나쁜 여자 같으니, 절대 그냥 두지 않겠어!"

화가 나서 아내를 욕하던 그는 곧 자신이 아직 결혼도 안 했다는 사실을 깨달았다. 하지만 이미 늦었다. 친구 앞에 자신의 어리석음을 이미 노출해버렸으니.

웃어넘길 수도 있지만 사실 당신도 마찬가지다. 당신도 종종 같은 상황에 처한다. 이런 일이 일어날 수 있는 뒷 이야기는 나중에 할 것이다. 지금은 오직 나의 장난이 당신의 삶에 어떻게 영향을 미치는지에 대해서만 얘기하겠다.

앞서 언급한 얘기를 보자. 나의 작동시스템에 대해 전적으로 무지한 바람에 그 청년은 나의 짓궂은 장난에 희생되었다는 걸 알아야 한다.

다른 예를 들어 보자. 아주 친한 두 친구가 있었다. 한 사람은 평범한 가정 출신이고 다른 사람은 부유한 가정 출신이었다. 부의 격차는 그들의 우정에 결코 장애가 되지 않았다. 하지만 언제까지 그런 관계가 지속되었을까? 음…, 바로 내가 등장하기 전까지이다.

어느 날, 가난한 친구에게 갑자기 오토바이가 필요한 일이 생겼다. 손님이 오기로 되어 있어 급히 장을 봐야 했다. 부자 친구에게 오토바이가 있으니 '하루 정도는 빌릴 수 있겠지' 생각하며 친구 집을 향해 나섰다. 그런데 몇 걸음 가지 않아 갑자기 이런 생각이 들었다.

'혹시 친구가 오토바이를 안 빌려주면 어떻게 하지?'

하지만 곧 다른 생각이 바로 그를 안심시켰다.

'우린 오랜 친구 사이인데 그동안 호의를 베풀어 달라고 친구에게 요청한 적이 없어. 그런데 왜 거절하겠어?'

여느 때와 마찬가지로 본질적으로 짓궂은 나는 그에게 또 다른 생각을 주입시켰다. 그래서 그는 다시 생각했다.

'아냐, 그 녀석이 거절할 거 같아. 녀석은 보기와 달리 순진하지 않아. 아마도 '오토바이에 연료가 떨어졌네' 하며 거절할지 몰라. 그래? 까짓것 그러면 나는 '열쇠만 줘, 연료는 내가 채워 놓을게' 하고 말할 거야.'

이런저런 생각 끝에 그는 다시금 자신감을 회복했다. 하지만 몇 발자국 못 가 그의 마음은 다시 나의 새로운 장난기에 직면했다.

'너의 친구는 오토바이를 못 빌려준다는 수많은 핑계를 댈 거야. 그의 우정은 그저 표면적이니까. 아마 그 녀석은 '오늘 타이어가 펑크 났는데 고치질 못했어'라거나 '나도 집에 손님이 오기로 해서 장을 봐야 해'라고 말할 걸.'

이런저런 생각들이 마음속을 휘젓는 동안 가난한 친구는 슬며시 화가 치밀었다. 결국 그는 화가 난 상태로 친구 집 앞에 다다랐고 벨을 눌렀다. 아무것도 모르는 부자 친구가 얼른 나와서 문을 열었다. 하지만 이미 화가 날대로 난 가난한 친구는 친구를 보자마자 침착함을 잃고 소리 지르기 시작했다.

"너도 오토바이도 지옥에나 떨어져라! 내가 너 같은 부자를 아는데 부자들과는 진정한 친구가 될 수 없지. 그것뿐이야! 오늘로 우리 우정은 끝이야."

부자 친구는 놀랐다. 그는 친구의 행동에 놀랐지만 상황을 전혀 이해할 수 없었고 왜 저런 이상한 말을 하는지 도무지 알 수 없었다. 당황한 그가 물었다.

"네가 지금 말하는 게 어떤 오토바이고 어떤 부자야?"

하지만 가난한 친구는 실컷 화를 내고는 돌아서서 가버렸다.

이런 별난 충동을 만들어내는 공장이 바로 '나'이다. 나를 통제하지 못하는 상황에서 대부분의 사람들은 나의 장난스런 공격에 허를 찔릴 수밖에 없다.

원치 않았지만 결국 이런 어처구니 없는 상황에 엮이고 만다. 나의 짓궂은 장난은 사람들의 관계를 긴장으로 만든다. 모든 것이 안정적인 경우에도 사람들은 나로 인해 시시각각 새롭게 곤란한 상황에 직면한다.


이 주제와 관련된 아주 재미있는 다른 사건을 이야기하려 한다. 이야기는 약 200년 전으로 거슬러 올라간다. 작은 마을에 아크람과 살먼이라는 두 젊은이가 살았다. 열대여섯 나이인 그들의 우정은 동네의 화제였다. 10년이 넘는 세월을 그들은 붙어 다녔다. 그런데 단 한 번도 말다툼을 벌인 적이 없던 그들 사이에 어느 날 갑자기 심한 싸움이 벌어졌다. 그 싸움이 어찌나 격렬했던지 시퍼렇게 멍이 들 때까지 서로 치고받았다.

다행히 그 무렵 현장을 지나가던 마을 사람 몇이 끼어들어 그들을 떼어 놓았다. 그러나 이미 상황은 험악하게 돌아가고 있었다. 마을 사람들은 두 젊은이를 마을 원로들 앞에 세우는 게 좋다고 생각했다. 한때 막역했던 두 친구가 틀어진 상황이라 마을 원로들조차 할 말을 잃었다.

이 소문은 마을 전체에 순식간에 퍼졌다. 마을 사람들이 놀라서 물었다.

"어떻게 그렇게 둘도 없이 사이 좋던 아이들이 피를 볼 정도로 심하게 싸운 거지?"

소문을 들은 사람들이 너나없이 마을 회관으로 몰려들었다. 마을 원로들은 기가 막혀 무슨 일로 이런 폭력 사태까지 왔는지 두 친구에게 물었다. 하지만 두 친구 모두 아무 말도 하지 않았다. 그들이 무슨 말을 할 수 있단 말인가?

원로들이 그들에게 재차 물었지만 두 사람은 여전히 한마디도 하지 않았다. 원로들이 사건의 내막을 자세히 밝히라고 엄하게 추궁하자, 비로소 경위를 얘기하기 시작했다.

서로 피멍이 들도록 치고받으면서도 전혀 부끄러워하지 않았던 두 친구가 그들 사이에 실제 일어났던 일을 원로들에게 말하는 동안 점점 당황스러운 기색을 드러내기 시작했다. 원로들이 살면에게 사건의 내막을 더 자세히 밝히도록 요구하자, 당황해 하던 살면이 마침내 입을 열었다.

"우리 둘은 나무 아래서 평소처럼 한가로이 이야기를 나누고 있었어요. 얘기 도중 갑자기 무슨 생각이 나서 제가 아크람에게 말했지요. 우리가 얼마나 오래 부모님에게 의존할 수 있을지 걱정이 돼. 사업을 시작해서 학비랑 용돈을 벌어보면 어떨까?"

    마을 원로들은 이 얘기에서 싸움에 이르게 된 자극적인 요소는 전혀 찾을 수 없었다. 그의 얘기는 옳은 생각이었다. 도대체 무엇 때문에 그 얘기가 심한 싸움으로 번진 것일까? 살먼이 얘기를 이어 자세히 말했다.

    "저의 제안을 듣고 아크람이 바로 좋다고 했어요. 자기도 비슷한 생각을 하고 있었다고요. 그렇게 얘기가 진행되었어요. 진지한 생각 끝에 제가 말했어요. 들소를 두 마리 살까 생각 중이야. 젖을 짜는 데 두어 시간이면 되니까 열심히 짜서 우유를 팔자."

    말문이 터진 살먼이 계속 이었다.

    "저의 이야기를 듣던 아크람이 자기는 농장을 살 생각이라고 했어요. 농장에서 하루 서너 시간 정도 일하면 용돈도 제법 나오고, 또 수업료를 낼 정도의 충분한 수확도 거둘 수 있을 거라고요. 저는 아크람의 얘기에 정말 좋은 계획이라고 흥분했어요. 그래서 이렇게 말했죠. 나의 소를 다른 데서 먹일 필요가 없겠네. 너의 들에서 먹이면 되겠구나! 그런데 그 얘기를 들은 아크람이 완강하게 반대했어요. 제게 화를 내며 이렇게 말했어요. '너의 소를 내 농장에 들여보내 방목할 생각을 하다니, 꿈도 꾸지 마'라고 말이에요."

    살먼이 점차 격해진 음성으로 이어 나갔다.

    "아크람의 얘기에 저도 냉정을 잃고 바로 되받아쳤지요.

내 소는 너의 들에서 풀을 먹일 거야, 무슨 일이 있어도! 이 말에 아크람이 격하게 화를 내면서 저를 협박하더군요. '너의 소가 내 들에 풀을 뜯으러 들어오기만 해 봐. 그놈들의 다리를 부러뜨릴 거야.' 이쯤 되니 저도 화가 나서 아크람에게 대들었지요. 내 소를 건들기만 해봐라, 네 머리를 부숴 버리겠어! 드디어 화가 머리끝까지 난 저희들은 치고받고 싸우게 되었습니다."

내 속임수의 놀라움을 보았는가? 두 친구는 아직 소도 농장도 사지 않았다. 그런데 단순한 대화가 두 사람 사이의 심각한 폭력으로 번졌다.

십 년 넘게 좋은 친구로 지내온 사이인데 말이다. 내가 당신에게 말하려는 것은 당신의 삶에서도 이런 어처구니없는 일이 일어날 수 있다는 거다.

당신 안에 사는 유일한 존재인 '나', 즉 '당신의 마음'이 비슷한 장난질에 빠지게 한다. 주의 깊게 보면 나의 장난질이 시작될 때, 당신이 가진 지혜와 이성은 무기력해진다는 걸 깨닫게 될 것이다. 나한테 자극을 받은 당신은 통제 불능 상태가 된다.

나의 다양한 속임수에 대처하지 못하고 당신의 지성이 망가진다는 걸 인정한다면, 이제 그에 대한 해결책을 이야기하겠다. 스스로 아프다는 사실을 인정하는 사람만이 치료받을 수 있다. 아픈 데가 없다는 사람을 강제로 붙잡아 치료할 수는 없는 노릇 아닌가?

당신은 무슨 수로도 나의 장난질을 통제할 수 없었고, 당신의 지성은 내가 만들어낸 혼란으로부터 당신을 구할 수 없었다는 사실을 인정해야 한다. 교육이나 사회규범 역시 나의 장난질에 대한 해결책을 마련하지 못했다. 어떤 종교나 철학도 이런 문제들에 대한 확실한 해결책을 마련하지 못한다는 것을 인정해야 한다. 왜냐하면 나는 훨씬 더 크고, 독립적이고 독특한 실체이기 때문이다. 그러니까 당신을 나의 속임수로부터 구하는 해결책을 가진 유일한 존재는 오직 '나'이다.

하지만 나의 제안은 오직 한 가지 조건에서만 작동한다. 그것은 당신이 내가 준비하는 해결책에서만 나의 속임수로부터 스스로를 구할 방법을 찾는 것이다. 생각해보라. 당신의 마음이 불행하고 광기에 사로잡혀 있는데 과학이 가져다준 수많은 편리와 진보가 무슨 소용이란 말인가? 내가 해결책을 제시하기 전에, 먼저 당신은 내가 어떻게 구성되어 있는지 이해해야 한다.

 인간 존재는 마음 이외에
본질적으로 다른 어떤 것도 아니다.

# 나의 구조

당신이 스스로 고통받고 있다는 걸 인정했으니 이제 나의 구조에 대해 이야기하려 한다. 당신은 나를 이해하고 나의 속임수로부터 당신을 지켜야 한다. 나는 굉장히 복잡한 메커니즘을 가지고 보이지 않는 형태로 당신의 한가운데에 살고 있다는 사실을 한 번 더 기억하라. 보이지 않는 존재이므로 과학적 이해의 영역에 속하지 않는다는 사실도.

나의 메카니즘에 관해 말하면, 그 빈도의 다양성에 기반해 일곱 가지의 주요 상태로 분류할 수 있다. 그들 중 어떤 상태는 격렬하고 다른 상태는 독특하고 놀라운 힘이 있다.

## 나의 격렬한 상태들

1) 의식적 마음

2) 잠재의식적 마음

3) 무의식적 마음

## 나의 힘의 중심

4) 초의식적 마음

5) 집단의식적 마음

6) 자연 발생적(즉흥적) 마음

7) 궁극적 마음

위에 나열한 일곱 가지 상태의 본질은 완전히 다르다. 나의 메커니즘의 묘미는 특정한 마음 상태일 때 그 상태의 행동 특성이 당신의 태도에 자동으로 반영된다는 거다.

이제 각각의 상태를 간단히 말해보면, 어떤 상태들은 다루기 힘들고 위험할 수도 있지만 또 다른 상태들은 비범한 힘으로 가득 차 있다. 인생의 궁극적인 성취는 당신 안에 거주하는 마음의 상태에 의해 결정된다.

나의 일곱 가지 상태를 자세히 설명하기 전에 당신에게 부탁할 것이 있다. 먼저 아이들의 마음을 이해하라는 것이다.

그러고 나면 나의 다양한 상태의 영향력과 작동 구조에 대한 이해가 쉬울 것이다.

모든 아이들은 거의 같은 마음, 잠재력을 가지고 태어난다. 이 말은 마음의 차원에서는 어떠한 차이도 없이 태어난다는 뜻이다. 차이를 만드는 건 유전자이고 그러한 차이는 용모, 건강, 두뇌 등에 한정된다는 게 이미 알려진 사실이다.

아이의 마음으로 돌아가 보자.

아이들은 원초적으로 두 가지 언어밖에 모른다. 그것은 '사랑'과 '분노'이다.

이 두 가지는 세상에서 가장 강력한 에너지이기도 하다. 우주적 관점에서 보면 에너지는 두 가지이다. 두 대상이 결합될 때 생성되는 '사랑' 에너지와 두 대상이 충돌할 때 생성되는 '분노' 에너지이다. 당신이 누군가에게 긍정적인 변화를 만들고자 한다면, 사랑을 표현하거나 분노를 드러낸다. 당신 자신의 변화를 원하는 경우에도 역시 이 두 가지 언어로 자신과 소통한다.

그런데 불행히도 오늘날 사람들에게는 이 두 가지 에너지가 결핍되어 있다. 나는 뒤에서 이 두 가지, 인생을 개선하는 최대 에너지인 사랑과 분노가 왜 사람들의 삶에서 사라졌는지 이야기할 것이다. 우선은 아이들이 성공의 모든 잠재력인 이 두 가지 전능한 에너지의 최고 상태에서 태어난다는 점을 분명히 하겠다.

주의를 기울여 관찰해보라. 맘에 드는 장난감을 가지고 노는 아이가 얼마나 집중하는지 쉽게 확인할 수 있다. 한편, 좋아하는 물건을 빼앗기거나 원하는 일이 뜻대로 안 풀리면 아이는 화를 내고 떼를 쓴다. 아이는 사랑과 분노 외의 제3의 언어를 이해하지 못한다. 이는 아이들이 본질적으로 무한한 에너지를 지니고 태어난다는 것을 의미한다.

아이들과 어른의 뚜렷한 차이점은 얼마나 많은 지식을 가졌는가 하는 점이다. 아이들은 고작 엄마를 알아볼 뿐이다. 그 외의 다른 관계에는 관심이 없다. 아이들은 좋아하는 사람과 놀고, 싫어하는 사람은 멀리한다. 내 것과 네 것 또는 더 나은 것과 못한 것의 차이가 없다.

아이들의 레이더에 시시한 정보란 없다. 동시에 아이들은 종교나 계급, 사회규범이나 국적에 대해 알지 못한다. 이런 것들은 아이들과 아이들의 생활에서 눈곱만큼의 차이도 만들지 않는다는 사실을 알아야 한다. 조금만 생각해보면 앞에 언급한 아이들의 그러한 특성들이 아이들의 기쁨과 활기의 비밀 열쇠라는 사실을 이해할 수 있다. 바로 그것이 아이들이 모두에게 사랑받는 주요한 이유이다.

아이들의 특이점은 세상에서 가장 강력한 에너지인 사랑과 분노를 가지고 있다는 것, 그래서 항상 충만한 에너지로 가득 차 있다는 점이다. 그러므로 아이들을 아이들로 대하되 결코 그들을 우습게 보는 실수를 범하지 말라. 구제불능의 장난꾸러기인 데다 끊임없이 사고를 쳐도 아이들은 좀처럼 지치지 않는다는 걸 분명히 알아야 한다. 방금까지 놀다 지쳐 떨어져도 다시 놀 기회가 생기면 아이들은 바로 놀 태세에 들어간다. 어른 넷에게 하루 동안 교대로 아이들을 돌보게 하면, 몇 시간 후 모두 지쳐 떨어질 것이다. 그러나 아이들은 끄떡없다. 운동선수에게 하루 동안 아이처럼 활동해보라고 하면 몇 시간 만에 기진맥진하겠지만 아이들은 그렇지 않다. 아이들은 의자 밑으로 들어갔다 탁자 위로 튀어 오른다. 하나도 힘들지 않게 하루에도 20~30번 계단을 오르내릴 것이다.

운동 선수라면 이렇게 말하지 않을까? 아이를 돌보는 일보다 올림픽에서 메달 따는 게 훨씬 쉽다고. 이야기의 핵심은 사랑과 분노가 세상에서 가장 강력한 두 개의 에너지라는 것이다. 이 두 가지 에너지를 잃은 인간은 무기력해진다. 다시 말해 에너지가 감소한다.

아이들의 지적 능력에 대해 말하자면, 아이들은 정말이지 똑똑하다. 자신들이 원하는 게 무엇인지, 그리고 언제 어떻게 그것을 얻어낼 수 있는지 분명히 안다. 무슨 수를 써서라도 자신들이 원하는 것을 얻어내고야 마는 이유이다. 아이들은 천진난만한 미소로 거절할 수 없을 정도로 사랑스럽게 말할 것이다. 그렇게 했는데도 원하는 것을 얻지 못하면 곧바로 화를 내거나 심술을 부리거나 완강하게 매달릴 것이다. 온 집안을 뒤집어엎고 당신의 일상을 힘겹게 만들어버릴 것이다. 어찌되었건 자신이 원하는 것을 얻으려 할 것이다.

동시에 아이들의 매력을 보자. 아이들을 사랑하지 않을 사람이 있을까? 그들에게 최선을 다하지 않으려는 사람이 있을까? 아이들이 가진 매력의 신비는 어떤 잔인한 인간이라도 그들을 해치기 어렵게 만든다는 거다. 부모들이 악당이나 도둑에게 목숨이 위협받는 상황에서 아이들 덕분에 구조된 경우가 종종 보도된다. 아이들을 바라보면 자비로워지게 되어 있으니까.[*]

순진함, 단순함, 장난기, 그리고 집중력은 아이들이 지닌 고유한 특성들이다. 집중력! 아이들의 집중력에 대해 더이상 무슨 말로 표현할 수 있을까? 아이들의 집중력이야말로 단연 최고다. 놀 때의 집중력은 믿을 수 없을 정도다. 생각해보라. 어른들이 그 정도의 집중력을 가진다면 어찌 인

---

[*] 물론 아이들을 유괴하고 범죄의 대상으로 삼는 경우도 많다. 이런 유형의 사람을 때로는 사이코패스로 분류한다. —옮긴이

생에서 성공을 거두지 못하겠는가?

아이들은 또한 과거를 잊어버리는 경이로운 능력을 지녔다. 다른 아이와 싸운 지 채 몇 분도 지나지 않아 다시 다정하게 논다. 아이들의 열정은 몇 번을 넘어지든 다시 일어설 수 있게 한다.

어른들은 아이들과 대조된다. 어른들은 한 가지에도 집중하지 못한다. 그들이 아이 때 가졌던 그 집중력은 도대체 어디로 사라졌을까? 어른들의 열정은 정말이지 말할 가치가 없다. 몇 번 실패하고 나면 낙담 끝에 심지어는 자살까지 생각한다. 이러니 어른들에게 아이들의 순수함, 단순함, 에너지를 거론하는 게 무슨 소용이 있을까? 이제부터 하려는 말은 아이 때 열정을 잃어버리고 비참하게 비틀거리며 사는 우리 어른들에 관한 것이다.

당신에게 말하려는 요점은 아이 때 마음과 어른이 된 당신의 마음의 차이점이다. 기본적으로 아이가 태어날 때 마음의 상태는 '초의식적 마음'이다. 이 마음은 사랑과 분노로만 채워져 있으므로 에너지의 '파워 하우스'이다. 그들이 의도했건 안 했건 간에 행복과 성공을 이룬 사람들은 모두 최소한 이 '초의식적 마음' 안에 살아왔다.

무엇보다 중요한 것은 '초의식적 마음'에는 에너지의 결핍이 없다는 점이다. 쓸모없는 정보도 전혀 없다. 동시에 끊임없이 새로운 것을 시도하고 혁신하고 배우려는 열정과 집중력과 지속적인 시도 같은 강렬한 욕구로 넘쳐난다. 게다가 이 마음은 사랑과 분노의 에너지로 채워져 있어 원하는 것은 무엇이든 이룰 수 있다.

정리하면 이렇다. 성공하는 사람들과 아이들의 특성 간에는 놀라운 유사성이 있다. 왜냐하면 둘 다 '초의식적 마음' 안에, 혹은 그 언저리에 있기 때문이다. 그런데 궁금하지 않은가? '초의식적 마음'으로 태어나는 아이의 마음이 무슨 이유로, 또 어떤 경로로 다른 상태의 마음으로 옮겨갈까? 그러한 마음의 상태들은 어떤 것들이며 그 마음들의 속성은 무엇인가?

내가 이렇게 마음의 상태를 정교하게 분류한 데는 이유가 있다. 당신은 그것을 이해해야만 한다. 이것이 바로 당신 인생의 터닝 포인트, 즉 전환점이 될 것이기 때문이다. 바로 이 접점에 적절한 주의를 기울이고 신중하게 행동한다면 누구도 당신의 행복과 성공을 막을 수 없다.

다시 아이들 이야기로 돌아가자. 아이가 자라기 시작하면서 부모와 다른 가족들이 아이에게 여러 가지 정보와 교훈을 주기 시작한다. 조금 지나 아이는 종교와 계급을 알게되고, 마음에는 누가 자기편이고 아닌가에 관한 구별이 생겨난다.

인생에서 무언가가 되라는 시시한 과제들이 아이를 세게 떠민다. 이렇게 해서 아이에게 '의식적 마음'이 만들어지기 시작한다.

이 의식적 마음은 매우 약하지만 신호가 오는 즉시 아이는 두려움과 불안을 경험한다. 두려움과 불안이 오면 아이의 열정과 집중력은 감소하기 시작한다. 이 말은 아이가 악순환의 덫에 갇혀 자신이 가진 잠재력을 떨칠 가능성이 적어진다는 사실이다.

문제는 여기서 끝나지 않는다. 아이는 이제 학교로 보내진다. 아이의 등에는 인생에서 위대한 무언가를 성취해야 한다는 무거운 짐이 얹혀진다. 완전한 자유를 누리며 살던 아이는 이제 무거운 가방을 지고 학교에 가지 않으면 안 되고, 거기서 자신이 원하는 것과는 반대되는 것들을 배워야 한다. 이게 끝이 아니다. 아이는 이제 성적의 압박을 받는다. 학교에 대해 내가 더 이상 무슨 말을 할 수 있을까? 사랑을 원했던 아이, 즐거운 놀이를 원했던 아이는 교육이라는 미명하에 학교에서 시달린다. 그는 이제 선생님들에게 사랑이라곤 못 받을 불쌍한 처지에 놓여진다. 조금 더 자라면 집에서조차 사랑받지 못할 것이다.

꽃봉오리 같은 미소를 가진 아이는 선택의 여지없이 공부라는 짐 때문에 시들어갈 수밖에 없다. 강인한 의지를 지녔

던 아이는 압력과 강요에 굴복하기 시작하고 아이의 확고부
동성*은 흔들리기 시작한다. 네댓 살쯤 된 아이가 그렇게도
원하는 재미와 자유, 그리고 놀이를 떠나 교육이라는 족쇄
에 묶이는 걸 좋아할 리 없다. 이것이 이미 무기력해진 몇몇
아이들을 제외한 대부분의 아이들이 울면서 억지로 학교로
향하는 이유이다.

정말 우스운 일은 웃으며 학교 가는 아이의 부모들이 자
기 아이는 울지 않는다고 자랑하는 일이다! 십중팔구 그 아
이는 어리석을 가능성이 크다. 그런 부모들은 자신의 아이
가 커서 그저 시키는 일이나 하는 사람이 되지 않으면 다행
이라 생각해야 한다. 지금 내가 말하는 대상은 유치원, 초
등학교 1, 2학년 아이들이다. 그러나 이 아이들이 일단 친
구를 사귀고 세상을 알고 이해하려는 욕구가 생기고 나면
학교 가는 걸 즐길 수도 있다.

부모와 가족, 선생님은 아이들에게 좋은 매너와 행동거
지를 가르치기 시작한다. 화내지 말 것, 어른 말씀을 잘 들
을 것, 숙제를 잘할 것, 등등. 에너지의 '파워 하우스'인 아
이, 자신의 바람에 따라 자발적으로 살고 싶은 아이는 틀에

---

* 이 책에서 확고부동(firmness)이라는 개념은 자신의 타고난 본능이나 좋아하는
것을 추구하는 끈기와 결심이다.

박히고 순종적인 하인이 되도록 구슬려지고 결국은 평범한 삶으로 인도된다.

처음에 아이는 이런 일에 재미를 못 느낀다. 그러나 다양한 유혹과 박수갈채로 그것들을 따르도록 부추긴다. 이러한 전략이 실패하는 경우, 때로는 위협이나 징계로 강요한다. 여기서 짚고 넘어갈 것은 바로 이러한 과정에서 아이들의 아주 중요한 두 가지 에너지인 '분노'와 '사랑'이 지속적으로 억압된다는 점이다.

중요한 것은 가장 심각한 결과를 초래하는 이러한 억압들을 깊이 이해하는 일이다. 사실상 사랑이 억압될수록 아이는 점점 더 예민하고 감정적으로 변해 실망, 연민, 동정 등 수많은 복잡한 감정들에 휩싸이기 시작한다.

이런 모든 감정들은 아이의 잠재의식을 형성한다.

이러한 현상을 심리학적 용어로 간단히 설명하면, 아이의 사랑이 지속적으로 억압되어 가는 방식으로서, 아이는 감정적으로 변해가고 그의 무의식에 미해결 과제*가 쌓여간다.

불행히도 아이의 역경 스토리는 여기서 끝나지 않는다. 아이는 학교에 가고 싶지 않은데 가야만 한다. 놀고 싶고 장

---

\* sentimentality, 게슈탈트 심리 치료 용어 —옮긴이

난치고 싶은데 그럴 기회가 주어지지 않는다. 스스로가 마음의 주인이 되어 자유롭고 싶은데 훈육의 사슬에 매여 지내도록 강요된다. 그 결과 아이의 분노는 계속 억압된다. 이 억압된 분노들은 불안, 고통, 두려움, 질투 같은 삶을 파괴하는 감정들로 서서히 바뀌면서 무의식에 차곡차곡 쌓여 간다.

이제 이어지는 이야기에 주목해야 한다. 아이는 자라면서 분노와 같은 자신이 가진 생생한 에너지를 잃기 시작한다. 집중과 열정 같은 중요한 특성들 또한 서서히 사라지기 시작한다. 결과적으로 아이는 슬픔, 불안, 두려움, 실망 같은 위험하기 짝이 없는 부정적 감정들의 저장고가 되어가기 시작한다.

그리고는 인생 전반에 걸쳐 축적되어 있는 슬픔, 긴장, 두려움, 실망 등이 불필요한 상황에서도 튀어 나온다. 염려해야 할 문제이니 염려한다고 착각하지 마라. 실제로 염려는 당신의 무의식 속에 잘 저장되어 있다. 그것들은 다만 해방의 기회를 호시탐탐 노릴 뿐이다.

당신이 쉽게 내 말을 믿지 않을 거라는 건 나도 안다. 그러니 한 가지 예를 들어보자. 어느 날, 어떤 사람이 몇 백만 년 후에는 더 이상 해가 뜨지 않을 거라는 기사를 신문에서 읽었다고 치자. 만약에 해가 뜨지 않으면 지구 또한 존재할 수 없을 것이다. 그래서 어쨌다는 것인가? 지금 이 사람은 걱정에 사로잡혀 있다. 몇 백만 년은 고사하고 백 년 후에 해가 뜨지 않는다 한들 지금 그에게 무슨 상관이 있을까? 내면에 쌓아둔 불안은 언제든 표면으로 떠오를 이유만 찾고 있다. 이 억눌린 불안이나 분노는 그에게만 있는 것이 아니다. 누구에게나 마찬가지이다.

마음을 잘못 다룬 결과 인류가 어떻게 몰락할 것인가의 이야기는 여기서 끝나지 않는다. 당신은 먼저, 초의식 상태로 태어난 아이에게 불필요한 정보와 목표로 공격을 퍼붓는다. 이것은 곧바로 아이의 의식을 형성한다. 그런 다음 당신은 아이의 사랑과 분노를 억압한 채 아이의 무의식과 잠재의식을 강화시킨다. 그리고는 걱정, 우울, 두려움, 동정, 애착 따위의 감정을 아이에게 떠안긴다.

그러고 나면 똑똑한 당신은 만족할까? 그게 다가 아니다. 이제는 아이에게 감정을 드러내지 말고 억제하라고 가르칠 것이다. 감정을 겉으로 드러내는 게 항상 아이의 이익에 들어맞는 것은 아니라는 이유로 말이다.

"네 마음에서 무슨 일이 일어나는지 다른 사람들이 알아서는 안 된다."

불쌍한 아이는 이 말에 속아 넘어간다! 결과적으로 아이는 자신의 걱정, 슬픔, 두려움뿐 아니라 일반적인 감정과 느낌마저 억누르게 된다. 그는 일생 동안 분노와 사랑을 억제하며 살게 될 것이다. 이렇게 되면 또 다른 비참한 결과가 따라 온다. 억압된 걱정, 두려움, 슬픔, 애착 그리고 동정심들이 아이의 무의식과 잠재의식에 영원히 단단하게 뿌리내릴 뿐 아니라, 잠재된 그 감정은 다양한 강도로 자라난다.

이 불쌍한 아이는 다른 인간의 '헌신' 덕분에 생겨난 부정적인 감정들이 일으키는 충동을 결코 없애지 못한다! 긴장과 슬픔은 이제 그의 운명이 된다. 당신 안에 자리잡은 걱정, 슬픔, 두려움, 불안, 다양한 부정적 감정들은 그저 밖으로 튀어나올 뿐이라는 걸 분명히 이해해야 한다. 걱정이나 부정적인 감정들이 당신의 삶이나 어떤 특정 상황 때문이 아니라는 것을 알아야 한다.

이에 대해서는 잠시 후 자세히 설명하기로 하자. 지금 우리가 마주한 현실은 성공의 잠재력을 지닌 아이의 삶이 어떻게 끔찍한 재앙으로 변하는지에 관한 이야기이다. 그 주된 이유는 아이들에게 제대로 된 교육을 하지 못하고, 고의건 아니건 간에 아이들의 의식과 잠재의식, 그리고 무의식적 마음을 강화해주지 못한 우리의 무능함이다.

이것이 수많은 사람들 중에 오로지 한 명만이 이 악순환의 덫에서 빠져나와 행복과 성공을 누리는 이유이고, 자신의 초의식적 마음을 온전하게 보존할 수 있는 사람만이 행복을 갖는 이유이다. 그것을 가능하게 하는 방법은 두 가지다. 아이 스스로가 확고부동해서 다른 이들의 지시나 지침의 먹잇감이 되는 상황을 거부하거나, 부모나 교사들이 현명해서 아이에게 불필요한 압력을 가하지 않는 경우이다. 미래 세대를 위해 다음의 말을 마음 속에 각인해두라.

"스스로의 '초의식적 마음'을 간직하지 않는다면 세상의 어떤 아이도 행복과 성공을 누릴 수 없다. 동시에 초의식적 마음을 유지하는 아이의 행복과 성공을 막을 수 있는 사람은 아무도 없다."

심지어 과학조차 같은 사실을 말해준다. 과학자들은 뇌 발달의 80%가 어린 시절에 일어난다고 얘기하는데, 그들의 결론은 틀리지 않다. 그들의 진술은 전적으로 옳다. 이런 결론에 도달한 이들에게 영광을! 내가 설명한 것이 바로 이것이므로. 어떤 아이든지 그의 재능은 그의 '초의식적 마음'이 어느 정도로 안전하게 보존되는가에 달려 있다.

이에 대한 전적인 책임은 명백히 부모와 교사들에게 있다. 그들은 아이들의 욕망과 자주성을 존중하는 법을 배워야만 한다. 어떤 환경에서든 어떤 차별도 아이에게 가르치지 말아야 하며, 무의미하고 불필요한 어떤 훈련도 시키지 말아야 한다. 가장 중요한 것은 쓸모없는 가르침으로부터 아이를 떼어 놓아야 한다는 사실이다. 아이는 아이일 뿐,

쓸데없이 아이를 심각하게 만들지 말라. 집에 있기보다 학교에 있는 걸 더 즐길 수 있는 학교 환경을 만들라. 학교에서 전혀 집을 그리워하지 않는다면 아이는 구원받는 것이고, 그의 잠재력 또한 유지된다. 학교가 불편하다면 그런 학교는 다니지 않는 것이 아이에게 유익하다.

그렇게 하지 않는다면, 아이가 다 성장할 무렵이면 중요한 자질의 대부분은 잃게 될 것이다. 최근 인류의 상황은 나의 말이 옳았음을 여실히 보여준다. 인류가 이룬 진보는 차치하고, 인류는 아직도 성공한 사람들의 비율을 이상적으로 끌어올리지 못하고 있다. 오늘날에도 수백만의 사람들 중 겨우 소수의 사람들만 성공하는데, 그 이유는 전적으로 아이들에게 올바른 교육을 제공하지 못하기 때문이다. 수많은 사람들 중에 겨우 몇몇 어른들만이 아이들의 타고난 잠재력을 끌어올릴 수 있는 능력과 기술을 가지고 있다.

지금까지의 얘기는 당신이 저지르는 실수에 관한 논의였다. 나의 본성과 관련해 당신이 이해해야 할 아주 중요한 사실이 하나 더 있다. 그것은 내가 본성상 완전히 자유롭고 독립적이라는 사실이다. 불필요하게 억압된다고 느끼면, 나는 사람들이 자신이 저지른 일에 대해 커다란 대가를 치르게 만든다. 이러한 독립적 속성 때문에 나는 나쁜 평판을 받곤 했다. 오랫동안 삶에서 겪는 갖가지 어려움의 책임을 나에게 돌린 것이다.

하지만 나는 나의 입장을 아주 분명히 밝혔다. 나의 본성은 독립적이어서 내게 지워지는 어떠한 부담도 달가워하지 않는다. 그러니 나에게 어떠한 종류의 강요를 했건 간에 그 결과는 당신이 감내해야만 한다는 사실을 기억하라. 가장 중요한 점은 나의 본성은 결코 변하지 않는다는 사실이다. 그러니 나를 다루는 당신의 태도가 변해야 한다. 아이가 초의식적 마음에서 의식과 무의식의 마음으로 가버리면 그것은 가족, 사회, 그리고 교육이 비난받을 일이지 결코 내 탓이 아니라는 얘기다.

만약 세상에서 행복하고 성공한 사람들의 비율을 늘리고 싶다면 당신들의 교육 시스템을 변화시키라. 부모들과 가족들에게 자녀들을 어떻게 교육해야 할지 가르치고, 결코 나를 비난하지 말라. 당신이 나의 본성을 해치려고 한다면 나는 반드시 방어기제를 작동한다. 자, 나의 존재 안에 거주하는 각각의 마음들은 각각의 본성을 지켜낼 권리가 있다. 그러니 불필요하게 내게 간섭하지 말라.

이러한 사실을 파악했다면, 당신은 나의 세 가지 비교적 약한 상태들, 즉 의식, 잠재의식, 무의식적 마음이 당신 안에 강화되는 조건을 허용하지 않을 것이다. 나는 이미 당신에게 '의식적 마음'이 헛된 정보의 축적으로 생겨났음을 설명했다. 반면에 무의식과 잠재의식은 사랑과 분노의 억압으로 생겨나 더욱 강화된다는 사실을 설명했다. 그런 이유들이 아니라면 인류가 왜 슬픔, 불안, 질투, 혼란 등 감정의 동요에 사로잡히겠는가?

어떤 아이도 이런 감정들을 가지고 태어나지 않았고 그 누구도 이런 감정들 속에서 부대끼며 살도록 강요되지 않았다. 단지 사람들이 나의 본성에 무지해 자신들의 행위에 대한 부정적인 결과를 감내하는 길을 선택했기 때문이다. 그렇지 않다면 말해보라. 아이들이 걱정하는 것을 본 적이 있는지.

당신의 삶의 고통과 문제, 그리고 실패에 대해 누군가를 비난해야 한다면 당신 스스로를 비난하라.

그리고 당신이 나의 작동 체계를 이해하는 데 실패했기 때문에 이 모든 실수들을 저지르고 있음을 확실하게 이해하라.

# 나의 파워 센터

나의 놀라운 위업을 보라! 나에 관해 세세히 밝히는 동안에
도 장난스런 방식을 바꿀 수 없다. 나의 강력하고 유용한 상
태들에 관해 말하기 전에 속임수로 가득한 나의 상태들에
관해 논하겠다. 나는 이런 것들이 나의 주요한 상태가 아니
라는 점과, 당신의 무지로 인해 내가 그러한 존재 형식을 갖
추게 된다는 것을 이미 분명히 했다.

나는 믿을 수 없는 무한한 파워 센터(power center)이다. 나
는 자연이라는 총체적인 힘과 연관되어 있을 뿐 아니라 인생의
성장을 돕는 데 필수적인 힘을 지닌 유일한 실체이다.

당신이 자연의 최고 능력과 소통하려면 오직 나를 통해야만 한다. 그리고 인생에서 성공하려면 나의 파워 센터에 전적으로 의존해야 한다. 나의 파워 센터를 활성화하지 않으면 그 누구도 기쁘고 행복할 수 없다. 인생에서 누리는 행복과 성공의 한계는 그 사람 안에 나의 파워 센터가 몇 퍼센트나 활성화되느냐에 달려 있다.

당신은 행복과 성공을 위한 수많은 해법을 모색할 것이다. 하지만 그렇게 해서는 지속적인 행복과 주목할 만한 성공에 도달하지 못한다. 그 문제를 해결하는 데 교육을 못 받았거나 열심히 노력하지 않았다거나 결단력이 부족한 데 있는 것이 아니다. 당신을 지지하고 지켜줄 종교, 사회, 가정, 친구가 없는 것도 아니다. 그런데 왜 수억의 사람들 중 겨우 소수만이 인생을 가치 있게 만들까?

그 이유는 오로지 수억 명의 사람 중 소수의 사람만이 그들 안에 잠재한 나의 파워 센터를 활성화시키기 때문이다.

나의 파워 센터를 자세히 언급하기 전에, 그것들은 오로지 자연법칙과 맞아 떨어질 때만 활성화된다는 사실을 말하려 한다. 자연은 나의 수준, 즉 마음의 차원에서 누군가를 차별하지 않고 특정인을 편애하지도 않는다. 사람들이 수도 없이 실패하는 진짜 이유는 다름 아닌 나의 파워 센터에 대해 무지하기 때문이다. 이 파워 센터를 활성화하거나 그 규칙을 파악하는 일이 현실과 동떨어진 일이라 생각한다. 그럼에도 불구하고 성공을 원한다면, 나의 파워 센터들을 활성화하는 것 외에는 달리 방법이 없다. 이제 나의 파워에 대해 말하겠다. 당신은 내 안에 얼마나 굉장한 능력들이 잠자고 있는지 상상조차 못 할 거다! 인류 역사를 진지하게 들여다보면 내가 바로 개개인의 성공과 인류 진보의 이유란 걸 알 수 있을 텐데 말이다. 위대하고 행복하고 성공한 사람들은 의식했건 안 했건 모두 나의 힘들을 충분히 활용한 사람들이다.

그러니 이해하라! 어떤 사람이 성공도 못 하고 즐겁지도 않은 인생을 산다면 스스로 도덕군자인 척하는 탓이다.

사회적 규범에 따라 산 탓에 행복도 성공도 누리지 못한 것이다. 교육적 자질과 노력이 행복과 성공을 앗아간 것이다. 절이나 사원, 교회를 찾아 종교의 가르침을 따랐기 때문에 성공하지 못한 것이다. 이런 이유로 세상에는 '성공한 사람들'을 찾아보기 힘들다. 99퍼센트의 사람들은 각자의 예배 장소를 찾는다. 그러지 말라! 성공을 주거나 사람을 행복하게 만드는 것은 종교가 아닌 나의 권한이다.

그리고 나는 위에서 말한 여러 요소들과 전혀 관련이 없다. 나의 법칙은 모든 사람들 안에서 동등하게 활동하는 것이다. 나의 능력들을 활용하든지 나의 희생양이 되든지 간에 선택은 당신의 몫이다! 성공의 정점에 오를 것인가, 아니면 평생을 어둡고 깊은 고난과 혼돈 속에서 아무런 희망 없이 방황할 것인가? 그 중간 길은 없다.

다시 강조하건대 아이들은 '초의식적 마음' 상태로 태어난다. 그 마음의 상태는 본래 나의 엄청난 힘의 중심이다. 가정, 학교, 사회가 아이들의 욕망, 지능, 재능, 본성과 끈기를 인정하고 아이들을 지지해준다면, 아이들은 어릴 때부터 나의 파워 센터를 파고들기 시작할 것이다. 그러나 양육과 쓸데없는 지식을 명목으로 아이들은 억압되고 잠재력은 무시된다. 아이들이 스스로의 재능에 반대되는 행동을 강요당한다면, 이 불쌍한 아이들은 곧 나의 파괴적 형태의 희생양이 될 것이다.

아이를 양육하는 일은 그 아이의 인생의 조건과 방향을 정해주는 결정인자를 심어주는 일이다. 그러니 아이에게 용기를 북돋워주라. 스스로의 잠재력과 재능을 깨닫게 하고 아이의 욕망을 존중해주라. 필요할 때는 언제고 인도해주라. 아이에게 세상의 방식과 수단을 가르치라. 그러나 이 모든 과정에서 아이가 가진 사랑과 분노가 억눌리지 않도록 보장하라.

고집 부리거나 버릇없이 장난쳐도 쓸모없다 낙인찍지 말라. 아이가 장난스럽다는 건 힘이 넘치고 에너지로 가득 차 있다는 증거다. 다만 그 에너지를 좋은 방향으로 돌려 주기만 하면 된다. 아이의 타고난 재능의 방향으로. 그러고 나서 직접 확인해보라. 아이의 파워 센터가 어떻게 순식간에 활성화되는지.

아이와 함께하는 동안은 마땅히 주의와 배려를 기울이도록 해야 하며, 아이들의 분노와 사랑이 어떤 식으로도 억압되지 않게 보장해주어야 한다. 사랑과 분노가 선을 넘어 억압되면 아이의 의식적 마음뿐 아니라 잠재의식과 무의식적 마음이 싹트기 시작할 것이다. 이 세 가지 마음의 상태는 부정적 감정과 충동의 저장고라는 것을 잊지 말라. 일단 이 마음들이 싹트기 시작하면 아이의 나머지 인생은 이 저장고로부터 발생하는 영향으로부터 자유로울 수 없다.

그래서 과학은 아이가 네 살에서 다섯 살 사이에 인생에서 가치가 있는 모든 것들을 배운다고 하는 것이다.

이것이 내 말의 정확한 요지이다. 아이의 초의식적 마음이 보존되느냐 안 되느냐가 문제이다.

당신이 저질렀을 법한 가장 심각한 실수를 한 번 더 생각해보자. 어린 시절은 인생의 전환기이다. 아이들은 천진난만하기 때문에 이 시절에 기회를 잃으면 영원히 기회를 잃는다. 왜 나의 파워 센터를 보존해야 하는지 이해해야 한다.

동시에 나의 파괴적 형태로부터 어떻게 스스로를 지킬 수 있는지도 꼭 인식해야 한다. 이제 나의 파워 센터, 즉 ❶초의식적 마음, ❷집단의식적 마음, ❸즉흥적 마음, ❹궁극적 마음, 그리고 이 마음들의 작동 메카니즘을 상세히 설명하겠다.

## ❶ 초의식적 마음

이미 아이들의 마음을 설명하면서 간단하게 나의 초의식적 상태에 대해 소개했다.

집중, 열정과 자기 확신은 나의 초의식적 마음 상태의 본질적 특성이다.

인생에서 위대한 성공을 거둔 사람이라면 나의 초의식적 마음의 상태를 알았든 몰랐든 간에 이것들을 성취했다. 왜냐하면 자신의 초의식적 마음이 활동한 결과이기 때문이다.

전구를 발명하여 온 세상을 밝혔을 뿐 아니라 1,093개의 특허를 등록한 위대한 과학자 토마스 에디슨의 일생에서 나의 이런 상태를 이해해보자. 알다시피 에디슨은 일곱 살에 학교 교사들로부터 '성적 부진아'로 낙인찍혔다. 선생님이 가르치는 모든 것들에 대해 엄청난 질문을 했기 때문이다.

에디슨의 어머니 낸시도 교사였다. 그녀는 자신의 사랑

하는 아들이 멸시받는 것을 참을 수 없었다. 아들의 능력을 전적으로 믿었던 그녀는 용감하게도 에디슨을 그 학교에서 빼내기로 결정했다. 그러고 나서 두어 군데 다른 학교에 보내봤지만 에디슨은 여전했고, 그를 대하는 학교의 태도 또한 달라지지 않았다. 결국 낸시는 홈스쿨을 결정했다. 이제 에디슨은 학교와 교사에게서 받는 모욕에서 자유로울 수 있었다.

꼬마 에디슨은 이제 더 이상 자신의 사랑과 분노를 누르지 않아도 되었다. 덕분에 그의 의식, 무의식, 잠재의식적 마음은 강화되지 않았다. 어머니의 애정 어린 교육 방식 덕에 에디슨은 아무런 문제없이 지낼 수 있었다. 어머니 낸시 또한 사랑하는 아들의 수많은 질문을 개의치 않았다. 오히려 새로운 것을 배우려는 아들의 호기심을 칭찬하고 즐거워했다.

3, 4년간 어머니의 지도로 공부하면서 에디슨은 과학과 실험에 매력을 느꼈다. 집안 형편이 풍족하지는 않았지만 에디슨에게는 전혀 문제될 게 없었다. 그에게는 어머니로부터 받은 믿음과 어마어마한 사랑이 차고도 넘쳤다. 돈을 벌려고 열한 살 나이에 가게를 차려 과일을 팔기도 하고 기차에서 신문도 팔았다. 그렇게 번 돈으로 집 안에다 자신만의 실험실을 만들었고 때로는 기차 안에서도 실험을 했다.

어린 에디슨이 실험을 하다 보니 종종 사고도 따랐다. 사고 때문에 아버지나 기차 역무원에 의해 실험실이 종종 폐쇄되기도 했다. 내가 말했던 열정, 집중, 그리고 자기 확신은 초의식적 마음의 본질적 속성이다. 결국 학교에 다니지 않은, 인내심 있고 단호한 에디슨은 당대 최고의 발명 특허 보유자가 되었다. 뿐만 아니라 온 세상을 밝게 비춘 최고의 발명품인 전구를 인류에게 선사했다. 에디슨 일생의 페이지들을 훑어보라. 당신은 그가 이루어낸 모든 것이 그의 집중, 열정, 그리고 자기 확신의 결과 외에 그 무엇도 아님을 깨닫게 될 것이다.

아이의 초의식적 마음을 보존하는 것이 얼마나 중요한지 반드시 이해해야 한다. 초의식적 마음이 활성화되지 않으면 수많은 단계들을 거치고 수천 가지의 뛰어난 과제들을 달성한다고 해도 성공과 행복을 마주할 수 없다. 이러한 사례는 헬렌 켈러의 삶을 통해 가장 잘 드러난다. 그녀는 의지의 상징이고 표본이다. 생기 있고 활발했던 헬렌은 겨우 생후 일 년 반 만에 성홍열에 걸렸다. 열병은 고쳤지만 아이는 더 이상 보지도 듣지도 못하게 되었다.

그러나 이 슬픔의 시간 속에서 엄마 캐더린과 아빠 아더 켈러는 비극을 곱씹는 대신 헬렌의 양육에 집중하기로 했다. 헬렌의 인생은 어둠 속으로 추락했지만 부모는 헬렌의 초의식적 마음이 손상되지 않도록 모든 사랑을 쏟아부었다.

그들은 헬렌을 돌보면서 모든 소원을 들어주었다. 엄청난 불행이 덮쳤지만 어린 헬렌은 자신의 사랑과 분노를 억누르지 않아도 되었다.

헬렌이 일곱 살쯤 되었을 때 앤이라는 선생님이 그녀의 인생으로 들어왔다. 그녀는 헬렌의 배움의 열망에 불을 붙였다. 아주 빠르게 헬렌은 단어를 읽고 단어들로 문장을 구성하는 법을 배웠다. 당시 환경으로서는 믿기 힘든 기적이었다.

농아이며 맹인인 헬렌이 드디어 읽기 시작했다. 앤 선생님은 마분지에 글자를 새겨 헬렌에게 가르치기 시작했다. 헬렌은 소중한 감각 두 가지를 잃었지만 이제 더 즐거운 일을 찾았다. 배움의 길은 이렇게 시작되었고 헬렌은 뒤돌아보지 않았다. 앤의 헌신과 헬렌의 열정이 잘 조화되어 열한 살이 되자 타이핑도 배웠다. 새롭게 익힌 타이핑 기술 덕분에 헬렌은 자신의 감정들을 표현할 새로운 매체를 확보하게 되었다. 이 사실은 일찍이 어둠 속에 가려져 있었던 헬렌이 이제 세상과 소통하게 되었음을 의미했다.

강력한 배움의 욕구를 느낀 헬렌을 위해 나무 조각에 글자를 양각해 만든 특별한 책이 만들어졌다. 헬렌은 책을 읽기 시작했고 심지어는 책 한 권을 다 외우기까지 했다. 이렇게 이뤄낸 주목할 만한 성취로 헬렌은 전 세계로부터 감사와 찬사를 받았고, 하룻밤 사이에 세계적으로 유명한 사람이 되었다. 엄청난 투지와 헌신으로 헬렌은 세계 최초로 학사학위를 취득한 시청각 장애인이었다. 이 또한 전 세계가 주목한 역사적 사건이었다.

헬렌의 놀라운 여정은 여기서 끝나지 않았다. 그녀는 사회 문제에 대해 깊은 관심과 동정심을 가졌다. 늘 열정적이었던 헬렌은 장애를 지닌 사람들의 삶의 질 개선이라는 대의에 자신을 바쳤다. 이를 위해 그녀는 입술과 혀 사이를 조정해 자신의 의지로 서로 다른 단어들을 표현하는 기술을 배웠고, 장애인들의 삶의 향상을 위한 메시지를 전파하러 대중 연설을 시작했다.

이러한 노력은 엄청난 찬사를 불러일으켰다. 수많은 사람들이 그녀의 연설을 들으러 몰려와 그녀를 지지했다. 헬렌이 입술을 움직이면 입술과 혀의 위치를 파악한 앤 선생님이 의미를 통역해주었다. 이것이 헬렌이 세상과 소통하는 방식이었다. 더구나 헬렌은 12권의 책을 저술하는 믿기 어려운 위업을 달성했다. 인내심 강한 그녀는 장애인들의 삶의 질 향상을 위해 70세가 될 때까지 무려 12년 동안이나 유럽·아시아 등 여러 나라들을 순회했다.

이러한 활동은 분명 그녀의 집중력, 열정, 그리고 자신감의 극치였다. 그녀가 방문한 나라의 대통령이나 수상들, 다양한 계층의 사람들이 열렬히 그녀를 만나고 싶어했다. 세계 각국의 칭송은 참으로 대단했다. 88세의 나이로 사망할 때까지 그녀는 무려 12명의 미국 대통령과 회담을 가졌다.

역사에 기록될 만한 헬렌의 인생과 영광스러운 업적들을 잘 생각해보라. 그녀의 삶의 여정에 집중, 열정, 자신감 말고 무엇이 있는가? 초의식적 마음이 듣지도 보지도 못하는 헬렌에게 이런 엄청난 성공을 주었다는 걸 안다면, 그 마음이 당신 인생에서 만들어낼 멋진 광경들은 그저 상상만 해도 신나지 않는가?

누구든 인생에서 굉장한 성공을 거두길 원한다. 그러려면 열정, 자기 확신, 집중력이 요구된다는 사실을 헬렌의 경우에서 알 수 있다. 사람들은 이런 특성들을 갈망하며, 이러한 특성을 계발하도록 충고와 훈련을 받기도 한다. 문제는 솟구치는 열정에 대한 욕망이 당신 자신의 욕망인지, 아니면 다른 사람들의 강요에 의한 것인지를 분별할 줄 알아야 한다는 것이다. 훈련을 통해 효과적으로 배울 수 있는 것이라면, 누구나 이미 그러한 열정과 자신감으로 충만하지 않겠는가?

이런 특성들은 지식 시장에서 구매할 수 있는 것이 아니다. 시장에서 살 수 있었다면 당신은 그것들을 오래전에 사들여 자신의 부족한 부분을 보완했을 것이다. 이런 자질들은 바로 '초의식적 마음'의 본질에서 벗어나지 않는다. 초의식적 마음을 활성화하지 않으면 시도 때도 없이 당신은 뇌를 쥐어짜거나 수많은 해결책을 궁리해야 할 것이다. 하지만 그렇게 한다고 문제에 대한 열정과 자신감, 집중력이 좋아지지 않는다. 이 모든 것들은 초의식적 마음이 활성화될 때만 비로소 가능하다.

초의식적 마음은 오직 한 가지 조건에서만 활성화된다. 바로 당신의 의식, 무의식, 잠재의식이 약화되었을 때이다.

그러니 다양한 해결책이라는 것들은 옆으로 밀어두고 당신 안에 자리 잡고 있는 나의 초의식적 상태를 활성화하는 데 집중하라. 최소한 활발히 움직이는 아이의 초의식적 마음을 불필요하게 간섭해 결국 약화시켜버리는 짓은 하지 말라.

## ❷ 집단의식적 마음

나의 강력한 상태가 강렬한 모습으로 나타나면 그것은 모든 사람들의 마음에 자동적으로 연결된다. 이러한 속성 때문에 집단의식적 마음은 사람들의 삶을 전례 없는 수준으로 끌어올릴 수 있는 잠재력을 가진다. 개인마다 정도 차이는 있지만, 이 집단 의식적 상태는 모든 사람에게 항상 활성화되어 있다. 수많은 순간과 사건 속에서 대부분의 사람들이 비슷한 생각을 갖게 되는데, 이것이 바로 나의 활성화된 집단 의식적 상태이다.

몇 가지 예를 들어보자. 하룻밤 사이에 대히트된 노래에 관심이 확 끌렸던 경험이 있을 것이다. 어떤 지도자가 만들어낸 슬로건이 대중의 마음을 움직여 짧은 기간에 인기를 끄는 현상을 목격한 적도 있을 것이다. 이런 경우에 대중들을 비슷한 취향으로 이끄는 나의 상태가 작동한다.

고(故) 다이애나 왕세자비의 예를 들어보자. 다이애나는 늘 언론의 헤드라인을 장식했다. 그녀의 의상, 헤어스타일과 패션 감각은 언제나 세간의 화제였고 사회봉사 활동 또한 굉장한 관심을 끌었다. 그렇다 해도 그녀의 인기가 세상을 멈추게 할 정도까지는 아니었다.

그런데 어느 날 그녀는 세상을 멈추게 했다! 놀랍게도 전 세계가 그녀의 장례식을 지켜보았다. TV를 통해 그녀의 장례식을 지켜 본 사람들의 숫자는 세계적으로 전무후무한 최고의 시청률로 기록되었다. 무슨 일이 일어난 걸까? 그것은 오로지 나, 나의 집단의식적 상태가 사람들이 그렇게 하도록 밀어붙인 결과이다. 이제 당신은 나에 관한 두 가지, 즉 나의 이 상태와 그 작동 시스템을 이해했을 것이다.

중요한 것은 나의 집단의식적 상태의 충동을 경험하고 따른다고 해서 이 상태가 당신에게 항상 긍정적으로 작용하는 것은 아니라는 사실이다. 자신의 내부에서 나의 집단의식적 상태를 적당히 활성화시킨 사람은 결코 그러한 충동의 희생양이 되지 않는다. 오히려 그는 사람들의 집단적 선호도를 정확히 파악하고는 사람들의 욕망을 공감하는 전문가가 된다.

오늘날과 같은 자본주의 세계에서 사람들의 욕망을 파악하여 계량하는 것이 얼마나 중요한지는 두말할 필요가 없다. 사람들의 욕망을 알아내서 활용하기 위해 매년 '시장조사'에 수백만 명이 투입된다. 어떤 상품이 불타나게 팔릴까? 어떤 광고 문구가 사람들의 마음을 움직여 이 제품을 사게 만들까? 어떤 슬로건이 선거에서 압도적으로 먹힐까? 어떤 스토리 라인이 대중을 극장으로 끌어들일까?

간단히 말해 리더든 배우든 대기업이든 간에 "대중들이 좋아하는 것과 싫어하는 것이 무엇인가?"라는 물음을 중심으로 움직인다. 하지만 나의 집단의식 상태가 활성화된 사람, 그래서 사람들의 선호와 반감에 직접 다가설 수 있는 사람은 이런 물음을 반복할 필요가 없다. 어떤 분야가 되었든 간에 그 사람은 하룻밤 사이에 성공의 주인공이 될 수 있다.

그러나 대중의 욕망을 식별하는 능력이 집단의식 상태의 유일한 특성은 아니다. 집단의식적 마음이 활성화된 사람은 언제 어디서 마지막으로 만났는지에 상관없이 조금만 주의를 기울여도 상대가 특정 순간에 어떤 생각을 하고 어떤 행동을 할 것인지 쉽게 파악한다. 이것이 바로 '텔레파시'이다.

나의 이 상태의 가장 유익한 점은 당신을 대상으로 꾸미는 음모나 계획을 예감할 수 있게 한다는 것이다. 이런 예감은 당신으로 하여금 매사에 조심하게 만들어준다. 예감하여 경계하는데 어떤 문제에 닥칠 수 있단 말인가? 말할 필요도 없이 당신의 운명은 평화롭고 행복해진다.

그뿐이겠는가. 나의 집단의식적 상태가 최고조로 활성화되면 약간의 집중력만으로도 누구에게나 생각의 변화를 일으키는 영향력을 행사할 수 있다.

요컨대, 나의 집단의식 상태가 활성화된 사람은 수많은 문제를 스스로 제거하고 인생의 성공과 행복의 정점을 맛볼 수 있다. 이해관계에 있어서 이제 아무도 당신을 한 방 먹일 수 없다는 얘기이다. 집단의식적 마음이 모두에게 활성화되어 있다고 치자. 문제는 그 강도의 차이이다. 대부분의 사람은 이 마음의 상태가 약하기 때문에 평생을 착취당한다. 열심히 일하고 많은 노력을 기울였음에도 불구하고 결과적으로 축복과 성공은 그들을 비껴간다.

그 이유는 분명하다. 약한 집단의식적 마음 때문에 그들은 늘 평범한 사고방식에 갇혀 있다. 그리고는 두려움과 욕망의 냄새를 타인에게 솔솔 풍겨대는 탓에 어김 없는 착취의 대상이 된다. 이 문제가 당신과는 상관없다고 생각하겠지만, 혹시 종교 지도자라는 사람들에게 종교라는 이름으로 착취당한 적은 없는지 돌이켜 보라.

아이가 태어나거나 결혼하거나 장례를 치를 때, 당신은 선택의 여지없이 그들에게 의식을 행해 달라고 도움을 구하지 않았는가? 종교 지도자들은 마음에 거짓 확신이나 공포를 불러 일으켜 당신으로 하여금 종교적 의식이나 절차를 행하게 만든다. 더불어 기억해야 할 것은 이 모든 것들이 공짜로 되는 게 아니라 그들에게 '보수'를 지불해야 한다는 사실이다.

더군다나 이런 종교 지도자들은 당신에게 사원이나 교회에 나오도록, 그리고 큰 액수의 돈을 기부하는 습관을 들이도록 한다. 당신의 노예화 덕택에 오늘날 5천만이 넘는 사람들이 기부금으로 먹고 산다. 이 사람들이 얼마만큼의 부를 축적했는지 당신은 상상조차 못할 것이다. 사원과 교회가 얼마나 부를 축적하고 있는지 생각해본 적이 있는가? 그러한 부는 어디에서 오는가? 이 모든 부는 다름 아닌 당신이 힘들여 번 돈에서 나온다.

이제 생각해보자. 당신이 고되게 벌어들인 이익을 거두어 가는 누군가가 있는데 어떻게 당신의 인생이 나아질 수 있겠는가? 단도직입적으로 생각해보자. 노예화와 가난을 제외하고 종교를 통해 당신이 얻는 것이 무엇인가? 왜 당신은 종교를 다른 관점으로 생각해보지 않는가? 정기적으로 절과 교회와 사원을 찾는 그렇게 많은 사람들 중 몇 명이나 행복하고 성공했는가? 그들의 문제가 그 안에서 다 해결되었는가? 해결된 건 하나도 없다. 그렇지 않은가? 그런데 어떻게 당신의 인생에서 그런 일이 일어나리라 기대하는가?

답은 분명하다. 당신의 약한 집단의식적 마음이 다른 사람들로부터 쉽게 영향을 받기 때문에 이런 착취로 고통받을 수밖에 없다. 나로선 도저히 이해할 수 없다. 왜 당신이 쓸데없이 수백 수천만의 종교인들을 먹여 살리고 양성해야 하는가? 아무것도 할 능력이 없어서, 당신의 자선에 의지해 살아가는 사람들이다. 그들이 당신 인생을 개선시킬 수 없다는 사실을 왜 깨닫지 못하는가? 당신이 애써 번 돈을 그들의 탐욕스런 손아귀에 쏟아붓는 대신 그들이 열심히 일하도록 만드는 게 낫지 않을까? 당신이 그들을 먹여살리지 않고 논밭에서 일하게 만들 수 있다면 전 세계 곡물 가격이 하루아침에 뚝 떨어지는 현상을 보게 될지도 모른다.

종교 지도자들만 당신을 착취하는 게 아니다. 착취자의 목록은 끝이 없다. 심지어 의사들 중에도 건강을 구실로 당신을 착취하는 사람들이 있다. 의약품, 비타민과 건강 보조

식품 등 그 목록도 한이 없다. 이런 것들이 당신한테 꼭 필요한지 한 번이라도 심각하게 고려해본 적이 있는가? 조금만 생각하면 건강을 증진시키거나 심지어는 질병을 완화해준다는 명목으로 당신이 힘들여 번 돈을 약탈해간다는 사실을 깨닫게 될 것이다.

대기업과 그들이 생산한 희한한 상품은 또 어떤가? 당신의 필요와 무관하게 그들은 자극적인 광고로 그 상품의 필요성을 당신에게 세뇌시킨다. 철모르는 아이들이 광고의 유혹에 쏠려 얼마나 많은 쓸모없는 물건을 사는가? 무엇인가 사기 전에 그것이 과연 꼭 필요한지 생각해본 적이 있는가? 오로지 약한 집단의식적 마음 탓에 필요 없는 물건을 구매하도록 강요받는다.

교육 기관들 역시 당신을 엄청나게 착취한다. 대단치 않은 시설과 하찮은 평판을 무기로 아이의 교육에 필요하다고 당신의 주머니를 쏠쏠히 털어가지 않는가? 그렇다! 여기서 당신은 스스로에게 질문해야 한다. 이런 값비싼 교육의 덕으로 인생에서 성공한 사람들이 과연 몇이나 될까? 그런 교육이 과연 좋은지 나쁜지에 대한 고민조차 귀찮거나, 부모 자신의 명성과 체면, 사회적 지위를 소중히 여긴다면 자식을 그냥 명문학교에 다니게 하라!

정치인들은 또 어떤가? 눈에 띄는 슬로건과 긴 공약들,

종교, 사회, 계급이라는 이름으로 행해지는 폭력적 선동이 난무한다. 이걸로도 모자라 정치인들은 매번 애국심이란 카드를 꺼내들고 국가적 자존심을 내세워 싸우도록 한다. 이렇게 해서 당신이 얻을 것이 무엇인지 생각해본 적이 있는가? 소중한 시간과 에너지를 낭비할 뿐이다. 날이 갈수록 당신을 예속시키고 착취만 늘어간다. 이런 선동가들의 활동을 지지하고 참여하는 일이 당신의 인생을 향상시켜 주는가?

당신이 이런 자들에게 돈을 낭비하고도 얼마간의 자산을 모았다고 치자. 당신에게 남은 돈이 얼마이건 간에 세상에는 부를 늘려준다는 명목으로 당신의 돈을 노리는 별별 사기꾼들이 즐비하다. 이런 과정을 거치면서 당신에게는 아무것도 남는 게 없어진다. 남는 건 오직 고된 노동과 투쟁, 스트레스와 긴장뿐. 이런 수많은 방식의 착취로부터 자신을 지키고자 한다면 거짓 보증의 희생양이 되는 일을 중단해야 한다.

삶의 고삐를 자신의 손에 쥐라. 외부의 도움에 의지하려는 기대는 접어라.

그러고 나면 당신의 집단의식적 마음은 저절로 강화될 것이고, 타인으로부터 지속적으로 받는 불필요한 영향력이 없어진다. 그 무엇에도 휘둘리지 않는데 누가 감히 당신을 착취할 수 있겠는가?

당신 스스로 처한 가련한 상황을 직시하라. 힘써 일하는 당신 대신 다른 누군가가 그 열매를 거두어들인다! 재주는 곰이 넘고 돈은 왕서방이 번다! 당신이 벌어들인 돈으로 엉뚱한 이가 행복을 누린다. 나의 집단의식적 상태가 당신 안에 충분히 활성화되지 않았기 때문에 당신의 인생은 끝없는 투쟁과 고난 속에서 착취되고 있다. 왜 당신이 이런 군중심리의 희생양이 되어야 하는가? 다른 사람들과 똑같이 생각하고 행동하는데, 당신에게 무언가 다른 일이 일어날 거라고 어떻게 기대할 수 있겠는가?

왜 자신만의 사고방식을 개발하지 않는가? 왜 애초에 집단 속에서 군중과 하나가 되는 길을 택하는가? 집단이 종교를 기초로 했든 계급을 기초로 했든, 아니면 국가나 현실적 필요에 의해 생겨났든 그게 뭐가 중요한가? 어느 집단이 되었건 당신은 확실히 착취당할 텐데 말이다.

기억하라. 사람들은 늘 집단에 이용당한다. 대부분의 사람들은 이용당하고 착취당하는 일에 관심을 두지 않는다. 어쩌다 이것이 잘못되었다는 걸 알게된 한 사람이 나타나는데, 바로 그 이유로 이 '한 사람'은 집단에서 존경받게 된다. 말할 것도 없이 이 '한 사람'은 나의 집단의식적 상태가 강한 사람이다. 대개의 집단들은 나의 집단의식 상태가 약한 사람들, 착취의 희생양이 되는 사람들로 구성된다.

그러므로 나의 놀라운 파워의 중심, 집단의식적 마음을 활성화하고 싶다면 어떤 종류의 집단이건 간에 그 집단의 부분이 되는 상황을 피하라. 당신의 결정과 좋아하는 것을 선택하는 데 당신만의 개성을 호출하라. 당신이 원하는 것을 확실하게 인식하라. 헛된 도움과 보장을 기대하지 말라. 절대로 해로운 무리 속의 일원이 되지 말라.

그러다보면 당신은 사람들 개개인의 마음속에 어떤 일이 벌어지는지 가늠할 수 있을 뿐 아니라 그들이 생각하는 방향도 바꿀 수 있게 될 것이다. 당신은 놀랍게도 사람들의 집단적 선호를 끌어들이는 힘을 얻게 될 것이다. 당신에 대한 타인의 착취를 끝내는 것은 보너스다. 이럴진대 누가 감히 당신 인생의 행복과 성공을 가로막을 수 있겠는가?

### ❸ 즉흥적 마음

당신이 집단의식적 마음과 그 마음의 영향을 제대로 이해했길 바란다. 이제 나의 즉흥적 상태와 그 영향에 대해 말할 차례이다.

나의 즉흥적 상태는 자연의 '자발적 의식'의 본질적 부분이다. 나의 즉흥적 상태가 활성화된 사람은 '생각하지' 않는다.

이 상태의 명령에 따라 인생의 모든 결정을 내리고 이 마음의 명령들을 행동으로 옮긴다. 이해득실을 생각하지 않고 좋고 나쁨을 생각하지도 않는다. 이렇게 하려면 엄청난 믿음이 필요하다. 용기 있는 사람만이 해낼 수 있다. 용기가 발휘되려면 먼저 다음의 질문에 대답해야 한다.

"이 즉흥적 마음은 어떻게 활성화되고 또 그 효용은 무엇일까?"

당신은 이렇게 말할 것이다.

"그래요, 당신 말 다 맞아요. 하지만 그 마음의 유익함을 알아야 용기를 낼 거 아닌가요?"

이에 대해 답하겠다. 나의 즉흥적 상태는 삶의 매 순간마다 열정과 기쁨으로 사는 사람, 자신의 관심 분야 외에는 눈도 안 돌리는 사람들 안에서 활성화된다. 지속적으로 열정과 기쁨을 추구하며 자신의 인생을 사는 사람들에게서 어느 날 갑자기 창의적 요소가 활성화된다. 이 창의적 요소는 관심 영역에서 어느 날 갑자기 촉발될 수 있는 자신의 즉흥적 마음의 한 부분이다.

여기서 기억할 것은 세상의 모든 위대한 성공은 이 창의적 요소가 활성화된 결과에 다름 아니라는 사실이다. 최고의 시와 문학, 매혹적인 음악이나 춤, 아름다운 그림이나 그 밖의 예술품, 아니면 혁신적 생산품이나 발군의 사업적 아이디어, 심지어 과학적 발견이나 발명조차도 창의적 요소가 활성화되지 않았다면 성취할 수 없었을 것이다.

창의성이 자연의 영역이라는 사실을 기억해야 한다. 자연과 조화를 이루지 않고 창의성이 어떻게 흘러나올 수 있을까? 결코 불가능하다! 오로지 생각만 하고, 경계와 한계에 매여 결정하는 방식으로는 창의성이 성취될 수 없다. 창의성은 그야말로 자연 법칙과의 조화 속에서 흘러나온다. 다시 말해 일단 창의적 요소가 활성화되면 그것은 아름다운 창작물의 형태로 스스로를 드러낸다는 뜻이다.

그래서 시인이나 작곡가, 다양한 분야의 예술가들은 사전에 어떤 창의적 작품을 만들지, 언제 만들지를 결정하지 않는다. 다만 자신의 갈망이나 욕구에 따라 무언가 창의적인 것을 만들어낼 뿐이다. 아무리 뛰어난 예술가라도 창의적인 것을 만들기 위해서는 그저 자기 안에 꿈틀거리는 힘을 기다릴 뿐이다.

창의성을 위한 추동력에의 의존이 바로 예술가들이 즐겨 말하는 '무드(mood)'이다. 창의적인 작품을 만들어내지 못하면, 그들은 '무드'가 없어서라고 한다. 그럼 도대체 무드란 무엇인가? 아름다운 선율을 작곡하고 싶은데, 그 순간 당신의 창의적 요소는 당신 내부로부터 어떤 자극도 보내지 않는다. 그래도 조바심 내지 말고 기다려라! 창의적 요소가 일단 그 동력을 불러일으키기 시작하면 멋진 작품이 떠오르고, 작품은 저절로 만들어질 것이다. 요컨대 당신 자신의 의지나 욕망으로 무언가를 창작하는 게 아니라는 사실이다. 그저 내가 나(마음)의 법칙에 따라 그것을 내보낼 뿐이다.

인류 역사를 훑어보면 위대한 성공을 거둔 사람은 그가 누구이건 크게 애쓰지 않고 성취를 이끌어냈음을 알 수 있다. 창의적 요소가 활성화되는 순간, 그들은 무언가 아주 특출하고 혁신적인 것을 만들어냈다. 그 혁신은 워낙 이례적인 것이어서 즉각 히트하게 되었다. 명성은 대양을 넘어 울려 퍼지고 영광은 전 세계에 알려졌다. 오직 새롭고 혁신적인 무언가를 창조했을 때 비로소 성공을 거둘 수 있었다. 컴퓨터를 발명하거나 애플이나 페이스북 같은 혁신에 이르렀을 때 말이다.

"혁신이 세상을 지배한다"는 명제는 최고의 법칙이다.

당신이 지금까지의 예를 통해, 세상에서 성공하고 행복한 모든 사람들의 인생을 이해하고, 그들의 성공 뒤에 감춰진 이유를 찾길 바란다. 인생에서 놀랄 만한 성공을 거두기를 원한다면 시간을 내 50~100명 정도의 위대한 사람들의 전설적 전기를 독파하라. 내가 밝히고 싶어 안달하는 사실이 무엇인지 이해하게 될 것이다.

창의적 요소에 대한 논의에서 앞으로 나아가 이제 당신에게 즉흥적 마음의 주요 특성들을 얘기하고자 한다. 가장 중요한 특성은 즉흥적 마음의 결정들 중 어떤 것도 외부적 힘이나 요인의 영향을 받지 않는다는 사실이다. 이러한 마음의 상태에 있는 사람은 상황을 분석하는 대신, 순간적 충동에 따라 마음이 제안하는 대로 행동한다. 정확히 말하면 자신의 유불리에 따라 결정을 내리거나 이해관계에 따라 상황을 분석하는 대신, 그 특정 순간에 나의 이러한 상태가 제시해주는 결정을 따른다. 어떤 때는 그 결정이 꽤나 충격적으로 보일 수도 있다. 이러한 결정들은 처음에는 다른 이들이 보기에 잘못되었거나 적절치 못하다고 받아들여지기도 하지만 결국에는 이런 결정들이 옳았음이 증명된다. 궁극적으로 이런 결정들은 나의 즉흥적인 상태에서 비롯된 것이기 때문이다.

삶과 관련하여 반드시 이해해야 할 사실은, 당신의 여정이 어디로 향하는지는 당신이 내리는 결정에 달려 있다는 사실이다. 옳은 결정이 많을수록 당신의 삶은 더 행복해진다.

누구나 이러한 사실을 잘 알고 있기 때문에 삶에서의 중요한 결정을 심사숙고한다.

숙고 끝에 내린 결정의 결과는 모두에게 명백히 드러난다. 실패는 감춰지지 않고 모든 사람 앞에 적나라하게 드러난다. 깊은 생각으로 내린 결정이나 뇌의 작용에 의한 결정이 종종 잘못된 것으로 판명난다. 당신에게 옳은 결정을 내리는 기술을 가르치는 이유가 여기에 있다. 옳은 결정은 항상 즉흥적이고 나쁜 결정은 그 반대이다. 즉흥적 마음이 활성화되지 않으면 즉흥적 결정에 도달하지 못한다.

마음에서 이런 상태가 활성화되지 않는 한 누구도 성공한 사업가가 될 수 없다. 즉흥적 마음은 모든 것에 근본적 지식을 지닌 나의 상태이고, 이 상태는 오로지 기본에만 관심을 둔다. 이 마음은 문제의 가장 요긴한 부분이나 미세한 부분을 파고들지 않는다. 정교한 데이터나 세세한 요소들, 쓸모없는 연구나 토론들에 관심을 두지 않는다. 나의 이런 상태는 단지 몇 가지 사실들을 기초로 가장 적절하게 최고의 결정을 내린다.

그런 결정을 내린 뒤 후회하거나 그 일에서 손 떼지 않는다. 만약 당신이 즉흥적 결정을 내리고 후회하거나 물러선 적이 있다면, 그것은 당신의 즉흥적 마음이 아직 충분히 활성화되지 않았음을 말해준다. 즉흥적 마음이 내린 결정은 항상 옳은 것이 분명하기 때문이다. 그러니 후회하거나 후퇴하는 일은 결코 없다.

자, 이제 중요한 이야기를 해보자. 결정에 도달하기 전에 충분히 분석하고 논의한 사람들이 종종 그 결정을 후회한다. 더구나 이런 사람들은 결정을 철회하기도 하는데, 결과적으로 이런 행위들은 스스로의 명예를 실추시킨다.

한편 결정하기 전까지의 과도한 논의나 숙고에는 엄청난 시간 소모가 따른다. 이렇게 시간을 낭비한 사람, 명성을 잃은 사람이 어떻게 성공적인 사업가가 될 수 있겠는가? 이제까지의 이야기를 토대로 당신은 즉흥적 마음의 도움을 받아 인생의 모든 중요한 결정을 내린 사람만이 성공의 꼭대기에 오를 수 있다는 사실을 깨달았을 것이다. 많은 사람들이 이런 즉흥적인 마음의 특성을 '직관', 또는 '마음의 소리'라고 하는데, 나의 즉흥적 상태에 붙인 다양한 이름들일 뿐이다.

### ❹ 궁극적 마음

이제 마지막으로, 나의 가장 파워풀하고 중요한 상태, 궁극적 마음에 대해 이야기할 차례가 되었다. 그 마음의 영향과 작동 방식에 대한 설명이 쉽진 않지만, 가장 쉽게 최선을 다해 설명하겠다.

생각해보라. 당신 주위에 수많은 드라마들이 펼쳐지고 있다. 뇌와 마음 사이의 다양한 상호 작용들이 당신 안에서 일어나고 있다. 여기서 꼭 알아야 할 사실이 있다. 이 모든 드라마의 전개를 지켜보는 사람이 있다. 그것이 바로 모든 일이 되어가는 과정을 당신이 알아차릴 수 있는 이유이다. 조금 더 깊이 파고들면 깨닫게 될 것이다. 이 모든 드라마가 펼쳐지는 스크린에 누군가 있다는 사실을. 그 '누군가'가 누구일까? 만약 당신이 이런 식으로 생각할 수 있었다면 이미 오래전에 놀랄 만한 진보를 이루었을 것이다.

이 엄청난 주제를 극장의 스크린에 비교해 말해 보겠다. 극장에서 상영하는 영화를 만드는 사람들이 누구인가? 프로듀서, 감독, 배우들 등등이다. 이에 비유해 생각해보자. 당신 인생의 영화 제작자는 다른 누구도 아닌 당신 자신의 마음과 뇌, 당신을 둘러싼 외부 요인과 환경이다. 프로듀서가 만든 영화가 스크린에 걸리듯, 마음과 뇌가 만든 당신의 인생 드라마 또한 스크린에 펼쳐진다.

이 스크린, 바로 당신의 인생 영화가 비춰지는 곳이 당신의 궁극적 마음이다. 다시 말해 그 존재가 바로 당신이다!

당신은 자신의 존재 자체를 궁극적 마음에 빚지고 있고, 그것은 바로 당신의 프라나(Prana, 힌두 철학에서 모든 생명체를 존재하게 하는 힘의 원천)이다. 당신의 마음, 두뇌, 신체, 심장 모두를 작동시키는 힘은 당신의 궁극적 마음이다. 하지만 그 마음이 현재 당신이 손닿는 범위를 벗어나 있기 때문에 당신은 그에 대해 모른다.

이 마음 상태에 도달할 때까지 마음을 제대로 탐구할 수 있는 사람은 인생의 모든 것을 성취한다. 이 마음의 상태에 도달하면 영원히 변하지 않기 때문이다. 한 편의 영화에 별

별 우여곡절과 수많은 슬픈 장면들이 섞여 있지만 그것들은 스크린에 어떠한 영향도 줄 수 없다. 마찬가지로 이런 마음의 상태에 성공적으로 도달한 사람은 그의 인생에 몰려든 수많은 우여곡절 때문에 인생을 망치지 않는다. 일단 이 마음에 도달한 사람에게 기쁨과 축복과 평화를 해칠 것은 아무것도 없다.

기억하라. 의식의 최고봉, 궁극적 마음에 도달한 사람은 이미 마음의 다른 강력한 상태들을 모두 넘어선 사람이다. 다시 말해 나의 파워 센터들 하나 하나를 성공적으로 활성화했고, 궁극적 마음에 도달했음을 의미한다. 이 마음의 상태에 도달한 사람은 나의 모든 파워 센터들의 특성과 기능을 잘 이해한다. 그래서 언제든 필요할 때, 자신이 원하는 방식으로 나의 파워 센터들을 적절히 활용할 수 있다. 이 의미를 확실히 이해한 사람은 인생을 지배할 수 있다.

이제까지 나의 마음의 상태를 가능한 쉽고 간단하게 설명했다. 잘 이해했기를 바란다. 나의 다양한 상태와 그 작동 시스템과 영향력들에 관한 설명은 여기서 마무리한다.

# 나와 다른 것들 간의 상호 관계

"오, 놀라워라, 마음이여! 당신은 자신을 아주 잘 보여줘서 인생에서 당신만큼 중요한 존재는 없다는 생각이 든다. 마치 당신이 우리의 모든 기쁨, 슬픔과 성공의 전적인 이유인 듯, 우리의 몸과 두뇌와 감각은 어떤 의미도 갖지 않는 듯, 세계, 국가, 사회, 또는 환경은 우리 인생에 아무런 영향을 주지 않는 듯!"

이제 당신은 특별한 지성을 지닌 사람처럼 말한다. 나는 이제 막 얘기를 시작했을 뿐, 할 말을 다 하지도 못했는데 말이다. 이제 상세히 설명하려 한다.

신체, 두뇌, 외부 환경은 인간의 삶에 영향을 미친다. 인간의 삶이 이런 요소들의 영향을 받는데, 나라고 어찌 이 것들로부터 영향을 받지 않을 수 있겠는가? 이런 모든 것들 은 분명히 여러 방식으로 나에게 영향을 미친다. 어떤 방식 으로 영향을 미칠까? 이건 좀 복잡하고 어려운 문제이다. 나, 마음은 가능한 한 가장 간단한 방식으로 당신에게 설명 할 것이다. 우선 당신의 몸과 나 사이의 상호 연관성을 말 하고자 한다.

### ❶ 당신의 몸과 나(마음)의 상호 관계

먼저 당신의 몸이 어떻게 구성되었는지 이해할 필요가 있다. 인간의 몸은 대부분 DNA와 유전자에 달려 있다. 동 시에 외부적 요인에도 영향을 받는다. 유럽인으로 태어났 다면 대체로 피부색이 희고, 아프리카인으로 태어났다면 피부가 검을 가능성이 높다. 동양계라면 몸집이 작을 것이 다. DNA와 유전자는 당신의 건강에도 큰 영향을 준다. 당신의 건강은 태어난 지역과 집안에 의해서도 영향을 받 는다.

이제 나 자신에 관해 말하려 한다. 당신이 태어난 표준 시간대나 상황이나 나라에 상관없이 나, 그러니까 당신의 마음은 누구에게나 동일하다. 위에 언급한 요인들은 나와 나의 작동 시스템에 영향을 미치지 않는다. 마음의 차원에서 볼 때 사람들 사이에 차이는 없다.

이것이 나와 신체 모두의 존재 방식이다. 당신의 몸과 마음은 서로에게 확실히 영향을 준다. 예컨대 몸이 산도(pH) 때문에 고통받으면 나는 안절부절못하고 불안감을 드러낸다. 불안감에 사로잡히면 산도 수치가 상승한다. 몸이 병이나 통증으로 고통을 받으면 나 또한 슬프고 불안해진다.

여기서 분명히 해둘 게 있다. 나는 몸으로부터 영향을 받지만 그 영향의 정도는 전적으로 각 개인의 마음 상태에 의해 결정된다. 의식이나 잠재의식 상태의 마음으로 사는 사람들은 몸의 상태에 큰 영향을 받는다. 반면에 초의식적 상태나 그보다 높은 상태에서 사는 사람들은 자신의 육체적 상태에 거의 영향을 받지 않는다.

스티븐 호킹(1942-2018) 박사를 보라. 그는 신체적 제약에도 불구하고 세계에서 몇 안 되는 천재 중 하나로 평가받았다. 말도 못 하고 몸을 움직일 수도 없음에도 오로지 볼을 씰룩거려 자신의 의사를 표명하여 과학의 영역에서 놀랄 만한 성공을 거두었다. 내 말은 본질적으로 마음이 강하면 신체적 장애나 몸의 오작동은 결코 방해물이 되지 않는다는 얘기다.

몸은 나에게 많은 영향을 주지 못하지만, 인간의 몸에 미치는 나의 영향은 지대하다.

사람들이 걸리는 질병의 대부분은 약한 마음에서 비롯된다. 몸을 건강하게 하려면 나에게 충분히 주의를 기울일 필요가 있다.

나 없이 인간의 몸은 유지되기 힘들다. 그것이 바로 나와 인간의 몸 사이의 상호 관계이다. 마음과 몸이 서로에게 영향을 주는 것은 사실이지만 나는 인간의 몸보다 우세하다.

예를 들어 보자. 어느 날 갑자기 어머니의 오른손이 마비되었다. 의사들이 집중 치료를 했지만 손의 마비는 회복되지 않았다. 결국 정신과의사에게 치료를 의뢰했다. 정신과의사는 어머니에게 최면을 걸더니 지금 마비가 온 오른손으로 무슨 일을 했는지 물었다. 그녀가 흐느끼며 말했다.

"어느 날 아들이 도둑질하는 꼴을 보고 말았어요. 너무 놀라서 내 이 오른손으로 아들을 무자비하게 두들겨 팼어요. 그러고 나서 내 행동을 진심으로 뉘우쳤답니다. 지금도 후회하고 있고요. 가련한 아이를 내가 짐승처럼 무자비하게 두들겨 팬 거예요. 내 아이에게 그런 고통을 준 제 오른손을 잘라버리고 싶어요."

그녀의 손이 마비된 진짜 이유가 밝혀졌다. 마음속 죄의식이 오른손을 마비시킨 것이다. 정신과의사는 어머니를 설득했다. 아들의 그런 행위는 나쁜 행실이 싹틀 계기였다고, 그때 아이를 엄히 다루지 않았다면 아이가 자라 큰 도둑이 될 수도 있다고.

"당신의 행위는 절대로 옳았고 꼭 필요한 일이었어요. 당신의 오른손은 당신 아들의 인생을 제때에 구원해낸 바로 그 손이에요."

어머니의 죄의식은 사라졌고 마비 증상 또한 저절로 사라졌다.

내가 이루어낸 경이로운 업적을 보라! 내가 당신들의 삶에 엄청나게 중요함에도 불구하고, 당신들은 모두 나를 인식하거나 이해하려 들지 않는다.


❷ 나와 환경의 상호 작용

태어난 나라, 환경, 그리고 주위 상황은 삶에 큰 영향을 미친다. 이러한 요인들이 만들어낸 효과는 분명히 한 사람의 인생과 나, 즉 마음에 영향을 미친다. 시골의 가난한 집안에서 태어난 아이는 어려서부터 생계를 위한 노동에 나서야 한다. 아이는 삶을 위해 도시로 이주하여 매일매일 일해야 한다.

수없이 설명한 바와 같이, 인간의 외부 환경과 무관하게 나는 모든 사람에게 동일한 방식으로 존재한다. 나는 한 가지 원칙을 견지하는데, 그것은 오로지 나의 초의식적 상태를 온전히 유지하는 것이다. 당신이 그렇게 하지 못한다면, 그것을 되살리도록 모든 노력을 다해야 한다. 그러고 나면 내가 무엇을 하는지 볼 수 있다. 내가 어떻게 당신을 도와 다양한 요인과 환경으로부터 당신을 구해내는지, 당신의 인생을 '행복하고 성공적으로' 만드는지.

역사가 증언한다. 음악이나 예술, 과학이나 사업 분야에서 성공한 사람들 중 많은 이들이 가난한 집안에서 제대로 교육을 받지 못하고 자랐다. 외부적 요인과 환경은 인간의 삶에 영향을 미치지만 나의 능력이 받쳐주면 이러한 요인들로부터 영향을 받지 않게 만들어 결국에는 성공의 꼭대기에 도달할 수 있게 한다.

### ❸ 나와 두뇌의 상호 작용

이 주제는 지금까지의 논의 중 가장 복잡하고 중요한 문제이다. 나는 이미 나의 구조에서 작동 시스템에 이르기까지 다양한 주제에 대해 이야기했다. 나의 메커니즘의 복잡한 성격으로 인해 대부분의 사람들과 사회 집단이 나를 이해하기 어렵다는 사실을 말했다.

뇌는 그 자체로 상당히 복잡한 장치라는 걸 알리고자 한다. 아이러니는 뇌와 나(마음)의 차이를 아는 사람이 거의 없다는 사실이다. 대개의 사람들은 나와 뇌가 분리된 별개의 존재라는 사실조차 모른다. 몇몇 심리학자들만이 나의 존재를 받아들이고 확실하게 인식한다. 솔직히 말하면, 거의 모든 사람들이 나의 존재에 관한 한 완전히 망상에 빠져 있다.

어떤 사람들은 나를 뇌의 한 부분으로 간주하는 반면, 어떤 사람들은 자신들의 새로운 발견에 따라 나를 머리 뒤쪽에 위치한 소뇌라고 믿는다.

그러나 느낌(vibes)과 주파수로 이루어진 복잡한 메커니즘으로 분명히 나를 인정하는 사람들도 있다. 이제 뇌와 나의 차이점을 상세히 설명하고자 한다. 우리 둘은 영향력과 작동 영역뿐 아니라 작동 시스템 또한 근본적으로 다르기 때문에 그 차이점이 복잡하지는 않다.

| 뇌 | 나(마음) |
| --- | --- |
| (1) 뇌는 본질적으로 복잡한 구조로서 몸 안에서 신체적 실재를 갖는다. | (1) 나 또한 복잡한 메커니즘이다. 나는 주파수의 작용이다. 나는 몸 안에 물리적으로 실재하지 않는다. |
| (2) 뇌는 대략 1.5kg 정도이고 뉴런이라 불리는 천만 개 가까운 신경세포가 들어 있다. | (2) 나의 주파수(frequency)의 정도를 측정하는 일은 불가능하다. |

| 뇌 | 나(마음) |
|---|---|
| (3) 뇌의 발달은 사람에 따라 다양하다. 그것은 DNA, 유전자, 환경의 발달에 달려 있다. | (3) 나는 모든 사람들에게 동일한 방식으로 존재한다. 누구든 어떤 요인이건 나의 존재에 영향을 줄 수 없다. |
| (4) 뇌는 항상 인생에서 필수적인 문제에 초점을 둔다. 인간 진보의 기초는 전적으로 뇌의 특성 덕분이라는 걸 인정해야 한다. | (4) 바로 여기서 뇌와 나 사이의 조화가 드러난다. 나의 능력은 뇌에 의해 인식된 필수적인 문제들을 충족하기 위해 충분히 활용된다. |
| (5) 뇌는 나의 약한 주파수를 억제하는 힘을 가지고 있다. 뇌는 끊임없이 내 수준에서 발생하는, 이를테면 사랑과 분노 같은 약한 주파수를 억제한다. | (5) 어떤 근거나 이유 없이 뇌는 내 수준에서 발생하는 주파수를 지속적으로 억제한다. 그러나 나의 강력한 주파수가 드러나면, 뇌의 통제를 벗어난다. 그것을 통제하려는 뇌의 노력과 상관없이 강렬한 감정이나 극심한 분노가 나의 깊은 곳에서 생겨날 때 뇌의 통제는 언제든 풀어진다. |
| (6) 뇌는 그 특별한 탄생으로 자신의 경험에 비춰 명석하거나 나약해진다. 더불어 에너지의 영향으로 개선되기도 한다. | (6) 나는 오직 한 가지, 인간 에너지에 의해서만 연료가 공급된다. 나는 인간 존재만큼 오래되었다. |
| (7) 뇌는 특정의 법칙이나 규칙에 지배되지 않는다. | (7) 나는 나의 일련의 규칙에 의해 완전히 지배된다. 그것이 나를 예측 가능하게 한다. |
| (8) 뇌는 사고의 전문가이다. 생각들이 지속적으로 뇌로 들어오고 나간다. | (8) 나는 감정의 세계이다. |
| (9) 몸을 통제하고 지배하는 것이 뇌의 기능이다. | (9) 나는 몸을 직접적으로 통제하지 않는다. |
| (10) 뇌는 사고, 계획, 전략, 분석, 그리고 경영의 전문가이다. | (10) 이러한 일들은 나의 작용 범위에 전혀 들어 있지 않다. |

| 뇌 | 나(마음) |
|---|---|
| (11) 뇌는 사고하는 일을 제외하고는 아무 일도 할 수 없다. | (11) 나는 사고하지 않는다. 나는 본성상 완전히 즉각적이다. 자발적이고 즉흥적이다. |
| (12) 사회부터 전통에 이르기까지 모든 것이 인간의 뇌의 창작물이다. | (12) 나는 사회나 전통이나 관습과 아무 관계가 없다. |
| (13) 뇌는 다른 사람들에 의해 영향을 받고 동시에 다른 사람들에게 인상을 남기려고 한다. | (13) 나는 다른 사람들에게 아무런 일도 하지 않는다. 나는 나 자신으로 완전하다. |
| (14) 뇌는 기억을 가진다. 뇌의 기능은 정보를 모아 저장하는 것이다. | (14) 나는 기억이 없다. 나를 지배하는 법칙에 따라 자동으로 작동한다. |
| (15) 뇌는 사물들 사이의 구분을 통해 사물을 인식한다. 좋고 나쁨, 옳고 그름, 죄와 덕 등이 뇌가 수행하는 구별이다. | (15) 나는 사물들을 분류해 인식하거나 행동하지 않는다. |
| (16) 뇌는 자연적 창의성과는 관련이 없다. | (16) 나는 절대적으로 창의적이다. 보다 적절하게 얘기한다면, 창의성은 온전히 나의 영역이다. |
| (17) 뇌는 무수한 욕구를 가지고 있다. 뇌는 본성상 야심적이다. | (17) 나는 '분위기, 무드' 말고는 필요한 게 없다. |
| (18) 뇌는 본질상 외향적이다. | (18) 나는 본성상 내향적이다. |
| (19) 뇌는 조건을 제한하여 삶을 인도하는 전문가이다. | (19) 나는 어떤 형태의 제한이나 격리도 인정하지 않는다. |
| (20) 뇌의 모든 행위는 본성상 계산적이다. 그 말은 모든 사고에 내재하는 특성이 이기적이라는 것이다. | (20) 나에게는 나의 기쁨이 최고이다. 매순간 내가 원하는 대로 되어갈 때 더 이상 필요한 게 없다. 결과가 긍정적이든 부정적이든 신경 쓰지 않는다. |

| 뇌 | 나(마음) |
|---|---|
| (21) 뇌는 거대하고 복잡한 것은 해독할 능력이 없다. | (21) 나는 이 세계뿐 아니라 우주를 파악하는 데도 전문가이다. |
| (22) 뇌는 다른 사람들에게 초점을 맞춘다. | (22) 나의 세계는 나로 시작해 나로 끝난다. |
| (23) 뇌는 사람들에게 영향을 주는 세계, 자연의 법칙, 그리고 몇 가지 불가사의한 신비들에 대해서는 완전히 무지하다. | (23) 나의 파워 센터에 관한 한 이 우주에서 알 수 없는 것은 아무것도 없다. |
| (24) 뇌에 의해 수행되는 모든 일들은 충분한 숙고를 거쳐야만 하므로 자연적 흐름이 결여된다. | (24) 나는 단지 흐름 뿐이다. 이것이 최고의 창조력이 내 안에서 흘러나오는 이유이다. |
| (25) 뇌의 사고는 오로지 자신의 탄생에 의해 제한된다. | (25) 나는 무한과 그 이상으로 확장된 계산에 근거하여 행동한다. |
| (26) 뇌는 본성상 정직하지 않다. 논리를 무기로 삼아 자신은 옳고 다른 이는 틀렸음을 증명한다. 스스로를 방어하는 것이 뇌의 불쾌한 임무이다. | (26) 나는 단순하고 직선적이다. 나는 나의 방식이다. 내가 생각조차 하지 않는데 논리적 질문이 어디에 있겠는가? 옳고 그름, 내 것 네 것의 차별이 없는데 누구를 해치고 누구를 구하는 문제가 있을 수 있겠는가? 누구에게는 드러내고 누구로부터는 숨을 필요가 있겠는가? |
| (27) 뇌는 존재의 신비를 알지 못하므로 사람들로 하여금 공포의 그늘 아래 살게 한다. | (27) 나는 모든 신비를 지각하므로 두려움 없는 삶을 믿는다. |

나와 뇌의 차이를 이해했기를 바란다. 당신은 우리(뇌와 마음) 둘 다 각각의 영역에서 아주 중요하고 유능하다는 사

실을 이해했을 것이다. 우리 둘 다 서로에게 많은 영향을 주며 서로를 지배하려는 투쟁에 나선다는 사실 또한 이해했을 것이다. 지배하고자 하는 우리의 끝없는 탐색전은 당신의 삶을 혼란스럽게 만든다. 뇌도 나처럼 긍정적인 면과 부정적인 면을 가지기 때문이다. 뇌와 나, 그러니까 마음의 적절한 균형과 세련된 조율 없이 당신의 삶을 행복하고 성공적으로 만들기 어렵다. 우리 둘의 차이점을 잘 파악하는 일은 참으로 필요하다.

당신이 뇌의 좋은 행위와 나쁜 행위를 구별할 수 있다면, 몇 가지 문제에서 해방될 것이다. 뇌는 사물을 분석하고 필요를 식별하고 상상하고 기억하는 데 매우 유용한 도구이다. 이것이 뇌가 인생을 전반적으로 확장해나가는 방식이다. 이러한 일들을 수행하는 데에는 뇌가 최대한 활용되는 게 맞다.

내가 뇌 속에 숨어 있는 병폐에 대해 얘기하는 이유는 나로부터 흘러나오는 감정들을 억누르려는 뇌의 시도들, 뇌의 이기적 경향들로부터 당신 자신을 지켜야 하기 때문이다. 나에게는 나만의 세계가 있는데 뇌는 그 세계에 전혀 무지하다. 뇌는 즉각적 이익을 보장하지 않는 감정들은 모두 없애버리려 애쓴다. 비록 내가 보편적 실체이긴 하지만, 뇌는 나에게서 흘러나온 감정 속에서 살지 말지를 결정하는 힘이 있다. 뇌가 지닌 바로 이 능력은 인간의 행복한 삶에 해로움을 준다.

뇌와 나의 차이점을 이해하면 당신은 성공한다. 뇌도 나처럼 긍정적 영향력과 부정적 영향력을 함께 지니고 있다. 나와 뇌가 지닌 긍정적 영향을 활용하고 우리들에게 드리운 부정적인 영향들은 피함으로써 당신의 삶은 개선될 수 있다. 이들 두 가지 강력한 실체들 사이의 조화를 유지하고 민감하게 조율하는 법을 배우는 일 또한 매우 중요하다.

# 놀라운 나의 영향

나의 수준에서 일어나는 충동을 막을 수 있는 존재는 오직 뇌뿐이라는 사실을 이해했을 것이다. 이제 그 뒤에 숨겨진 이유와 영향에 대해 논의해보자. 나의 자연스러운 감정을 뇌가 억누르려고 할 때 왜 저항해야 하는가? 인생의 행복과 성공을 바란다면 그 이유를 이해해야 하고 당신의 뇌가 나의 충동을 억제하지 않도록 설득해야 한다. 이를 위해서는 통찰력과 용기가 요구된다. 먼저 뇌가 나의 자연스러운 충동을 억압하는 데서 오는 심각한 결과를 알아야 한다. 그래야 이 문제를 해결할 수 있는 이해와 용기를 얻을 수 있다.

먼저 이해할 것은 뇌가 왜 나의 수준에서 일어나는 감정을 억누르려 하는가의 문제이다. 분노의 감정을 예로 들어보자. 나의 수준, 즉 마음의 수준에서 분노가 분출될 때 뇌는 왜 분노가 완전히 폭발하지 못하게 억누를까? 부적절한 분노나 공포가 상대방을 화나게 하거나 방어적으로 만든다는 사실을 뇌가 알기 때문이다. 화를 내면 나중에 상대가 당신에게 해를 끼칠 수도 있다. 당신의 뇌는 이성적으로 이런 결론에 도달한다.

"다른 사람과의 관계에서 불필요한 긴장을 만들 필요가 없지 않은가?"

이런 생각은 당신의 분노가 밖으로 표출되지 않도록 만든다.

하지만 생각해보라. 밖으로 표출되지 않았을 뿐, 화는 여전히 당신의 내면에 도사리고 있지 않은가? 당신을 화나게 만든 상대방은 그 사실을 모를까? 당연히 상대도 안다. 분명히 당신 안에 뭔가 악의적인 생각이 스며 있다는 사실을 안다. 그러나 그 또한 자신이 느끼는 것을 혼자 알고 있을 뿐이다. 이것은 상대의 문제이지 당신의 문제는 아니다.

화가 났을 때 당신에게는 오직 두 가지 선택이 있을 뿐이다. 당신의 마음을 따를 것인지 아니면 당신의 뇌를 따를 것인지. 분노가 강렬해지면 뇌는 무력해지는데, 이때는 밖으로 화를 분출하는 것 말고는 다른 방도가 없다. 당신의 뇌가 분노를 통제하거나 이성적으로 납득시키려 해도 소용없다. 화가 가벼울 때는 뇌가 이기적 추론으로 화를 억누르라고 당신을 설득할 테지만, 그때마다 대가를 치러야 한다. 당신이 억누르는 분노로 인해 다른 부정적 결과가 따른다는 사실을 생각해본 적이 있는가?

이런 생각을 해본 적이 있다면, 애초에 그렇게 화를 억누르지 않았을 것이다. 당장의 문제는 당신 내면에 억눌린 분노의 역효과를 누가 당신에게 밝혀줄 것인가 하는 문제이다. 그것을 설명해줄 수 있는 그 누구는, 바로 나이다! 같은 맥락에서 당신은 분노를 표출함으로써 받는 손실은 알면서도 그 분노를 억눌러 야기되는 폐해는 전혀 인식하지 못한다.

당신이 화를 분출하든 억누르든 두 가지 방식 모두 손실을 불러온다. 당신이 해야 할 단 한 가지는 가장 손실을 적게 보는 거래를 선택하는 일이다.

지금까지 나와 뇌 사이의 알력 속에서 때로는 뇌가 우위에 있고, 때로는 내가 그 위에 있다는 사실을 알았을 것이다. 당신의 일상을 격동적으로 만드는 것은 바로 우리 둘 사이의 끊임없는 갈등이다.

＊ ＊ ＊

　소소한 문제는 뒤로하고 이제 당신의 분노를 억누른 결과에 대해 논의해보자. 가장 중요한 점은 분노는 나의 에너지의 증거라는 사실이다. 이러한 사실이 분노가 인간에게 긍정적 신호일 뿐 아니라 효과적인 이유이기도 하다. 그런데 뇌와 사회가 분노를 '악'으로 분류하면서 느리지만 꾸준한 인류의 퇴보가 시작됐다.

　분노가 악이라는 분류는 사회의 관점이다! 하지만 궁극적으로 당신의 삶이 걸린 일이다. 그렇지 않은가? 왜 분노가 이는지 생각해본 적이 있는가? 분노는 당신이 원하는 것과는 반대의 상황이 벌어질 때 일어난다. 분노는 당신이 원하는 것을 보호하려는 의지의 증거다. 내 소망에 어긋나는 일이 일어나거나 다른 일을 하도록 강요받는다면, 그런 상황은 나(마음)를 짜증나게 하고 나는 당신에게 분노의 충동질을 해댄다.

　도대체 무엇이 문제인가? 당신은 인간이고 당신의 소원을 성취할 권리가 있다. 만약 어떤 사람이 당신의 희망에 반하는 일을 하도록 강요하면 당신은 반드시 앙갚음하러 들 것이다. 종교와 사회는 이러한 당신의 권리를 인정하지 않는다. 사람들이 반항한다면 그들(종교와 사회)의 사업은 어떻게 운영될 것인가?

그래서 자칭 대중적 종교와 사회 시스템의 수호자들은 당신 안에 '분노는 죄악이다'라고 각인시킨다. 결국 당신은 종교와 사회의 노예가 되어 분노를 회피하게 된다. 분노는 에너지이다. 그들은 오늘 화를 내는 당신을 놔두면 내일은 저항할지도 모른다고 두려워한다.

그런데 더 이상 에너지가 남아 있지 않은 사람들에게 어떤 선택지가 남아 있을까? 상황과 타협하며 살아가고 마침내 서서히 자신들의 습관으로 굳어져간다. 더 이상 화를 내지 않거나 연약해져 자신들의 분노를 습관적으로 억제하는 데 익숙해진다. 사회는 이런 사람들을 평화롭고, 예의바르고, 도덕적인 사람들이라 칭송한다. 종교는 그들을 신과 가까이 있는 사람들이라고 선포한다. 나약한 사람들은 이러한 칭송들을 자신의 나약함을 감추는 구실로 삼으면서 상황을 악화시킨다. 전 인류는 종교와 사회가 만들어 낸 음모의 희생양이 되었다.

그런데 당신이 분노를 진압했다고 실제로 분노가 가라앉는가? 오늘 분노를 억누르면 내일 다시 떠오를 것이다.

오늘의 분노는 이유가 있지만, 내일은 이유 없이 폭발할 것이다.

그 무엇도 그 누구도 그 순간을 막지 못할 것이다. 모든 분노가 마음의 평화에 효과적이라거나 에너지의 징조는 아니다. 대부분의 분노는 자신들의 잠재의식과 무의식적 마음으로부터 불만이라는 형태로 표출된 것이다. 하지만 이러한 불만 또한 당신 내면에 자리한 것 아닌가? 분노의 억압에서 비롯된 것이다. 내부에 억눌려 있던 분노가 어느 날 폭발하는 것은 지극히 당연한 일이다.

쥐 몇 마리가 당신 방에 들어왔다고 하자. 당신은 쥐들을 쫓아내려고 한다. 자 이제 무엇을 해야 할까? 쥐들이 방을 나갈 수 있도록 문을 열어두어야 한다. 그런데 당신이 방문을 닫아 걸고 쥐들이 도망갈 출구를 열어주지 않으면 어떻게 될까? 방 안에서 쥐들의 수는 계속 늘어날 것이다!

내가 말한 경우도 이와 똑같다. 내게서 비롯된 모든 느낌, 감정이나 충동은 결코 억제될 수 없다. 좋든 나쁘든. 당신은 그것들을 표현하고 분출하는 것 외에 선택의 여지는 없다. 분노뿐 아니라 나의 수준에서 비롯된 다른 감정들의 경우에도 마찬가지다. 당신이 억누르는 모든 감정들은 더욱 삐뚤어진 형태로 무의식과 잠재의식에 계속 쌓여갈 것이다.

상황은 더욱 어려워진다. 이러한 위협에서 당신 자신을 자유롭게 하려면 감정들을 밖으로 내보내는 것 말고 선택의 여지는 없다. 지금은 이것을 논의할 단계가 아니므로 나중에 이야기할 것이다.

일단은 나의 수준에서 일어나는 어떤 감정이든지 영원히 억누를 수 없다는 점을 몇 가지 예를 들어 설명할 것이다. 많은 사람들이 경솔하고 난폭하게 자동차를 모는 모습을 보았을 것이다. 그들의 억눌린 분노를 드러내는 것이다. 어떤 사람들은 영화 속 폭력이 얼굴에 반영되어 나타날 정도로 폭력 장면에 푹 빠지기도 하고, 자신들의 억눌린 분노를 방출하려 폭력적인 게임을 찾기도 한다. 어떤 사람들은 격투기 경기를 보며 자신의 화를 푼다.

이 모든 행위들은 당신의 억눌린 분노가 방출될 출구를 찾는 것에 불과하다. 이런 악순환에 갇혀 당신은 별별 어리석은 행동에 의지한다. 거리에서 싸움이 벌어지는 순간 삽시간에 군중들이 몰려드는 모습을 종종 볼 것이다. 모인 사람들의 얼굴에는 격렬한 싸움을 구경하려는 기대감이 역력하다.

재미있는 것은 싸움이 진정될 기미라도 보이면, 군중들은 겉으로는 평화를 가장하지만 그들을 더욱 자극하여 싸우게 부추긴다. 현명한 사람이 있어 싸움을 말리기라도 하면 군중들은 실망을 감추지 않는다. 실망을 안은 채 사람들은 집으로 돌아간다. 무엇 때문인가? 실망은 당신의 억눌린 분노가 출구를 찾지 못한 데서 온 것이다. 분노를 누르기 위한 당신의 노력을 생각해보라.

당신은 생면부지의 두 사람의 싸움에서 쾌감을 느끼고 있다. 그렇다면 스스로에게 질문해야 한다. 당신은 도덕적이고 당신의 사회는 문명화된 것인가? 아이러니하게도 이런 상태에까지 온 것은 자신을 문명적이고 도덕적인 사람으로 연기하기 위해 분노를 억누르고 있었기 때문이다. 이것이 당신이 그렇게 자랑스러워하는 뇌인가?

당신의 억눌린 열망들 또한 비슷한 방식으로 분출된다. 당신의 다른 감정들 또한 같은 방식으로 부주의하게 서서히 드러난다. 억압된 감정들이 때때로 드러나는 것은 감정들이 무의식과 잠재의식의 마음에 축적된다는 사실을 입증한다. 나의 영역에서 나오는 감정은 어떤 것이건 간에 결코 영원히 억눌리지 않는다는 사실이다.

당신이 오늘 누른 감정은 내일이면 터져 나올 것이고, 절대로 억압할 수 없다.

나의 영역에서는 어떠한 것도 억압될 수 없음을 명확히 하기 위해 예를 들어 보자. 한 노인이 길을 걷다 가방을 땅에 떨어뜨렸다. 착한 사람이 가방을 들어 건네주고 길을 건너는 것까지 도왔다. 길을 건넌 노인은 고맙다는 말도 잊고 길을 갔다. 여기서부터 재미있는 상황이 시작된다. 이 착한 사람의 마음에 갑자기 씁쓸한 감정이 일어났다.

"늙은이가 뭐 이래? 고맙다는 말도 안 했잖아!"

노인을 도와줄 때만 해도 그런 기대는 전혀 없었는데 이런 감정은 어디에서 온 걸까? 그 감정은 무의식 속에 눌려 있었는데, 기회가 오자마자 뚜껑을 열고 자신을 드러낸 거다.

당신도 비슷한 경험을 한 적이 있을 것이다. 도움이 필요한 누군가를 기꺼이 도와주곤 당신은 그 일을 곧 잊어버린다. 하지만 다음에 그 사람을 만나면 딱히 의식하지는 않지만 은근히 감사를 기대한다. 감사 인사는 상대를 도울 당시 의도했거나 기대한 것이 결코 아니었다. 이런 생뚱맞은 기대나 바람은 당신의 무의식적 마음 안에 눌려 있다 드러난다. 문제는 이런 기대나 바람이 어떻게 당신의 무의식적 마음으로 살금살금 기어드는가 하는 것이다. 그것은 당신이 분노를 반복적으로 억누르기 때문이다.

✳ ✳ ✳

예를 하나 더 들어보면, 내 수준에서 분출되는 감정은 영원히 억압할 수 없다는 사실을 이해하게 될 것이다. 감정들이 억눌리면 파괴적 형태를 띨 뿐 아니라 부적절한 경우에 분출되기도 한다. 어떻게?

어느 날 잘나가는 회사의 사장이 아내와 사소한 문제로 다투었다. 출근해야 했으므로 말다툼 도중 집에서 나왔다. 그는 집을 나섰지만 화를 떨칠 수 없었다. 하지만 아내가 앞에 없는데 어떻게 화를 내겠는가? 그렇게 화를 누르며 회사에 도착했다. 회사에 도착하자마자 그의 억눌린 화는 출구를 찾았다. 사장은 매니저가 제출한 보고서의 몇 안 되는 문제점을 꼼꼼히 찾아내고는 그를 책망했다. 불쌍한 매니저는 자신의 실수에 대한 사장의 책망을 이해할 수 없었다. 하지만 사장에게 무슨 말을 할 수 있겠는가? 그는 화를 억누르고 사장의 방을 조용히 물러났다. 약이 오를 대로 오른 매니저는 자기 방으로 들어가 경리를 불렀다. 곧 장부 몇 페이지를 훑어 보더니 경리를 과도하게 꾸짖었다.

아연실색한 경리는 매니저의 행동을 이해할 수 없었다. 하지만 어떻게 윗사람에게 반항할 수 있겠는가? 경리는 입을 다물고 방에서 나왔고, 자기 자리로 돌아와 사무보조원을 불렀다. 야단칠 이유조차 생각하지 않고 불쌍한 사무보조원을 호되게 꾸짖었다. 사무보조원은 조용히 모욕을 삼켰지만 퇴근하고 나서는 더 이상 화를 참지 못했다.

그는 경리에게 당했던 모욕을 아내에게 풀었고, 아내는 영문도 모르고 화를 참아야 했다. 결국 아내는 아이들을 불러 세워 차례차례 혼냈다. 아이들은 엄마에게 아무 말도 할 수 없었다. 그리고는 저녁 때 밖에서 옆집 아이들과 놀다 그들과 괜한 싸움이 붙었다. 회사 사장과 그 부인의 해결되지 않은 싸움의 끝은 사무보조원의 아이들과 친구들 간의 주먹다툼으로 마감되었다.

생각해보라. 당신이 누군가에게 화가 치밀었을 때 정말 그 시간에 그 사람에게 잘못이 있었는지? 당신의 분노가 오로지 그 순간의 문제인지 생각해봤는가? 아니다. 상대의 실수는 아주 작다. 하지만 상대를 향한 당신의 분노는 필요 이상으로 가혹하다. 이러한 과잉 분노는 어디에서 비롯된 것일까? 그것은 당신 안에 억눌려 있던 감정이 출구를 찾았을 뿐이다.

자, 이제 분노에 대해 한 가지 더 논의해보자. 당신의 억압된 분노의 대부분은 바로 그 상대에게 퍼부어지지만 종종 엉뚱한 때와 엉뚱한 장소, 그리고 엉뚱한 대상에게 표출될 때가 있다. 이 말도 안 되는 행동 때문에 당신은 정신 나간 사람으로 각인된다.

당신이 아무 이유 없이 누군가에게 화를 내면 나중에 후회하게 된다. 그리고 후회는 더 큰 분노를 낳는다.

무슨 일이 일어나는지 그 순간에는 왜 납득하지 못했을까? 당신이 그 상황을 인정하고, 지금같이 생각했다면 분노는 대부분 가라앉았을 텐데. 그러나 그렇게 되지 않는다.

당신의 뇌는 당신이 회개하면 모든 행위가 사면된다는 확신을 심어준다. 하지만 그러한 사면은 불가능하다. 나의 시스템의 작동 체계는 뇌와 근본적으로 다르기 때문이다. 반대로 나의 영역, 즉 마음의 영역에서는 후회하면 불필요한 분노가 한 번 더 올라올 여지가 생긴다. 후회하고 뉘우친들 애초의 관계로 돌아갈 수 없기 때문이다.

내 영역에서는 모든 행동이 반응이고 반응은 일련의 행동을 유도한다. 다음의 사실을 깨달을 때만 당신은 이러한 악순환에서 자신을 해방시킬 수 있다.

"당신에게 무엇이 있든지 그것을 표현하고, 무슨 일이 일어났든지 그것을 잊으라."

다른 예를 들어보자. 대가족 틈바구니에서 자란 두 형제가 있었다. 둘의 나이 차이는 열다섯 살이었다. 형은 직장에 다녔으므로 저녁이면 피곤에 싸여 집으로 돌아왔다. 반면에 아직 철없는 동생은 형이 돌아오면 언제나 장난치고 싶어했다. 동생의 장난에 형은 몹시 화가 났지만 어른들이 두려워 화를 누르고 동생을 꾸짖지 않았다.

어느 날 형이 퇴근하고 돌아왔는데 집에는 동생밖에 없었다. 동생은 형에게 마실 물을 갖다 달라고 했다. 형의 억눌린 분노가 폭발하는 데 이 이상 좋은 기회가 어디 있을까?

형은 물을 달라고 하는 동생을 때렸다. 왜 이런 일이 생겼을까? 오랫동안 억눌려온 분노가 드디어 터져 나올 기회를 찾았기 때문이다.

내가 당신에게 설명하려는 게 바로 이것이다. 당신의 분노는 참고 참았던 바로 그 사람에게 폭발하게 되어 있다. 적절치 않은 상황에 뜬금없이. 내 말은 분노가 말도 안 되는 방식으로 드러난다는 것을 의미한다. 당신이 분노를 억누른다고 무슨 소용이 있는가? 부적절한 상황에서 자극으로 분노가 표출되면 당신의 인간관계는 균열되고 고통에 빠지게 될 뿐인데.

※ ※ ※

여전히 남는 질문은 왜 분노를 억누르려 하는가이다. 분노를 터트려 일어날 수 있는 당장의 손실이나 해로움을 생각하기 때문이다. 그런데 감정을 억압해서 위태로워질 수 있는 당신의 인간관계는 어떤가? 당신은 이런 일들에 습관화되었고, 이러한 삶의 방식에 익숙해져 있다. 곤경이 여기서 끝나는 게 아니라, 억눌린 분노가 다른 방식으로 큰 피해를 가져온다는 사실을 왜 이해하지 못하는가?

억눌린 분노는 근심, 공포, 질투 등 여러 가지 부정적 감정들로 변해가고, 결과적으로 당신 인생에 손실을 가져온다. 이것이 두 시간 혹은 이틀이면 가라앉을 사소한 염려가 몇 달씩 지속되는 이유이다. 왜 당신은 이렇게 지나친 근심을 안고 살아야 하는가? 사소한 우여곡절로 생길 수 있는 손실을 핑계 삼기 때문이다. 결국 당신 안에 억압된 분노는 언제든 분출되어 나갈 기회를 호시탐탐 노린다.

누군가에게 냉정을 잃거나 화가 났을 때, 왜 당신은 스스로를 돌아보지 않는가? 감정을 억누른다고 그 감정이 사라지거나 누그러지는가? 아니다. 그러한 감정은 때로는 상대의 실수를 지적하는 것으로, 때로는 누군가를 폄하하고 험담하는 모습으로, 또 가끔은 비꼬는 말투로 형태를 바꾸어 나타난다. 이것은 억눌린 분노가 초기에는 불안, 공포, 질투로 변하여 무의식의 마음에 저장된다는 사실을 의미하며 지속적으로 억압되는 경우에는 공포, 질투, 분노가 더 파괴적이고 터무니없는 행동으로 분출된다는 사실을 의미한다. 그렇게 당신은 걱정과 좌절의 주인공이 되고 만다.

최악의 비극은 당신의 억압된 분노가 군중 속에서 집단적 폭력의 형태로 표출될 때 발생한다.

종교의 이름으로, 때로는 국가, 사회, 정치를 명분으로 드러나기도 하고, 때로는 사회적 동요로, 어떤 경우는 필요치 않은 혁명이라는 모습으로 분출되기도 한다. 교활한 종교 지도자나 정치인들이 매혹적인 선전 문구로 당신을 유혹하고 당신 안에 억압된 분노를 자신들의 이기적 목표를 달성하는 데 활용한다. 그렇지 않다면, 답해보라. 사람이 다른 사람에 대해 적대감을 품어야 할 이유가 도대체 무엇인지.

역사적 사건에 대한 심리 분석은 이 사실을 더 잘 이해할 수 있게 해준다. 인도가 어떤 과정을 거쳐 1947년에 독립했는지 알고 있을 것이다. 식민지 기간 영국은 인도인들에게 잔혹한 행위를 저질렀다. 오랜 기간 노예와 같은 착취와 무자비한 대량 학살을 겪은 인도인들의 마음에 영국인에 대한 분노가 이는 것은 지극히 당연한 일이었다. 그렇지만 인도는 마하트마 간디가 주장한 비폭력 투쟁으로 독립을 쟁취했다.

이런 비폭력 투쟁에 함축된 심리학적 의미는 무엇일까? 영국에 저항하는 인도인들의 억눌린 분노는 소멸되었는가? 아니다. 나의 영역, 즉 마음의 영역에서 억눌린 분노는 결코 소멸되지 않는다! 인도가 영국의 손아귀에서 벗어나 독립을 기념하는 시간들이 지나고 사람들은 일상으로 돌아왔다.

영국인들은 본국으로 돌아갔다. 이제 인도인들의 억눌려 있던 분노는 누구에게 분출될 것인가? 결국 이 분노는 힌두교인과 무슬림들 사이의 적대감과 유혈사태로 표면화되었다. 이후 일어난 참혹한 폭력과 유혈 사태는 말하기조차 끔찍하다.

수세기 동안 사람들 사이에 만연했던 형제애는 사라졌다. 같은 땅의 형제들이 서로 싸우며 원수가 되었다. 나, 즉 마음은 뇌가 설파하는 선의나 높은 도덕감과 아무 관련이 없다는 사실을 이해해야 한다. 나는 나 자신의 법칙, 전적으로 자유롭고 예외 없는 나의 자유 재량에 따라 작동할 뿐이다.

당시 인도가 바가트 싱(Bhagat Singh)*의 이념을 따라 자유를 얻었더라면, 힌두-무슬림 간의 폭동이 일어나지 않았을 것이다. 인도인들 간에 발생했던 분노와 무력을 영국을 대상으로 했다면, 인도는 독립 후 형제간의 폭력적 대결에서 해방되었을 것이다. 인도인들이 마음에 소용돌이 치는 분노를 독립 투쟁에 쏟아 부었다면, 훨씬 일찍 독립을 쟁취했거나 최소한 힌두교인과 무슬림 간의 불필요한 적대감과 불신은 피했을 것이란 뜻이다.

분노는 결코 억누를 수 없다는 사실을 명심하라. 폭력이나 폭동이나 무정부 상태의 문제가 아니다. 선악이나 교양의 문제가 아니다.

---

* 인도의 독립투쟁 당시 무장 투쟁을 전개했던 열혈당의 지도자, 23세의 나이에 교수형으로 생을 마감했다.

문제는 '억눌린 분노는 반드시 비참한 결과를 가져온다'는 나의 법칙이다.

당신이 갈고 닦은 언설이나 사상이 얼마나 많고 훌륭한지, 또는 당신이 그것들을 얼마나 확고하게 받아들이는지와 무관하다. 그것들은 아무런 차이를 만들어내지 못한다.

오늘날 인류의 삶이 이런 위험에 빠지는 단 하나의 이유는 뇌가 나를 이해하지 않은 채 높은 도덕적 사고를 강요하기 때문이다. 보통 사람들조차 이런 고상한 사고에 빠져버린다. 무지하고 순진하기 짝이 없는 사람들은 이런 생각들을 실행에 옮기고자 한다. 바로 이 지점이 그들이 함정에 걸려드는 타이밍이다.

이런 생각들을 실행에 옮기는 순간 나, 그러니까 마음은 당신의 삶에 혼란을 만들어낸다. 당신이 실행에 옮기지 않는다면, 뇌와 사회는 바로 그 이유로 죄책감을 전가한다. 가련한 인간이여! 이제 어찌해야 하나? 그러니 강조한다.

용기를 내어 당신의 뇌와 사회, 세상을 밀어내고 오로지 당신의 마음을 돌보라. 그리고 당신의 마음을 지키는 데 모든 정성을 기울이라.

이 원칙을 따르면 다른 사람을 위해서가 아닌, 적어도 당신을 위한 모든 일이 확고하게 자리잡게 될 것이다.

* * *

대인 관계를 예로 들어 앞서의 얘기를 다시 해보자. 대인
관계는 인생의 본질적인 부분이어서 당신이 이미 충분히 경
험했고 쉽게 공감할 수 있으므로 요점을 보다 쉽게 이해하
는 데 도움이 될 것이다. 인생을 살아가면서 종종 친구가 결
국에는 적이 되어버린 경험이 있을 것이다. 가깝고 소중한
사람이 바로 낯선 사람으로 변한다. 적은 결코 외부에서 오
지 않는다. 당신의 온정과 애정을 먹고 커간다.

같은 맥락에서, 따뜻한 가정에서 형제간에 왜 원수가 되
는가? 겨우 몇 년의 결혼생활 끝에 부부는 왜 서로를 원망하
는가? 대인 관계의 비참함은 여기서 끝나지 않는다. 부자간
에 긴장이 흐르고, 친척들 사이에 원한이 자라난다. 이렇게
많은 비참한 상황이 발생하는데, 이른바 현명하고 고상한
도덕적 사고의 전달자인 당신의 뇌는 아무것도 할 능력이
없다.

솔직히 말해, 뇌는 그러한 상황에 대해 완전히 무능하다.
이 모든 부조화와 균열의 이면에는 이유가 있다. 누군가에
게 상처를 주거나 무례하지 않게 함으로써 관계를 유지하는
고결한 원칙을 고수한 끝에 결국은 자신의 분노를 누르도록
조건화되었기 때문이다.

"누구도 마음 상하거나 상처받지 않도록 현명한 언어를 선택하라. 당신이 원하는 모든 일을 하되, 누구도 방해하지 말고 친밀한 분위기를 해치지 않도록 하라."

이런 수많은 경구들을 따르면 아무도 서로에게 품은 분노를 표출하지 못한다. 억눌린 분노는 비뚤어진 형태로 내면에 차곡차곡 쌓였다가 어느날 사소한 일에 억압된 분노가 촉발되어 단번에 폭발한다. 이러한 분노의 폭발은 엄청난 적대감을 유발하여 관계를 영원히 악화시킨다. 다음의 말을 새기라.

"가정에 지켜야 할 규율이 많아지거나 자유를 많이 억압할수록 가족이 직면하게 될 혼란과 싸움, 균열은 더 커진다."

폭군에 대한 저항과 반란은 필연적이다. 무굴제국을 예로 들어 보자. 제국은 오랜 기간 번영했다. 그러다 오랑제브(Aurangzeb) 황제 시대에 들어 어떻게 되었나? 왕위에 오른 그는 백성들을 폭압해 결국 제국을 파멸로 이끌었다. 그렇게 웅대했던 무굴제국은 폭정의 바람 앞에 산산이 부서졌다.

모든 억압은 언제나 반발을 낳는다. 그렇게 되어야 하고 반드시 그렇다고 나는 단언한다. 자신의 분노를 말하고 표현할 수 있는 자유가 있는 가정에서는 매일매일 의견 차이와 논쟁으로 시끌시끌하지만 결코 큰 문제는 일어나지 않는다.

서로에 대한 사랑 또한 결코 사그러지지 않는다. 통치자나 리더에게도 동일한 원칙이 적용된다. 표현의 자유가 완전히 보장되는 나라에서는 결코 폭력 혁명이 일어나지 않는다. 마음에 끓어오르는 분노를 표현할 자유가 있는데, 무엇 때문에 폭력이 일어나겠는가? 똑같은 원리가 두 사람 관계에도 적용된다. 두 사람 모두 자신을 드러내 표현하면 서로에 대한 애정은 지속될 것이다. 더 이상 대인 관계의 진리에 대해 설파할 필요는 없을 것이다. 사람들은 모두 일정량의 분노를 가진다. 그리고 서로에 대해 분노를 숨기고 있다. 이 두 가지 사실만 놓치지 않으면 된다.

생각해 보라. 왜 종교 교리나 사회 규범이 당신에게 아무런 도움이 되지 않을까? 종교나 사회가 분노를 억압하라고 가르치는 바람에 당신의 인간관계는 긴장 상태가 되어 비참해진다. 그런 가르침을 주는 그들은 과연 당신 편인가? 당신은 그들의 가르침이 초래하는 심각한 결과를 참아내고 있지 않은가? 논의할 가치조차 없지 않은가?

그들의 교훈은 모두 근거 없는 것인데 어떻게 당신에게 영향을 미치겠는가? 그들조차 그에 대해 조금도 신경쓰지 않는데 말이다. 그들은 당신 인생을 망치고 맥빠지게 한다.

 세상에 마음보다 말썽장이인 것은 없다.

그들을 따르다가 당신의 삶은 완전히 엉망이 되고 이제는 더 이상 그들에게 물어볼 일조차 없어진다.

자, 그들은 제쳐두자. 정말로 당신이 모든 것을 분명히 이해했고 당신의 모든 문제들을 없애고 싶다면, 단 하나의 해결책은 나의 엄청난 능력을 수용하는 일이다. 분노가 나의 깊은 곳에서 비롯된 것이라면, 그것을 분출하는 일이 당신에게 최고의 이익이다. 당신이 정말로 무모한 분노나 걱정, 슬픔, 공포와 같은 파괴적 힘으로부터 자신을 구하고 싶다면 분노의 무모함이 분노의 에너지로 바뀌게 하라.

여기에는 오직 한 가지 처방밖에 없다.

당신의 분노를 항상 방출하라. 언제든지 누구든지 당신을 화나게 하면 그 화를 완전히 방출하라.

그런다고 잘못될 게 무어란 말인가? 화는 당신이 원해서 만들어진 게 아니다. 안에 쌓여 있으므로 분출되게 되어 있다. 당신은 그저 화를 밖으로 내보낼 뿐이다. 분노가 만들어진 책임이 화 내는 사람에게 없는데 화풀이를 당하는 사람이 어찌 기분 나빠할 수 있단 말인가?

가족이나 친구 간에 모두 이렇게 이해하면 아무것도 문제될 게 없다. 분노는 단지 개인의 마음에 있는 은행 잔고와

자기 마음을 아는 사람은 세상의 모든 것을 안다.

같고, 분노의 방출은 잔고를 인출하는 것이라고 이해한다면, 누가 그걸 탓할 수 있겠는가? 사람들이 화내게 두라. 그걸 방해하지 말라.

이제는 이해할 것이다! 가족 중 누가 화를 내면 그것이 그의 잘못이 아님을. 그의 내면에 억눌린 분노를 그저 해방시킨 것뿐이니까. 이유가 어찌됐건 풀어내게 놔두라. 감정의 폭발을 견뎌주고 언제쯤 진정되는지, 아니면 계속되는지 그냥 지켜보라. 언젠가는 가족 중 누군가에게도 그런 일이 일어날 것이다. 그때도 역시 억눌린 화를 쏟아내게 해주라. 이런 연습을 통해 머지않아 가족들 개개인이 가진 분노의 통장 잔고는 없어질 것이다. 가족 구성원들은 이러한 변화가 자신뿐 아니라 가족 모두의 지속적인 평화와 평온으로 이어지는 경험을 하게 될 것이다.

나를 멋대로 조작하려다 겪게 되는 결과를 잘 이해하고 배우기를 바란다. 나의 파괴적 행태를 어떻게 다루어야 하는지도 파악했길 바란다. 그것은 불안, 슬픔 그리고 다른 부정적 감정들이 분출되도록 내버려두는 일이다.

아이들을 보라. 천성적으로 아이들은 개구쟁이이고 장난꾸러기이다. 그것이 아이들이 사는 당연한 방식이다. 아이들은 일상적으로 싸우고 부딪히면서 자란다. 그렇게 자라는 게 맞다. 아이들은 순진무구해서 비난하거나 빈정대는 말로 화를 내지 않는다. 오히려 짓궂게 장난치거나 직접 몸으로 부딪쳐 싸운다. 그런데, 이러한 짓궂은 장난이나 몸싸움은 별 문제가 아니다. 그러다 보면 화가 풀어지니까. 그렇게 화가 풀어진 마당에 불만이나 싸움의 여지가 남아 있겠는가? 아이들은 화를 터뜨리고는 곧바로 어울려 논다. 이것이 아이를 아이로 만드는 가장 자연스러운 과정이다. 이 안에는 적대감이 없다. 아이들은 수백 번도 넘게 싸우지만 그들의 우정에는 전혀 지장이 없다.

불행히도 소위 지성인들은 아이들의 이런 좋은 특성을 제대로 이해하지 못하고, 오히려 다투고 싸우는 것은 미개한 집안에서나 행할 수 있는 일이라고 아이들에게 가르친다. 교양 있는 집안의 아이들은 함부로 이런 행동을 하지 않는다. 하지만 그런다고 아이들의 타고난 특성이 변할까? 유치하지만 악의 없는 싸움을 억누르라는 가르침 때문에 오히려 아이들의 폭력성이 높아진다. 동영상 게임을 보라. 게임의 폭력적 양상은 날이 갈수록 늘어간다. 이런 폭력적 게임에 종일 노출되어 있는 건 소위 교양 있는 집 아이들이다. 이것이 비틀려 변형된 분노의 표출이 아니고 무엇인가?

아직도 분노가 우정의 증거이지 적대감의 증거가 아니라는 사실을 깨닫지 못했는가? 사람들은 자기 사람이라고 생각하는 이들에게만 화를 낸다. 낯선 이에게 생뚱맞게 화내지는 않는다. 소위 교양 있는 집안의 아이들은 친구들과 많이 싸우지 않는다. 그래서 그 우정은 결코 끈끈하고 단단해지지 않는다. 이것이 그들에게 친한 친구가 많지 않은 이유이다. 그러고는 그 외로움을 감추려고 잘 알지도 못하는 사람들과 파티를 한다. 하지만 그런 파티가 외로움을 달래는데 무슨 도움이 될까?

　요즘 세대에게 불만이 늘어나는 원인은 아이들처럼 그냥화를 분출하지 못하게 하는 상황과 무관하지 않다. 이른바교양 있는 사회 환경에서 지나치게 지적인 사람들에 의해양육되는 현실의 문제이다. 현대 사회는 교양이라는 명목으로 사람들 간의 자유로운 상호 작용의 욕구를 억누르고, 소외와 고독의 어두운 골짜기로 사람들을 밀어 넣었다. 이런이유로 사람들은 진정 '내 사람'이라고 부를 만한 가까운 사람을 갖지 못한다.

＊＊＊

　지금까지의 나의 말을 요약하면, 뇌와 나는 가장 중요한, 본질적으로 강력하며 극도로 복잡한 두 개의 장치이다. 우리 둘 다 생명을 키울 수 있는 힘을 가졌고, 생명을 파괴하는행동 또한 가능하다. 우리 둘 다 서로가 없이는 불완전하다.

아마도 당신은 이미 깨달았을 것이다. 나와 뇌 사이에 적절한 균형을 맞추지 못하면 인생의 행복과 성공은 이룰 수 없다는 사실을.

우리 둘은 시스템과 작동 영역이 완전히 다름에도 불구하고 서로 영향을 주고받는다. 동시에 신체와 외부 환경도 우리 둘 모두에게 영향을 준다.

문제는 어떻게 하면 당신이 나, 그러니까 마음과 뇌 사이에 시너지 효과를 만들어내는가 하는 것이다. 인간을 나약하고 상처받기 쉽게 하는 마음과 뇌의 본질적 특성으로부터 어떻게 당신 스스로를 지켜낼 수 있을까? 당신의 삶을 의미 있게 만들기 위해 마음과 뇌의 힘을 어떻게 효과적으로 활용할 것인가? 당신에게 몇 가지 해결책을 제시하겠지만, 그것들을 논의하기 전에 확실히 해두어야 할 게 있다.

"어린 시절의 '초의식적 마음'을 이미 잃어버린 사람들의 경우에도 하나도 걱정할 필요가 없다."

무의식이나 잠재의식이 매우 강화되었다 해도 해결책은 있다. 나의 수준에서든 뇌의 수준에서든 '일을 바로 잡기에 너무 늦은 때는 없기' 때문이다. 지금부터 논의하려는 해결책은 모두 초의식적 마음이 약해진 사람들을 위한 것이다. 초의식적 마음이 활발한 아이들에게는 안내가 필요 없다. 자기 길을 잘 찾아갈 것이므로.

문제는 어린 시절에 간섭당하여 의식, 무의식, 잠재의식적 마음이 강화된 사람들이다. 이는 특정한 한두 사람의 문제가 아니라 거의 모든 사람들에 해당된다. 지금, 그리고 모두가 직면하는 근본적인 문제이다. 이 문제는 나, 즉 마음의 영역에 존재하는데, 당신 자신의 문제 외에도 또 다른 사실과 관련된다. 가족, 사회, 그리고 교육 시스템이 어린 시절 당신의 뇌를 잘못 조건화했다는 사실이다.

'조건화'란 무엇인가?

지금은 널리 알려진 이야기이지만, 오래전에 개에게 행해진 매우 중요한 실험이 있었다. 과학자들이 매일 특정 시간에 교회 앞에서 개에게 뼈다귀를 주면서 동시에 교회 종소리를 울렸다. 뼈다귀와 종소리 사이에는 아무런 연관이 없었지만, 같은 행위가 한 달 넘게 매일 반복되니 개의 마음 속에 종소리와 뼈다귀 사이의 연관이 만들어졌다. 한 달 뒤, 똑같은 시간에 종을 울렸는데 뼈다귀는 없었다. 그럼에도 불구하고 종소리를 듣자 바로 그 개는 침을 흘리기 시작했다.

이러한 실험의 결과는 네 살 때부터 당신의 뇌에도 적용된다. 당신은 종이 장난감을 갖고 놀면서 행복하고 만족해

 사람의 마음은 세상에서 가장 복잡한 메커니즘이다.

했으며, 진흙을 가지고 놀아도 문제될 게 없었다. 그러나 당신을 둘러싼 세상이 당신에게 높은 열망의 불을 붙여 놓는다. 인간으로 태어난 당신이 기계로 전락한다. 당신은 자유롭게 살고 있었는데 '언제 무엇을 어떻게 해야 된다'는 '먹이'가 강제로 주입된다. 당신의 삶에 다람쥐 쳇바퀴 돌 듯 경주가 시작된다. 초등학교에서 시작된 그 여정은 대학으로 그리고 또 그리고…, 그칠 줄 모르고 이어져 마지막 숨을 거둘 때까지 끝나지 않는다.

당신이 나의 영역, 즉 마음의 영역을 주의깊게 이해한다면 당신의 문제가 의식, 무의식, 잠재의식적 마음의 형성에 있다는 사실을 알게 될 것이다. 한편 뇌의 영역에서의 문제는 조건화이다. 두 경우 모두 해결책은 동일하다. 바로 '심리학적 처방'이다. 이제 나는 당신의 의식, 잠재의식, 무의식적 마음을 약화시키고, 잘못 조건화된 당신의 뇌를 회복시키는 데 도움을 줄 몇 가지 심리학적 처방을 말하려 한다. 명심해야 할 것은 심리학적 처방은 '뇌'로 이해하기보다는 마음 깊이 스며들 때 효과적이란 사실이다.

다음 장에서 내가 제시하는 해결책들을 하나하나 꼼꼼히, 전체적으로 훑어 읽는 것으로 하루를 시작하라. 나아가, 전적으로 혼자서, 당신 마음의 도움을 받아 실천하는 노력을 지속하라. 30분씩 시간을 내어 이 연습을 하고 나서 당신의 삶이 어떻게 행복과 성공의 길로 들어서는지, 당신의 모든 문제가 어떻게 해결되어가는지, 걱정, 두려움, 좌절에서 어떻게 벗어나는지 지켜보라. 나는 당신의 인생이 변화되기 위해 이 연습을 계속하길 바라마지 않는다.

당신이 알아야 할 다른 사실이 더 있다. 앞서 얘기했듯이 뇌는 신체의 최상부에 있다. 반면에 나는 몸의 중심, '배꼽(navel)'에 있다. 둘 사이의 거리는 약 90cm 정도 되는데 사실상 그 거리는 꽤 멀다. 이 거리를 좁히기 위해 당신은 뇌보다는 마음을 읽어내는 기술을 익혀야 한다. 이 기술을 계발하기 위해서는 읽거나 들을 때 뇌로 이해하려 애쓰는 대신 나의 깊숙한 곳에 '있는 그대로' 흡수되도록 하는 노력이 반드시 필요하다.

당신의 마음 속 깊은 곳에 컴퓨터 한 대가 자리잡고 있다. 당신의 뇌보다 수백만 배 더 빠르고 효율적인 컴퓨터이다. 이 컴퓨터는 모든 계산을 척척 해내고 몇 분의 일 초만에 옳은 결정에 도달한다. 이해와 기억은 뇌의 영역이다. 하지만 오로지 뇌로만 이해하려 들면 효과적 결과가 나오지 않으므로 별 가치가 없다. 이러한 경험을 해보았을 것이다.

강한 윤리의식이나 도덕적 결단에도 불구하고 그 확신을 실행에 옮길 수 있었는가? 그렇게 하여 확실한 결과가 나왔던가? 아니다. 그렇지 않았다! 막판에 무언가가 항상 꼬였다. 아주 사소한 문제가 당신을 걱정하게 한다. 당신은 걱정에서 놓여날 수 있는가? 별로 걱정할 일이 아니란 걸 알면서도 말이다. 아니다! 그러니 같은 일이 마음 속으로 파고들 때 똑같은 문제로 걱정에 빠져들어선 안 된다.

그게 무엇이든 당신의 마음 깊숙이 스며들게 만들지 않고서는 어떤 변화도 기대할 수 없다는 사실을 이해했을 것이라 확신한다. 문제는 도대체 그것이 뇌로 이해된 것인지 아니면 마음 깊은 곳에 스며든 것인지 어떻게 알 수 있는가 하는 데 있다.

이 문제는 아주 간단하다. 나는 뇌가 신체의 최상부에 있는 반면에 나는 몸의 중심, 즉 배꼽 부위에 있다고 설명했다. 그 둘 사이의 거리는 그다지 가깝지 않아서 둘 중 어느 부위가 활성화되었는지 알 수 있다. 당신이 무엇인가를 기억하거나 이해하려 할 때, (사고나 분석은 뇌의 기능이므로)당신의 초점이 뇌로 이동한다는 걸 인지할 것이다. 보다 자세히 관찰하면 이런 모든 활동들은 당신 몸의 상단부에서 일어난다는 걸 깨닫게 된다.

다른 한편으로 당신이 편안하거나 큰 걱정에 휩싸이면, 이러한 느낌이 당신의 심장과 배꼽 사이에서 일어난다는 걸 알게 된다. 화가 꼭대기까지 치밀어 오르면, 그것이 당신의 깊숙한 곳에서 솟아오른다는 걸 바로 자각하게 될 것이다.

이러한 원리는 행복감에서 긴장감에 이르기까지 모든 감정에 적용된다. 느낌이나 감정이 강렬하면 배꼽에서 솟아나온 것임을 경험할 것이고, 느낌이나 생각이 얕거나 피상적이면 뇌에서 나온 것임을 분명히 알게 될 것이다. 연습을 하면 어떤 생각이나 감정이 솟구칠 때 언제나 이런 구분이 가능하다.

무엇보다 배꼽 부근에 있는 나의 현존을 감지하도록 노력하라. 당신은 머지 않아 나와 뇌의 차이점을 확실히 알게 될 것이다. 일단 한 번 확실하게 구분하고 나면, 뇌보다는 마음을 활용하여 모든 중요한 일들을 읽어내고 이해하기 시작하라. 그러면 당신 안에 가라앉은 생명력이 작동하고, 당신에게 꼭 필요한 변화들이 시작될 것이다.

내가 말하고자 하는 것은 꼭 심리학과 관련된 것만은 아니라 당신이 어떤 것을 읽거나 관찰하거나 혼란해 할 때마다, 뇌로 분석하지 말고 당신 마음 깊숙한 곳으로 스며들게 하는 법을 배워야 한다는 사실이다. 그렇게 되면 마음이 사실을 완전히 이해하고는 뇌의 조건화 장벽을 무너뜨리기 시작할 것이다. 일단 그 조건화가 해체되면 당신은 결코 똑같은 행동이나 실수를 반복하지 않을 것이다.

단도직입적으로 얘기하자. 당신은 앞으로 나아가기 위해 왔던 길을 되돌아가야 한다. 그렇게 되면 아이 적의 마음과 뇌의 상태를 금방 회복하게 된다. 사고의 세계에는 중요한 것이 없으므로 자라면서 당신에게 배어든 모든 생각들이 해체되는 '학습 해소' 과정을 시작하게 된다. 사람들이 생각한다고 그 생각을 모두 실행에 옮기지는 않는다. 오히려 마음 깊은 곳에서 무언가에 푹 빠져 있을 때 행동으로 옮긴다.

초의식적 마음이 손상되지 않은 사람들은 조건화로 만들어진 겉모습을 덮어쓰거나 바꿀 필요가 없다. 그들에게는 학습 해소 과정이 필요 없다. 문제는 자신에게 몰려든 모든 생각을 수용해 뇌를 조건화한 사람들에게 있다. 이들은 나의 초의식적 상태를 다시금 활성화시킬 수 있도록 이 조건화의 장벽을 깨뜨려야 한다. 그러나 모든 것을 원상으로 돌리기 위해 어린 시절의 마음과 뇌의 상태로 돌아가는 일이 말처럼 쉬운 것은 아니다.

'인생의 진보를 위해 항상 착실히 전진해야 한다'라는 가장 강력한 조건화가 당신을 구속하기 때문이다.

삶의 진보를 향한 절박함이 온 세상을 광기에 찬 무한 경쟁에 휘말리게 만들었다. 실제로 당신은 얼마나 많이 진보했는가?

앞서기 경쟁을 하느라 당신의 마음은 이미 초의식적 수준에서 의식적 수준으로 떨어졌다. 이제 예전의 마음 상태를 되찾지 않으면, 인생에 가치 있는 일은 결코 일어나지 않을 것이다. 앞서기 경쟁이 당신을 그 길에서 멀어지게 했으므로 바른 길을 찾으려면 왔던 길을 되돌아가야 한다.

매우 간단한 일이다! 바른 방향은 당신이 길을 잘못 든 바로 그 지점에서 찾을 수 있다. 런던에서 물건을 잃어버렸는데 뉴욕에 도착해서야 그 사실을 알았다고 하자. 잃어버린 물건을 찾기 위해서는 런던으로 돌아가는 수밖에 없다. 당신은 비행기를 타고 런던으로 돌아갈 것이다.

그러나 삶에서 부닥치는 문제는 그리 간단하지 않다. 돌아갈 길을 찾는 데 도움을 줄 지침도, 용기를 내도록 격려해 줄 사람도 없다. 다들 앞서기 경쟁에 몰두하느라 정신이 없다. 바로 이 때문에 사람들이 갈팡질팡한다. 중요한 사실은 성공한 사람들의 수많은 사례에도 불구하고 교육 제도, 가족이나 사회의 의식 구조는 바뀌지 않는다는 사실이다. 이러한 의식 구조의 심각한 결과는 진보라는 미명하에 모든 사람들로 하여금 평범하고 틀에 박힌 방식으로 인생에 접근하게 했다.

그렇다고 치자. 이 평범한 과정에 몸바쳐 일한 사람들이 인생에서 정말로 진보했다고 치자. 하지만 비베카난다(Swami Vivekananda, 1863~1902)* 같은 위대한 학자도 지식의 무의미함을 인정하고, 학습 해소 과정의 중요성을 강조했다. 성공을 원한다면 당신도 똑같은 길을 걸을 필요가 있다.

나를 신뢰하라. 행복하고 평화로운 삶이 두 팔을 벌려 당신을 열렬히 기다리고 있다. 내가 제시한 마음과 뇌의 '탈조건화' 치료법을 그대로 실행에 옮기기만 하면 된다. 과학 또한 DNA와 유전자를 성공적으로 해독하여, 당신에게 건강과 장수의 삶을 제공하기 위한 재설계에 전념하고 있다. 과학이 인류의 삶을 개선하기 위해 착수한 거대한 임무들을 주목하라!

상상해보라. 내가 제시한 해결책을 따라 마음과 뇌를 탈조건화하면 당신의 삶이 궁극적으로 어떻게 변할지! 과학의 도움 덕분에 더 건강하고 장수할 것이며, 마음과 뇌의 탈조건화에 힘입어 온갖 근심 걱정으로부터 자유로울 것이다. 그렇게 된다면 진정 행복하지 않겠는가? 과거 수백만 년 동안 그 누구도 현대인들처럼 호강스럽고 특권 가득한 삶을 누려본 적이 없었다. 나는 당신이 이 기회를 십분 활용해 행복의 열매를 흡족히 누렸으면 한다.

---

* 힌두교 지도자이자 개혁가. 1893년 미국 시카고에서 열린 세계종교회의에 참석해서 힌두교를 서방세계에 알렸고, 1897년 라마크리슈나 미션(Ramakrishna Mission)을 설립해 스승인 라마크리슈나의 가르침을 세계 각지에 전파했다. 라마크리슈나의 가르침을 국제 무대로 확산시켰다는 평가를 받는다. 특히 '실천적 베다'의 가르침인 베단타 철학과 여러 요가에 관한 강연으로 서양 영성에 큰 영향을 미쳤다. 인도 내에서는 힌두 개혁가이자 민족주의의 우상, 영혼의 스승으로 존경받고 있다. 주요 저서로 《라자 요가》를 비롯해 《카르마 요가》, 《베단타 철학》 등이 있다. —두산백과

이런 소망을 가지고 나의 영역에서 발산되는 장난기와 그 원인들에 대해 논의를 시작할 것이다.

이 논의는 두 가지 부분으로 나눌 수 있다. 첫째, 기쁨과 행복의 지수를 끌어올림으로써 슬픔과 걱정을 덜어줄 수 있는 해결책이다. 두 번째는 인생에서 성공의 정점에 오르는 수단과 방법의 제시이다.

당신은 오직 다음 두 가지에만 집중하면 된다.

하나, 근심과 걱정을 줄이고 당신의 인생을 평화와 행복으로 채우기!

둘, 성공에 도달하기!

얘기는 당신의 근심 걱정을 줄여줄 심리학적 해결책으로 넘어간다.

# 2부

슬픔과 걱정을
떨치는 해결책들

이제까지 나에 관한 중요한 것들을 모두 설명했다. 당신의 삶에서 가장 영향력 있는 힘은 나이며 당신이 겪는 슬픔, 걱정, 긴장을 만드는 것이 나, 즉 '마음'이라는 것을 분명히 밝혔다. 그러므로 당신의 슬픔과 걱정을 몰아낼 처방을 제안할 수 있는 존재 또한 나밖에 없다. 나만이 이 고된 인생길을 행복과 기쁨으로 바꿀 방법을 말해줄 수 있다. 이제 스트레스를 기쁨으로 바꾸고 슬픔을 행복으로 바꿀 수 있는 해결책에 관해 이야기한다.

# 현재

'현재'는 슬픔과 걱정을 줄일 수 있는 아주 효과적인 처방이다. 시간처럼 모든 우주의 입자들도 세 가지 영역으로 나뉜다. 시간은 과거, 현재, 그리고 미래, 세 가지 양상을 갖는다.

과거는 무엇인가? 이미 지나간 것이다. 과거는 아무 가치가 없다. 결코 되돌릴 수 없는 일이므로. 황당한 사실은 당신이 과거를 소중히 여길 뿐 아니라 과거에 받은 인상에 따라 지금도 반응한다는 사실이다. 당신은 누가 언제 어떤 상황에서 어떻게 했는지를 아주 잘 기억한다. 그로부터 당신이 얻을 것이 무엇인가? 뇌의 능력을 약화시킬 뿐 아니라 마음마저 헝클어뜨린다.

당신은 미래도 같은 방식으로 다룬다. 미래는 어떤가? 미래는 아직 오지 않은 시간이므로 불명확하다. 이제껏 당신은 미래에 대한 수많은 소원과 무수한 걱정거리에 몰두해 왔다. 그렇게 해서 당신이 얻을 게 무엇인가? 오히려 무언가를 잃어버릴 게 확실하다. 잃을 것은 당신의 소중한 에너지이다. 당신은 무기력해진다.

생각해보라. 인류는 과거와 미래, 이 두 가지 시간의 맷돌에 갈려 가루가 되고 있다. 윗돌과 아랫돌 사이에서 당신은 가장 아름다운 시간, 즉 '현재'를 경험할 황금 같은 기회를 잃어 버린다. 삶을 영위하고 가치 있는 것을 성취하는 지점은 현재인데 말이다. 그렇게 80여 년을 살고서 죽음이 문을 두드릴 때 자신이 과거와 미래에 얽매어 살았다는 사실을 깨닫는다. 당신은 진정을 다해 살지 못했고 인생에서 소중한 것을 이루지도 못했다. 나의 말을 심사숙고하고 현재의 가치를 깨달으라.

'현재'야말로 당신의 모든 문제들을 곧바로 뿌리 뽑을 수 있는 힘을 가졌다.

슬픔의 근원은 대부분 과거에 있고 걱정의 이유 또한 대부분 미래에 있음을 생각해본 적이 있는가? 특정한 일이 일어나든지 말든지 그게 어떻단 말인가? 그냥 생기게 내버려두라! 왜 지금 그 일을 생각하느라 쓸데없이 자신을 괴롭히는가? 가장 큰 문제는 과거의 경험으로부터 아무것도 배우지 못한다는 거다. 당신이 이제까지 오래도록 걱정해 온 수많은 일 중에 실제로 발생한 일은 거의 없었다는 사실을 실감한 적이 있는가? 쓸데없는 것을 생각하고 고심하느라 소중한 시간과 에너지와 인생을 낭비했을 뿐이다.

왜 당신은 인생이 오늘, 바로 지금 이 순간을 사는 거라는 사실을 생각하지 않는가? 똑똑한 당신은 인생에서 현재라는 기회를 낭비하고 있다. 과거의 슬픔을 기억하거나 미래에 가능할 일들을 걱정하느라고 말이다. 아무리 지적인 사람이라도 한 번에 한 시점 이상을 살 수 없다는 사실을 명심하라. 당신은 매 순간을 살면서 전 생애를 행복하게 지낼 수 있다.

그 각각의 순간에 당신은 과거를 바로 잡을 수도, 미래를 개선할 수도 없다. 현재의 순간을 행복하게 보낸다면 진정한 삶을 영위하는 것이고, 만약 그 순간을 근심이나 분노 같은 쓸데없는 일에 써버린다면 소중한 순간을 죽이는 것이다. 삶의 아름다운 기회가 당신의 손아귀에서 빠져나가는 것이다.

인생에서 현재의 기쁨이 무엇인가?

어떤 사람이 100층 창문에서 추락하고 있다. 창가에 있는 사람이 물었다.

"괜찮으세요?"

추락하는 사람이 대답했다.

"아직까지는 괜찮아요. 어떤 일이 있을지는 땅에 닿을 때 알게 되겠죠!"

생각해보라. 이런 사람이 어떻게 불행할 수 있겠는가? 죽음인들 그의 삶의 에너지를 꺾을 수 있겠는가? 가장 중요한 것은 근심, 두려움, 그리고 슬픔이 현재의 한 순간에 어떻게 압축될 수 있을까 하는 점이다. 그것들은 당신이 현재로부터 벗어났을 때 존재한다.

삶을 되돌아보면, 당신이 현재로부터 벗어났기 때문에 겪었던 수많은 손실들을 확인할 수 있을 것이나. 가장 큰 손실은 현재 가진 것이 무엇이든 간에 그것을 소중하게 여기지 않고 보잘것없이 취급하는 것이다. 그 이유는 당신이 현재 가지지 않은 것이나 이미 잃어버린 것에서 행복을 찾으려 하기 때문이다. 이런 어리석음 때문에 자신이 좌지우지할 수 있는 것에서 행복을 끌어낼 수 있다는 사실을 망각하는 경향이 있다.

문제는 여기서 끝나지 않는다. 더욱 한심한 사실은 당신이 현재 가진 것을 누리지 않는다는 점이다. 그러다가 그것을 잃기라도 하면 끊임없이 슬퍼하고 애석해 한다. 아이러니하게도 이런 태도는 인생에서 만나는 사람들에게도 똑같이 적용된다. 남편은 아내를 자기 인생을 망치는 존재라고 원망하다 바로 그 아내가 곁을 떠나기라도 하면 난장판이 되어버린 인생을 발견한다. 연로한 부모를 짐으로 여기는 자식들은 부모가 떠났을 때 비로소 슬퍼하고 비통해 한다. 이것이 삶의 방식이라고? 왜 당신 스스로 자기 인생의 적이 되었나?

옛날에 나뭇꾼이 있었다. 그는 일흔 살 가까이 되었는데 가족도 없고 모아둔 돈도 없었다. 건강도 좋지 않았다. 그렇게 천천히 쇠약해갔다. 이 모든 어려움에도 불구하고 그는 매일매일 나무를 베러 가야 했다. 힘들여 벤 나무들을 매일 저녁 시장에 내다 팔아야만 했다. 하루 종일 힘들게 일해도 겨우 입에 풀칠하기도 바빴다. 그의 인생은 단조롭고 고달팠다. 장마철이 되면 공들여 벤 나무가 비에 젖어 내다 팔 수 없게 되어 상황은 더 심각해졌다. 결국 이 불쌍한 노인은 이삼일 굶게 되었다. 자신의 인생을 비참하게 여긴 노인은 괴로워하며 결국 이렇게 기도했다.

"오, 죽음의 신이시여! 왜 저를 죽여서 이 고통을 끝내지 않으십니까? 훨씬 젊은 사람들은 잘 거두어 가시면서 왜 늙은 저는 그냥 두십니까? 제게 무슨 원한이라도 있으신가요?"

어느 날 깜짝 놀랄 일이 벌어졌다. 고통에 찬 노인이 나무 아래 앉아 힘든 삶에서 자신을 해방시켜 달라고 다시금 죽음의 신에게 기도하고 있었다. 똑같은 질문을 수도 없이 하면서 말이다.

"언제 저를 저 세상으로 데려가실 겁니까? 왜 내 삶을 끝내주지 않나요? 제발 저를 데려가 주세요!"

기도하는 노인의 어깨에 누군가의 손이 느껴졌다. 노인은 깜짝 놀랐다! 돌아보니 자기 옆에 거대한 낯선 사람이 서 있었다. 노인이 놀라 누구인지 물었다. 낯선 이가 말했다.

"내가 죽음의 신이다! 지나다가 고통에 찬 너의 기도를 들었다. 사실, 너의 시간은 아직 오지 않았다. 그러나 너의 곤경을 보니 내가 정말 슬퍼지는구나. 같이 가자. 내가 너를 데려가 줄 테니."

이 말을 듣자마자 노인은 정신이 번쩍 들었다. 70년 남짓 살아온 자신의 어리석음을 바로 깨달았다. 그래서 바로 어조를 바꾸어 죽음의 신에게 말했다.

"아, 제가 며칠 굶어서 그런 헛소리를 뇌까렸나 봅니다. 저는 지금 아주 행복합니다. 절대 죽고 싶지 않습니다. 화난 김에 그런 말을 불쑥 했습니다. 오늘 저를 찾아주셔서 감사합니다. 하지만 솔직히 말씀드리면, 다음에는 제발 오지 말아주세요. 저 또한 당신을 다시 찾지 않겠다고 맹세하겠습니다. 만약 제가 실수로 또 그런 말을 하더라도 제발 저를 구한다고 찾아오지는 마십시오."

"자네가 원한다면야!"

죽음의 신은 그렇게 말하고 자리를 떴다. 그가 떠난 순간, 노인은 안도의 한숨을 내뱉었고 기쁨으로 심장이 두근거렸다. 이후로 그는 한 번도 고통과 슬픔을 느끼지 않았다. 생활도 생각도 모두 훨씬 좋아졌다.

상황을 돌아보라. 모든 것은 여전하다. 그의 생활조건은 예전과 동일한데 어떻게 모든 것이 바뀌었는가? 왜 그렇게 되었을까? 그가 죽음과 맞닥뜨린 그 순간에 그는 적어도 최소한, 자신의 목숨은 붙어 있다는 사실을 깨달은 것이다. 자신의 느낌과 감각이 여전히 살아 있는데 다른 무엇을 더 원하겠는가? 그러니 당신도 삶의 가치를 깨달으라. 인생 자체에 가치를 두라!

생각해 보라. 인간의 삶이란 게 정확히 무엇인가? 드넓은 우주를 바라보고 그 광활함을 깨달으라. 무한한 창공을 헤아릴 수 있는가? 우주는 나날이 팽창한다. 이런 광대한 우주에서 지구라고 불리는 작은 반점이 뭐 그리 대단한가? 거기서의 당신의 삶이 뭐 그리 특별한가? 우주 안의 지구란 존재는 지구 안의 개미 한 마리와 비슷하다. 이렇게 어마어마한 우주에서 지구는 작은 점에 불과한데 그 속에 사는 당신의 존재감은 또 무엇인가?

시간과 연관지어 비슷한 분석을 해 보자. 시간은 값진 것이다. 수십 수백억 년, 또는 그 이상의 역사를 갖는다. 과학자들에 의하면, 어떤 별에서 오는 빛이 1초에 30만 킬로미터의 속도로 온다고 할 때, 20만 년 후에도 지구에 도달하지 못하는 빛이 있다고 한다. 이 말은 우리가 오늘날 보는 별들 대부분이 사실상 20만 년 이전에 있었던 별이라는 걸 의미한다. 이렇게 어마어마한 우주와 측량할 수 없는 시간 속에서 연약한 몸을 가지고 겨우 80년 정도 사는 인생이 뭐 그리 대단한가? 매 순간을 즐기고 살고 긍정적인 일을 하는 것 외에 말이다. 당신이 끊임없이 걱정한다고 해도 할 수 있는 게 결국 무엇인가? 그렇게 엄청나게 걱정한 후에 무언가를 얻어냈다고 해도 그것이 어쨌단 말인가? 생각해 보라. 걱정하지 않는다고 당신이 잃을 게 무엇인지?

내가 말한 사실들을 반드시 이해하기 바란다. 육체와 시간에만 제한이 있는 것이 아니다. 당신의 감각에도 한계가 있다. 이 사실도 알아야 한다. 매 순간 우주에는 많은 폭발이 일어나는데 이 폭발음을 1초만 들어도 당신은 즉사할 수 있다. 당신이 안전한 이유는 귀가 들을 수 있는 주파수에 한계가 있기 때문이다. 인간의 귀는 특정 데시벨을 넘어선 소리를 듣지 못한다. 85데시벨 이상의 큰 소리와 0데시벨 이하의 작은 소리는 듣지 못한다. 개미가 기어갈 때 아무 소리도 안 낸다고 생각하는가? 개미도 소리를 낸다. 다만 당신이 들을 수 있는 범위 밖의 작은 데시벨일 뿐이다.

마찬가지로 시력에도 한계가 있다. 당신의 시력에 한계가 있다고 세계와 우주가 끝나버린 게 아니다. 그것은 당신 눈의 한계보다 훨씬 크고 멀리 있다! 우주의 무한함을 이해하라. 비행기가 공중에 나는 것을 지켜보라. 한동안 지켜보면 점점 작아지다가 어느 순간 안 보이는 때가 온다. 비행기는 여전히 날고 있는데 우리의 시각 한계를 넘어선 것이다. 마찬가지로 어떤 물체를 눈에다 바짝 붙여 놓으면 볼 수 없다. 무언가를 보려면 적당한 거리가 필요하다. 이것이 인간 눈의 한계이다.

누군가가 당신에게 "태양의 온도는 어떻게 될까요?"라고 물으면 당신은 "어휴… 절 좀 그냥 놔두시죠!" 할 것이다. 다시 "남극 바다 밑 해저산맥의 온도가 얼마나 될지 말해줘요"라고 한다면 "아…잊어버렸는데요" 하고는 달아날 것이다. 하지만 적어도 자신의 체온은 알 수 있다! 최고 체온은 섭씨 45도 정도일 거고 최저 체온은 섭씨 32도이다. 이것은 체온이 섭씨 13도 범위 안에 머무른다는 것을 뜻한다. 어느 한계든 넘어가면 인체는 기능을 멈추고 죽는다. 간단히 말하면 우리는 특정한 범위 안에서 기능한다.

그렇다면 우리 마음과 뇌에도 한계가 있을까? 좋은 소식을 전하자면 인간의 마음과 뇌에는 그런 한계가 없다는 사실이다.

마음과 뇌는 무제한의 힘과 무한한 가능성으로 강력하다. 그러나 불행히도 인간은 자신의 마음과 뇌에 한계가 있다고 믿는다.

그러니 당신의 마음과 뇌의 현재 상태에 관해서라면, 그것들이 최고 상태가 아니라는 것을 확실하게 알라.

인간이 마음과 뇌의 조건화를 해체할 수 있고 의식, 무의식, 잠재의식의 마음을 약화시킬 수 있다면, 누구나 우주의 지식을 얻는 수준까지 올라갈 수 있다. 우리는 마음과 뇌의 수준에서 아직 모든 것을 잃지는 않았다. 그러니 기회는 아직 있다! 그리고 인간의 역사에는 이러한 지식의 높이에 오른 많은 성공한 증인들이 있다. 현재 인류의 문명은 마음과 뇌의 장벽을 뛰어넘은 소수의 지성인들이 기여한 결과이다.

당신이 뇌와 마음을 제대로 다루게 되면, 당신의 지성뿐 아니라 행복과 평화 또한 그 한계를 뛰어넘을 수 있다. 당신이 지금 행복, 평화라고 알고 있는 것들은 당신이 잠재적으로 경험할 수 있는 행복과 평화의 겨우 천 분의 일밖에 안

 인생은 '현재' 이외에 아무것도 아니다.

된다. 당신이 갖는 행복의 한도는 행복한 가정, 경제적 풍요, 사회적 명성과 지위 같은 것들로서, 이것들은 행복이라는 이름의 겉모양에 불과하다.

행복이 무엇인지 생각해 본 적이 있는가? 당신은 인생에서 최고의 행복을 얻을 수 있다. 이렇게 되면 자연조차 당신을 부러워할 것이다. 인류 역사를 차분히 살펴보면 타고난 한계를 성공적으로 극복하고 기쁨과 행복의 정점에 오른 사람들의 사례를 충분히 찾을 수 있다.

인간은 시력이나 청력 같은 한계 범위에 결정적으로 얽매인다. 그래서 마음과 뇌에 기쁨이 올 때 한계 속에 갇혀 버린다. 그러나 원하기만 하면 이런 한계의 장벽들을 부술 수 있다. 그것은 현재를 사는 기술로 가능하다.

현재를 사는 기술의 첫 번째 행동은 기억을 약화시키려 노력하는 일이다. 이미 일어난 일을 기억하는 것이 무슨 소용이 있나? 그것들이 '오늘' 무슨 중요성이 있나? 오히려 이런 기억들은 해로울 뿐이다. 하루하루는 새로운 삶을 예고하기 때문이다.

스스로를 돌아보라. 시간이 지나면 마음과 생각이 바뀌지 않는가? 이런 경우 누가 언제, 왜, 무엇을 했는지가 뭐가 그리 중요한가? 과거 당신에게 나쁜 짓을 한 사람일지라도 지금은 마음이 바뀌어 당신을 해치려 하지 않을 수 있다. 과거에 당신을 후대했던 사람일지라도 오늘은 적대적이 될 수 있다. 그러니 누군가에 대한 기억, 과거 행동에 대한 기억보다는 그의 현재 마음 상태를 파악하고 그를 대하는 게 바람직하지 않겠는가?

이런 원칙은 인생의 모든 면에 적용되어야 한다. 비즈니스를 예로 들어 보자. 과거 당신이 손해를 봤던 비즈니스가 상황의 긍정적 변화로 오늘은 수익 사업이 될 수도 있다. 마찬가지로, 여러 해 동안 잘되던 사업이 이제는 손실을 초래할 수 있다. 현재 상황에서 진리인 것으로만 최고의 결정이 가능하다. 당신 인생의 본질, 조건, 그리고 방향이 전적으로 당신이 내리는 결정에 달려 있다는 사실을 굳이 설명할 필요가 있을까?

과거를 붙잡는 게 아무 소용 없는 일이란 사실을 이해했으리라 믿는다. 미래의 경우에도 똑같은 원칙을 적용해 보자. 중요한 사실은, 당신의 현재는 당신의 과거로부터 만들어졌고 당신의 미래는 당신의 현재를 기초로 만들어질 것이라는 점이다.

 현재를 과거나 미래에 맞추려는 노력은
모든 불행의 근본 원인이다.

당신이 현재와 당면한 일에 주의를 기울일수록 그 결과로 만들어질 미래는 더욱 좋아질 것이다.

미래를 걱정하거나 꿈꾼다고 좋은 결과가 만들어지지 않는다. 이 점을 명심하라.

다른 관점에서 보자. 당신의 모든 과거는 현재에 응축되어 있다. 그러므로 과거는 어차피 무의미하다. 당신이 현재를 사는 방식이 미래를 결정한다. 이는 당신의 미래가 당신이 현재 하는 일에 상당 부분 의존한다는 사실을 뜻한다. 요약하면 과거와 미래, 둘 다 '의미없음'으로 규정된다.

당신이 현재 삶의 중요성을 깨닫기를 바란다. 하지만 아직 중요한 질문이 남아 있다. 현재를 사는 삶의 습관을 어떻게 계발할 수 있을까?

매일 아침 잠에서 깰 때 확실하게 결심하라. 당신이 미래의 일, 적어도 1년 후의 일에 대해서는 어떠한 걱정이나 기대도 하지 않을 것임을. 지금 학생 신분인데 앞으로 가질 직업이나 연봉에 대해 왜 오늘 걱정하는가? 적어도 수년 뒤의 일이 아닌가? 당장은 생각할 필요조차 없는 일이다. 1년 이

 아무리 지성적인 사람이라도
한 번에 한 순간 이상을 살 수 없다.

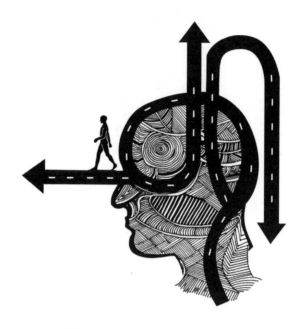

"진실된 인생을 살고 싶은 사람에게 주어진 옵션은
단 하나, 그것은 바로 '현재'이다."

후의 걱정은 모두 헛수고라는 사실을 마음에 새기라. 이 기
술이 숙달되면 서서히 이 걱정의 기한을 한 달로 줄여라. 이
것도 잘하게 되면 '오늘'을 어떻게 더 좋은 날로 만들지에만
초점을 맞추라.

오늘 일어나지 않은 일을 걱정하는 데 왜 당신의 에너지
를 낭비하는가?

매일 아침 잠에서 깰 때, 오늘이 당신 인생의 마지막 날이라 믿고 오늘 어떻게 최선을 다할까를 생각하라.

집이나 회사에서도 항상 이 상태를 유지하라. 오직 그날(오늘)의 시간에 완수해야 할 일들만 하라. 베개에 머리를 대기 전에 당신의 하루가 결실이 있었는지 없었는지만 찬찬히 생각하고 편안히 잠들라. 내일 일은 내일 아침 잠에서 깨어 처리하도록 남겨 두고는 말이다. 이런 방식으로 살면 모든 근심과 두려움은 당장에 사라진다. 하루 또 하루, 당신의 모든 날들은 풍부한 결실로 채워진다. 하루가 다가오면 매일을 성공적으로 살라. 당신 인생의 모든 여정은 가치 있는 경험이 되고 당신의 삶은 충만해진다.

지혜로운 마술사의 이야기를 들려 주겠다.

어느 날, 왕에게 부름을 받은 마술사가 왕을 즐겁게 하고는 큰 상을 받을 거라는 기대로 왕궁에 도착했다. 호기심에 가득한 왕은 마술사에게 묘기를 선보일 기회를 주기로 했다. 마술사는 순간 생각했다. 굳이 평범한 마술을 보일 필요가 있을까? 왕을 대상으로 하는 마술을 선보이면 어떨까? 이런 결심 끝에 눈 깜짝할 사이에 왕의 머리 위에 놓인 왕관이 사라지는 마술을 선보였다. 그런데 이 마술을 왕권에 대한 모독으로 해석하여 분노한 왕이 이 불행한 마술사를 당장에 감옥에 처넣고는 일주일 후에 사형을 집행하도록 명했다.

불쌍한 마술사는 자신이 끔찍한 상황에 처했음을 알게 되었다! 그는 이제 감옥에 갇혀 있다 교수형에 처해질 것이다. 다음 날 아내가 이 소식을 듣고 펑펑 울면서 그에게 달려왔다. 하지만 마술사는 슬퍼하지 않았다. 슬픔을 주체할 수 없는 아내는 남편이 왜 자신의 죽음에 무심한지 이해할 수 없었다. 마술사가 말했다.

"내가 처형되기까지는 6일이나 남았고 그 동안 무슨 일이 일어날지 모른다오. 오지 않은 내일에 대해 왜 내가 쓸데없는 생각을 하느라 오늘을 망친단 말이오."

아내는 남편 말의 숨은 의미를 이해하지 못하고 죽을 날을 받아놓은 남편이 정신이 잘못된 게 아닌가 생각했다.

아내는 여전히 울면서 집으로 돌아갔다. 남은 닷새가 그렇게 지나갔다. 마침내 마술사의 처형 일이 되었다. 마술사를 처형하기 전에 왕이 그를 찾아 왔다. 왕의 행차를 본 마술사는 순간적으로 일을 꾸몄다. 갑자기 비통한 표정을 하더니 엉엉 울기 시작했다. 그걸 본 왕은 마음이 어느 정도 풀어지며 자존심이 충족되었다. 왕이 마술사에게 말했다.

"너는 내 왕관을 사라지게 만든 무모한 놈이다. 지금은 왜 울고 있느냐? 죽을 때가 되니 정신이 나간 모양이구나?"

마술사가 말했다.

"오, 왕이시여! 그런 게 아닙니다. 죽음은 두렵지 않습니다. 다만 오늘 죽어야 한다는 사실이 한스럽습니다. 사실 저는 지난 2년 동안 말에게 하늘을 나는 법을 가르치고 있었습니다. 이제 일 년 정도만 더 훈련시키면 제 말은 확실히 날 수 있습지요. 그 때문에 지금 너무 속상합니다. 불행히도 제게는 더 이상의 1년이 허락되지 않으니까요."

마술사의 이야기를 들은 왕의 마음에 슬그머니 탐욕이 생겨났다. 위압적인 음성으로 왕이 마술사에게 물었다.

"내가 너한테 그 1년을 주면 어찌하겠느냐?"

마술사는 조용히 대답했다.

"폐하께 하늘을 나는 말을 올리겠나이다."

왕이 말했다.

"이렇게 하자. 지금 너를 석방해주지. 그러나 명심하라. 단 1년이다. 그 1년 동안에 나에게 하늘을 나는 말을 바치지 못하면, 그때야말로 죽음을 면치 못하리라."

마술사는 바로 석방되어 흐뭇하고 즐거운 마음으로 집으로 돌아갔다. 그때 그의 집은 온통 슬픔과 충격에 휩싸여 있었다. 이웃 사람들 모두 그의 집에 모여 있었다. 마술사가 죽었다고 확신하여 조의를 표하러 온 것이었다. 그런데 살아서 집으로 돌아온 마술사를 보고는 모두들 깜짝 놀랐다. 왕이 자신을 사면해 주었다는 마술사의 말에 사람들은 모두 마음을 놓고 기뻐하며 집으로 돌아갔다.

동네 사람들이 모두 돌아가자 아내가 마술사에게 물었다.

"어떻게 이런 기적이 일어난 거예요?"

마술사는 자랑스럽게 하늘을 나는 말 이야기를 들려 주었다. 이야기를 들은 아내는 남편이 황당한 이야기를 꾸며 죽음을 모면했음을 알고는 낙담해 눈물을 흘리기 시작했다. 결국 1년이 지나면 진실이 밝혀질 것이고 사형 선고는 피할 수 없게 될 것이다. 그녀는 남편에게 다가오는 죽음을 걱정하면서 어떻게 일 년이라는 세월을 버틸 수 있냐며 슬퍼했다. 마술사가 아내를 토닥이며 말했다.

"여보, 1년은 꽤 긴 시간이야. 수천 가지의 별별 가능성이 있고 수많은 일들이 생길 수 있어. 지금부터 우리에게 남겨진 1년을 즐겁게 지냅시다."

그의 말은 딱 들어맞았다. 6개월 뒤 왕이 죽었고, 하늘을 나는 말은 더 이상 필요 없게 되었다. 이제 무슨 근거로 마술사에게 사형 선고를 내릴 수 있겠는가?

이것이 미래의 아름다움이다. 미래에 일어날 일은 가장 사소한 사건이라도 수천 가지의 다른 일을 불러온다. 그러니 미래라고 불리는, 이 완전히 예측할 수 없는 현상을 왜 지금 걱정해야 하는가? 게다가 과거는 이미 벌어진 일이다.

나는 당신들 모두가 현재를 사는 삶의 기술을 배워서, 당신
의 삶을 방해하는 슬픔과 걱정이라는 무용지물로부터 영원
히 해방되는 자유를 얻기 바란다.

# 인격

진정한 인격의 결여 또한 당신의 삶을 생지옥으로 만드는 주요 원인이다. 당신이 터무니없는 행동과 분노, 걱정, 질투 같은 쓸데없는 감정에 휘둘리는 것은 인격의 결여 때문이다. 이제 내가 인격이 분명히 무엇인지, 그리고 인격이 당신 인생에 어떤 역할을 하는지 이야기하기 전에 당신과 당신 주변 사람들의 인생을 한번 살펴보기 바란다.

사람들은 모두 무수한 희망과 열망을 가지고 인생이라는 여행길을 걸어간다. 그럼에도 불구하고 수많은 사람들 중 이러한 영감을 실현시킨 사람들은 극히 적다. 뿐만 아니라

거의 모든 사람들이 자신의 현재 삶을 한탄한다. 사람들은 다들 자신들이 원했던 인생길에서 멀찍이 벗어나 있다고 괴로워한다. 자신을 둘러싼 삶과 세상이 목에 걸린 가시 같은 고통이라 생각한다.

누구든지 붙잡고 과거를 잊고 새롭게 출발하기를 원하는지 물어보라. 모두들 기꺼이 그러겠노라 할 것이다. 당신이 아는 사람들은 모두 자신들의 오래된 인간관계들, 오래된 기억들과 시스템들을 다 없애고 싶어한다.

사람들은 자신의 삶에서의 실수는 인정한다. 아이러니한 것은 어디에서 잘못되었는지에 대해서는 전혀 무지하다는 사실이다.

이 문제는 오직 한 번뿐인 인생이라는 기회에서 실패하는 99퍼센트의 사람들이 걱정하는 바로 그 문제이고, 그래서 우리는 여기에 깊은 관심을 기울여야 한다.

이제 해결책을 찾기 위해 어디에서 어떻게 잘못되었는지 돌아보자. 어떻게 하여 '삶은 살 만한 가치 있는 경험이다'라고 느끼지 못할 정도로 삶을 엉망으로 만들었는가? 가장 중요하고 근본적인 원인은 사람들이 늘 자신의 외적 성격(external personality)을 향상시키는 데 너무 큰 비중을 둔다는 데 있다. 그래서 얻은 결과는 무엇인가? 인격의 매우 중요한 요소인 '내적 인격(inner personality)'을 무시하면 안 된다. 이제까지는 내적 인격에 별반 관심을 두지 않았었다. 그러나 실제로 인간의 삶을 지배하는 대부분의 요인은 외적 성격이라기보다는 내적 인격이다. 인생의 이 생생한 면모를 무시하면서 어떻게 행복과 성공의 길에 발을 내디딜 수 있겠는가? 내적 인격을 무시하고 어떻게 슬픔과 걱정으로부터 벗어날 수 있겠는가?

모든 사람은 두 가지 면모를 지닌다. 외적 성격과 내적 인격이다.

### ❶ 외적 성격

사람들은 외적 성격을 자신들의 진정한 인격이라 믿고 그것을 다듬는 데 공을 들인다. 에티켓, 매너, 패션, 겸손, 스타일부터 매혹의 기술까지 모든 것이 외적 성격이다. 외적 성격을 잘 단장한 당신에게 감명받아 사람들로부터 받는 칭찬의 즐거움에 딴지 걸 생각은 없다. 의심의 여지없이, 이것들은 당신 인생의 필수 요소이다. 그러나 문제는 바로 여기에 있다. 당신이 그것들을 지나치게 중시하고 그것이 '당신의 유일한' 면모라고 잘못 판단하는 데 있다. 사실상 그것은 당신 인격의 껍데기에 불과하고, 외적 성격이 약해지거나 모자란다고 실제로 인생에 큰 변화는 따르지 않는다. 스타일이 좋거나 매너가 좋다는 게 다른 사람들에게 호소력이 있을 수 있겠지만, 당신 삶의 향상에 필수 요소는 아니다. 외적 성격에 대해 무슨 많은 설명이 필요하겠는가? 세상에는 당신의 외적 성격을 다듬는 데 도움을 주는 수많은 가르침들이 있다. 그것을 개선하려고 노력하는 사람들도 많다. 하지만 이러한 갖가지 노력들이 나, 마음의 입장에서는 그저 안쓰러울 뿐이다. 이제 더 이상 시간을 허비하지 말고 인격의 훨씬 더 중요한 부분에 관해 논의하는 게 좋을 것이다. 그것은 바로 내적 인격이다.

## ❷ 내적 인격

내적 인격에 대한 원활한 이해를 위해 예를 들어 이야기해 보자.

한때 은행의 이사직까지 올랐다가 은퇴한 사람이 있었다. 상무이사까지 승승장구했으므로 잘 다듬어진 외적 성격을 갖고 있었다. 그의 외동딸은 명망 있는 기업가 집안의 자제와 혼담이 오가고 있었다. 어느 날 저녁 다섯 시에 딸의 혼사를 마무리 짓는 만남이 예정되어 있었다. 그는 시간에 늦지 않으려고 일찌감치 집에서 나왔다. 인생에서 가장 행복한 날이라는 생각에 아주 기뻐하며 길을 나섰다. 그런데 얼마 지나지 않아 기대에 차 기다리고 있는 가족들의 예상과 달리 그는 너무 일찍 집으로 돌아왔다. 다들 그가 집에 일찍 들어온 데다 화가 나 씩씩거리기까지 하는 그의 모습에 놀라고 당황했다. 무슨 일이 일어난 걸까? 혼담이 깨진 걸까? 그래도 그렇지, 그렇다고 저렇게 화를 낼 일은 아니지? 워낙 울분에 차 있어 무슨 일이 일어난 건지 아무도 상상할 수 없었다. 왜 화가 났을까? 사돈될 사람들이 그를 모욕했을까? 그들이 무슨 일로? 교양 없는 사람들은 아닌데? 혼담이 깨질 수는 있겠지. 그러나 그를 모욕했을 리는 없다. 그러면 무엇이 문제란 말인가? 가족들은 별별 상상을 다 했다.

한편 격분한 그는 코트를 벗어 던진 채 물 한모금조차 마시려 하지 않았다. 아내가 용기를 내어 그에게 물었다.

"무슨 일이에요?"

아내의 질문에 가뜩이나 화가 났던 그가 안색이 변해 소리를 꽥 질렀다.

"그 녀석, 싱하이라는 놈 말이야. 당신도 기억할 거야. 내가 그놈의 첫 번째 대출을 승인해 줬잖아. 아니 그것뿐이 아니지. 그 후로도 수도 없이 대출을 승인해 줬지. 그런데 제놈이 무슨 대단한 위인인 줄 아는 모양이야. 빵집에서 보이길래 먼저 알은척하는데도 그 불한당이 싹 무시하더라구!"

모든 얘기를 참을성 있게 들어주던 아내가 물었다.

"잘 알겠어요, 그런데 우리 딸 결혼 이야기를 마무리 지으러 갔었잖아요, 그렇죠? 그 일은 어떻게 됐는데요?"

그제서야 그는 자신의 어리석음을 깨닫고 풀이 죽어 대답했다.

"하도 기분이 상해서 약속 자리에 갈 마음이 나질 않았어."

그렇게 된 거였다! 단지 싱하이란 사람이 인사를 받아주지 않았다는 이유로 인생에서 그토록 좋은 기회와 중요한 책임을 완수하는 일에 실패했다. 이것이 내적 인격이 약할 때 생기는 일이다. 당신의 외적 성격이 얼마나 대단한가와는 상관없이 내적 인격이 강하지 않으면 눈깜짝할 새 모든 일이 허사로 돌아간다.

당신 자신의 인생과 살아가는 방식을 가까이 들여다보라. 자신의 내적 인격을 제대로 이해 못 하고 무관심한 탓에 당신은 스스로를 통제하지 못한다. 당신의 행복과 슬픔이 당신의 의지와 생각에 관계없이 남들의 생각과 행동에 좌우된다. 다른 사람들은 결코 당신을 행복하게 내버려두지 않는다. 이것은 상무이사가 만난 싱하이 같은 특정 인물이나 그가 보여준 특정 행동의 문제가 아니다.

'속임수'를 품은 수많은 사람들이 세상에 득실댄다. 당신에게 모욕의 말들을 쏟아부으면 당신은 즉각 폭발한다! 누군가 칭찬이라도 해준다면, 당신은 그들의 제안 이상으로 기꺼이 보답한다. 누군가가 당신의 단점을 지적하기라도 하면 당신은 바로 그 사람을 멀리한다. '혼자 힘으로 헤쳐가라'거나, '혼자 살아내라'는 말의 의미를 잊었는가?

상황이 점점 심해지면, 당신의 하루는 다른 사람들이 당신을 대하는 방식에 따라 전개되고, 당신의 기분이나 계획은 어떤 역할도 못 한다. 어떤 즐거움도 온 맘을 다해 즐기지 못한다. 그런 즐거운 시간에도 그 순간을 망치는 누군가가 항상 있게 마련이니.

레스토랑에서 성공을 자축하는 가족 만찬을 즐기고 있다고 하자. 모두들 즐거운 분위기이다. 그런데 파티가 시작되자마자 누군가 당신을 화나게 만들어버렸다. 오직 그거였다! 그렇게 파티는 끝났다! 행복한 만찬을 뒤로하고 당신은 잔뜩 화가 나 집으로 향한다.

간단하게 생각해 보라. 사소한 일로 순간적인 모욕감을 느끼면 어떻게 인생을 살 수 있을까? 자신의 성공조차 맘껏 축하할 수 없는데 어떻게 인생을 즐겁게 살 수 있겠는가? 주위 사람들이 당신을 화나게 하거나 불안하게 만드는데 당신의 모든 결정과 노력이 무슨 소용이란 말인가? 진실로, 당신에게 내적 인격이 결여되면 당신 자신을 인간답게 만들어 줄 것은 아무것도 없다. 이렇게 되면 당신은 사물로 전락한다.

버튼을 누르면 작동하는 선풍기처럼 이제 당신은 하나의 사물이 되었다.

누군가가 버튼을 누르는 순간, 당신은 안절부절하기 시작한다. 멋진 옷을 입고 나왔는데 누군가 당신의 복장을 지적하면, 스스로 가졌던 열정과 확신은 순식간에 사라진다. 더 이상 자신의 결정이나 옷 입는 스타일을 믿지 못할 정도로 확신은 흔들린다. 더군다나 당신은 누군가가 성공하면 질투가 일어나도록 길들여져 있다. 생각해 보라. 얼마나 많은 버튼을 타인에게 나누어 주었는지. 사랑의 버튼, 아첨의 버튼, 좋은 행실의 버튼, 모욕의 버튼, 악행의 버튼, 비교와 경쟁의 버튼 등등 수없이 다양한 종류의 버튼들!

언제나 기계처럼 반응할 준비가 되어 있는 당신은 누군가가 특정 버튼을 누르도록 허락한다. 스스로 통제할 수 있는 버튼은 하나도 없다. 이제 당신은 개성도 인격도 없다. 주의깊게 살펴보면 당신이 왜 오로지 반응만 하며 살게 되었는지 알 수 있다.

누군가 어떤 행동을 하거나 특정한 일이 생기면 당신의 즉각적인 반응이 필연적으로 이어진다. 누군가가 성공하면 질투가 발동한다. 누군가가 지적하면 분노가 뒤따른다. 마찬가지로, 남의 일을 해줄 때면 아첨도 필수로 따라온다. 당신의 행동을 일으키는 유일한 사람이 누구여야 하는지 잊어버렸다. 이것이 바로 당신이 허구한 날 타인들로부터 사물처럼 혹사당하는 이유이다. 삶에서 행복, 평화, 그리고 성공을 얻는 특권은 오직 인간에게만 존재하는 것이다. (버튼을 누르면 작동하는)사물이 아니고 말이다. 이것을 마음에 새겨야만 한다.

조금 더 생각해 보자. 당신은 오로지 당신과 직접적으로 관계된 사람에게만 반응하는가? 종교 지도자들이 당신의 탐욕을 자극하는 미끼를 달아 유혹하면 그들의 속임수에 홀라당 넘어간다. 누가 어떤 사업에서 성공한 걸 보면 이해득실도 따져보지 않고 그 사업에 풍덩 뛰어든다. 누가 새로운 물건을 사면 똑같은 걸 사려고 안달이 난다. 이런 정신 나간 행동은 도대체 무엇인가?

어떻게 해야 이 '반응의 세계' 밖으로 빠져나올 수 있을까? 첫 번째로 꼭 알아야 할 사항은 어떻게 이 반응의 세계에서 살기 시작했는가 하는 것이다. 당신이 어떤 경로로 행복의 열쇠를 타인에게 넘겨주었는가의 문제이다. 그리고 남이 행복한 꼴을 보아 넘길 수 없는 '사람들'은 어떤 이들인가를 살피는 일이다. 더군다나 당신은 평화롭게 살게 내버려두지 않는 온갖 양태들을 모방하기 시작했다. 자, 이것이 바로 어리석음의 전형이다.

다른 사람들이 무엇 때문에 당신을 평화롭게 살도록 두겠는가? 남들이 어떻게 당신을 성공의 길로 인도하겠는가? 당신의 인생이다. 그러니 인생뿐 아니라 기쁨과 슬픔도 당신이 원하는 방식으로 이루어지도록 내적 인격을 다듬어라. 이것은 간단하고 수월한 문제이다. 그런데 왜 모든 이들이 이렇게 하지 못하고 실수하는가?

두 가지 이유가 있다. 첫 번째는 이기적 본성으로 인해 수천 개에 달하는 좋아하고 싫어하는 것들의 목록을 만들어 나열하기 때문이다. 우스운 건 이러한 행동을 대단히 지적 행위로 간주한다는 사실이다. 이런 일들은 뇌의 영향하에 일어나는데. 그것은 나, 즉 당신의 마음과는 아무런 관련이 없다.

한편 사람들은 스스로의 호불호의 긴 목록을 만들어 특정 이상과 믿음을 받아들인다. 이러한 행위는 점차 바뀌지 않는 본성이 되고, 전 생애를 이 본성의 명령에 따라 산다. 이 과정은 불행에 빠지는 매우 위험한 단계이다. 이러한 본성과 고착화된 경향 때문에 타인들에게 늘 조종당하며 착취당한다. 이것이 오늘날 사람들이 사물처럼 휘둘리는 이유이다.

그렇다면 '고착화된 본성(permanent nature)' 이란 무엇인가? 그 본성은 당신을 망가뜨리고 인간에서 사물로 가치를 떨어뜨린다. 선택은 당신의 것이다! 생각해 보라. 멋진 삶을 영위할 것인가, 아니면 그저 호불호 목록이나 만들어 살 것인가? 아주 간단한 문제이다.

제발 앞뒤 재지 말고 순간순간 즉흥적으로 행동하라. 그러면 된다. 그렇게 긴 목록을 만들어 인생에서 얻을 게 무엇인가?

놀랍지 않은가! 자, 당신의 '고착화된 본성'이 어떻게 만들어지는지 보자. 먼저, 당신은 좋아하는 일과 싫어하는 일에 관한 긴 목록을 만들고는 원칙과 믿음들로 그것들을 엮어 놓는다. 원칙과 믿음들을 엮어 놓는다는 것은 그 목록들을 고수한다는 걸 의미한다. 그리고 나서 당신은 파멸한다! 무언가에 대한 고집은 무언가를 당신의 '고착화된 본성'으로 만드는 일이기 때문이다. 그러면 당신이 어떤 것을 좋아하든 싫어하든 간에 고착화된 본성은 특정한 반응을 하도록 밀어붙인다.

이제 사람들은 당신이 특정 상황에서 어떤 반응을 보일지 예측할 수 있게 된다. 그래서 누구든지 자신이 원하는 방향으로 당신을 움직이게 하는 버튼을 누르기만 하면, 원하는 반응을 이끌어낼 수 있다. 당신은 수천 개의 버튼이 달린 기계가 되었다. 주위를 찬찬이 둘러보라. 주변에 인간은 몇 안 되고, 무수한 버튼을 달고 있는 수많은 기계들로 넘쳐나

 강한 내적 인격이 없는 사람은
한갓 사물처럼 세상으로부터 온통 착취당한다.

는 모습을 볼 수 있다.

이런 기계들을 잘 활용하여 이득을 취하려는 사람들이 세상에는 넘치고 널렸다. 명성을 소중히 여기는 당신에게 누군가 불명예의 버튼으로 위협하면 당신은 꼼짝없이 이용당한다. 특정 종교에 소속되어 있다면 의식을 위해 돈을 강요당할 것이다. 칭찬 듣기를 좋아하면 아첨의 버튼으로 당신을 구스를 것이다. 당신이 누군가를 소중히 여기는데 그들을 비난하면 당신의 기분은 상한다.

내가 하려는 말은 사람들이 당신의 모든 믿음, 원칙, 이념, 또는 생각으로부터 항상 자신들의 이득을 부당하게 챙겨간다는 사실이다. 결과적으로 당신은 남들이 당기는 줄에 대롱대롱 매달려 있는 꼭두각시 인형이 된다. 당신이 받아들인 규범과 사고방식은 순전히 터무니없는 생각으로 판명된다. 당신이 얼마나 그것들을 고결하게 여기는지와 무관하게 말이다. 다음과 같은 질문을 해보자.

"이미 많은 지식을 쌓아둔 당신인데 왜 모든 결정을 미리 준비해야만 하는가?"

"결정할 때가 되거나 필요가 생기는 대로 즉시 옳은 결정을 내릴 순 없는가?"

이렇게 수많은 버튼으로부터 자신을 해방시키는 해결책은 오직 하나이다. 자신의 의사 결정 능력에 관한 믿음을 키우라. 천천히 그러나 꾸준히 자발적으로 살기 시작하라. 그것은 당신이 충동을 따르고 즉각적으로 행동하라는 말이다. 이 말은 영구적인 호불호, 고정된 이념이나 원칙을 가지지 말라는 의미이다.

어떤 상황이든 발생하는 시점에 필요에 따라 그때그때 결정을 내려라.

오늘 교회에 가고 싶다면, 오늘의 당신은 크리스천이다. 내일 일어날 일은 내일 결정하라. 오늘 이탈리안 음식이 먹고 싶다면 오늘 좋아하는 것일 뿐, 이탈리안 음식만 쫓아다니는 건 아니잖은가. 이 모든 과정에 깔려 있는 악순환을 생각해 보자. 일단 무언가에 대한 성향이나 생각이 만들어지면, 당신의 생각은 그 특정의 것을 고수하게 만든다. 무언가를 고수하면 그에 대해 감정적이 된다. 감정적으로 변하면 그 감정은 점점 커진다. 특정 상황에서 당신의 의견이 사람들에게 받아들여지기 시작하면 당신은 약해져서 그 의견을 위해서라면 어떤 수고도 마다하지 않는다. 그 과정에서 누군가가 당신에게 반대라도 하면 평정을 잃고 반발한다.

이 말은 당신의 모든 생각들이 궁극적으로는 스스로를 파멸시키는 수단이 됨을 증명한다. 당신의 삶을 그때그때의 생각과 행동으로 인도하라. 곧바로 모든 악순환의 버튼들이 자동적으로 쓸모없게 되어 폐기된다. 그렇게 되면 당신은 바로 스스로의 기쁨과 슬픔의 주인이 된다. 그리고 오직 그 사람, 기쁨과 슬픔의 주인이 된 사람만이 힘들이지 않고 인생길을 걸어갈 수 있다.

잘 이해할 수 있게 예를 들어 설명해 보자.

옛날 어느 마을에 열 살짜리 아들과 사는 아버지가 있었다. 아버지는 순종적이고 효도하는 아들들에 관한 이야기들을 아들에게 많이 들려주었다. 어린 아들의 뇌는 금방 조건화되었고 매우 순종적인 아이가 되었다. 아이는 아버지의 모든 지시를 따랐고 아버지는 아들을 사물처럼 다루며 부당한 편의를 챙겼다. 새벽부터 해질 때까지, 그는 아들에게 여러 가지 자질구레한 일을 시켰다.

그러나 아들은 아버지의 생각만큼 어리석지 않았다. 그는 아버지가 자신의 순종으로부터 편의를 구하고 있다는 사실을 깨달았다. 아들은 이 힘들고 단조로운 일로부터 벗어날 방도를 생각하기 시작했다. 곧, 결론이 났다,

'아버지가 시키는 것을 정확하게 반대로 하자. 그러다보면 아버지는 아무 일도 시키지 않을 거야. 바로 그거야!!!'

아들은 즉시 자신의 계획을 실천에 옮겼다. 아버지가 방을 깨끗이 청소하라고 하면 반대로 어질러 놓았다. 아버지가 소에게 풀을 먹이라고 하면 풀을 내다 버렸다. 아버지는 당황할 수밖에 없었다. 아들에게 무슨 문제가 있는지 가늠

인간은 다른 이들의 변덕에 따라
스위치가 켜지고 꺼지고 하는 기계가 아니다.

할 수도 없었다. 아버지가 당황해 하는 모습을 보며 아들은
기뻤고 자신이 이겼다고 생각했다.

그러나 아버지 또한 영리한 사람이었다. 그는 아들이 자
신의 지시와 정반대로 한다는 사실을 즉시 알아챘다. '뭐, 별
문제 아니군!' 그래서 자신이 원하는 일과 정반대로 지시했
다. 아들에게 옷을 개어두게 하려면 헝클어 놓으라고 했다.
그러면 아들은 정확하게 시키는 것과 반대로 옷을 개어 놓
았다. 아들에게 구두를 닦게 하려면 더럽히라고 했다. 그러

면 구두는 깨끗이 닦여 있었다! 아버지는 다시금 자신이 의도하는 대로 아들을 다루게 되었다. 이제 상황은 처음으로 돌아왔다.

아들도 바보가 아니어서 아버지가 정반대로 지시함으로써 자신을 힘들게 한다는 사실을 다시금 깨달았다. 아들은 기계처럼 일하기 싫고 아버지에게 이용당하기도 싫었다. 해결책은 무엇일까? 잠시 생각한 끝에, 아들은 즉흥적으로 대응하기로 했다. 아버지가 지시하는 어떤 일이든 여러 번 생각해 그때그때 즉석에서 대응하기로 결정했다. 아버지는 아들의 생각이 이렇게 발전한 줄 모르고 계속 정반대의 지시를 내렸다. 꽃병의 물을 버리라고 하니 아들은 실제로 꽃병을 비웠다.

아버지는 놀랐다. 가만 보니 아들은 자신이 시킨 그대로 하고 있는 것이었다. 아버지는 아들의 반응을 시험하려고 이번에는 소에게 풀을 먹이라고 했다. 그런데 아들은 거꾸로 아버지가 준 풀을 내다 버렸다. 아버지는 정말 얼떨떨해졌다. 무슨 일이 벌어진 건지 이해할 수 없었다. 이제 무슨 수로 아들을 자기 장단에 춤추게 할 수 있겠는가? 아버지는 여러 날 동안 아들에게 많은 일을 시켜 봤지만 어떤 일도 제대로 먹혀들지 않았다.

선택의 여지가 없게 된 아버지는 아들과 일대일로 얘기하는 게 낫겠다고 생각했다. '아들과 한두 마디라도 하면 해결책이 나올 거야.' 이제까지는 아들이 그의 지시를 잘 따라주어 아들을 부려먹는 데 어려움이 없었다. 아들이 정반대로 행동하기 시작했을 때도 걸림돌이 없었다. 그러나 아이가 자기 의도에 따라 순간순간 즉흥적으로 행동하기로 결정하자마자 문제가 고개를 들었다. 결국 패배한 아버지는 아들을 옆에 앉히고는 아주 사랑스럽게 물었다.

"너는 왜 나를 괴롭히니? 어떤 때는 내가 시키는 걸 반대로 하고 때로는 그대로 하기도 하는데, 문제가 뭐냐?"

아버지가 항복한 걸 안 아들이 그제야 솔직하게 말했다.

"간단해요. 아버지에게 사물처럼 이용당하지 않을 정도로 똑똑해졌거든요. 이제 제가 할 일을 막무가내로 지시만 하지 마시고, 왜 그 일을 해야 하는지 타당한 이유를 알려주시면 돼요. 그 일을 할지 안 할지는 제가 결정할 거에요. 이제 저의 인격을 찾았거든요."

아버지는 결국 아들의 말을 듣고 풀이 죽어서는 익살맞게 대답했다.

"말씀대로 거행하겠나이다, 파파!"

주저함 없이 즉각적으로 타인의 영향을 받는다는 것은
오로지 당신의 인격이 결여되었음을 보여준다.

이제 당신이 고수하는 믿음이나 생각 때문에 어떤 대가를 치르게 되는지를 더 이상 설명하지 않겠다. 즉각적인 결정을 내리는 습관이 당신의 인격을 어떻게 향상시키는가를 알게 되었을 테니.

이 문제의 두 번째 측면을 설명하고자 한다. 당신은 당신의 뇌와 나(마음), 둘 다 완전히 독립적인 실체라는 사실을 이해해야 한다. 어떤 권위라도, 심지어 신이나 우주라도 우리를 통제할 수 없다. 예컨대 당신이 속 시원하게 누군가를 비난할 수 있다. 원하는 만큼 얼마든 할 수 있다. 그 어떤 권위도 당신이 하는 행동이나 비난을 멈추게 할 수 없다. 아돌프 히틀러 같은 지독한 독재자라도 기껏해야 당신의 신체를 감금하는 벌을 내릴 수 있을 뿐이다. 하지만 아무리 독재자라도 나, 즉 마음의 수준에서의 비난은 통제할 수 없다. 몸에 장애가 있거나 이상이 생겨서 병에 노출될 수는 있다. 하지만 그 병을 슬퍼할지 말지를 결정하는 건 각자의 몫이다.

당신이 외부 상황을 통제할 수는 없지만, 그 상황들 때문에 마음이 산란해지거나 겁을 먹거나 아니면 태연자약하거나 한 것은 전적으로 당신의 선택이다.

부모에게 전적으로 순종하는 아이들의 이야기를 들려주었을 때, 맹목적으로 따르거나 따르지 않는 일도, 다시 한 번 말하지만 전적으로 당신에게 달렸다. 그러니 당신은 자신이 최고의 독립적 존재임을 자각해야 한다. 이 사실을 깨닫고 나면 당신의 인생을 더 멋지게 만들 책임을 완수해야 한다.

인류 역사를 보라. 마음의 유일한 주인이 됨으로써 자신의 삶을 성공으로 이끈 용감한 사람들을 찾을 수 있다. 예수를 보라. 그를 십자가에 못 박는 일은 다른 사람들의 손 안에 있었다. 그들은 그 일을 저질렀다. 그러나 예수에게 사상을 바꾸도록 강요하거나 그의 몸에 못을 박아 그를 슬프게 만드는 일은 그들 마음대로 할 수 있는 일이 아니었다. 그들은 그런 종류의 일들은 할 수 없었다. 자신들이 십자가에 매단 그 사람의 생각을 짓밟아 없애고 싶었지만 그들은 실패했고 바로 그 사람, 예수와 그의 사상은 영원히 계승되었다.

부처의 삶에 있었던 아름다운 일화를 보자. 부처는 자주 제자들과 대중들을 위해 강론했다. 그 시기 인도에는 힌두교만이 보편 유일한 종교였다. 그런데 부처는 힌두교는 물론이고 신의 존재조차 부인했다. 그는 모든 종류의 미신과 위선을 강력히 반대했다. 그래서 그의 가르침과 견해는 당시 많은 사람들을 화나게 했다. 어떤 이들은 흥분했고, 또 어떤 이들은 적극적으로 그를 괴롭히기까지 했다. 그러나 이것은 그들의 문제였지 부처의 문제는 아니었다. 부처가 어떤 말을 하거나 행동을 하려고 마음먹으면 그는 반드시 그렇게 말하고 행동했다.

어느 날 부처는 평소와 같이 강론하고 있었다. 제자들과 이웃 사람들이 그의 이야기를 듣고 있었다. 갑자기 한 남자가 부처에게 뛰어오더니 비난을 퍼부었다. 사람들이 망연자실했지만 부처는 신경 쓰지 않고 강론을 이어갔다. 그 남자는 완전히 화가 났다. 부처가 자신에게 관심조차 없다는 사실이 그의 화를 부채질했다. 분노로 어쩔 줄 몰라 하던 그는 부처에게 뛰어들어 침을 뱉었다. 상황이 이쯤 되자 화가 난 제자들이 벌떡 일어섰다. 부처는 웃으며 제자들에게 앉으라고 손짓을 하더니 강론을 이어갔다. 부처는 흔들리지 않았다. 그의 기쁨과 몰입에는 어떠한 변화도 없었다. 화를 냈던 남자는 제풀에 지쳐 조용히 떠났다. 이렇게 사건은 끝나는 듯했다.

다음 날, 깜짝 놀랄 일이 벌어졌다. 전날처럼 부처는 강론을 하고 있었고, 모두들 부처의 말을 귀 기울여 듣고 있었다. 그때였다. 전날 부처에게 폭언을 하고 침을 뱉었던 남자가 울부짖으며 달려왔다.

누군가를 경외하는 순간
그로부터의 배움은 중단된다.

"제발 저를 용서해주십시오! 제발 용서해주십시오!"

그는 부처의 발 앞에 엎드려 빌었다. 그럼에도 부처의 집중은 흔들리지 않았다. 부처는 어제와 마찬가지로 그에게 아무런 관심이 없었다. 그는 계속 애원했다. 부처가 아무 반응도 보이지 않자, 급기야 자기 머리를 부처의 발에 쾅쾅 부딪치며 용서를 빌기 시작했다. 주체할 수 없는 눈물을 흘리며 그가 말했다.

"어제 저의 행동이 부끄럽습니다. 제발 용서해 주세요. 저를 용서할 때까지 당신 발 아래서 움직이지 않을 겁니다."

부처는 더 이상 침묵할 수 없었다. 그 남자를 일으키면서 부처가 말했다.

"어제 당신의 말에 내가 상처받지 않았는데 오늘 무엇을 용서한단 말이오? 어제 당신이 나한테 침을 뱉으면서 화를 낸 그 순간에, 나는 당신이 나한테 너무 화가 난 나머지 말로 표현할 수 없었다고 이해했다오. 그래서 당신이 침을 뱉었고…, 그 일은 거기서 끝난 것이오. 오늘 당신이 용서해 달라고 하는 걸 보니, 어제 행동을 뉘우친다는 걸 알게 되었소. 그러나 두 가지 모두 당신의 문제인데 그 일에 대해 내가 무얼 어찌한단 말이오?"

이것이 내적 인격이다. 누가 이런 사람을 동요하게 할 수 있을까. 어떻게 그게 가능할까? 부처처럼 당신도 자기 손 안에 자기 인생의 고삐를 쥐는 기술을 배워야 한다.

당신이 강한 내적 인격의 기초를 만들지 않는 한, 당신의 슬픔과 고통은 사라지지 않을 것이다.

요약하면, 당신의 인격을 만들기 위해 내가 말하고자 하는 것은 두 가지이다. 첫 번째로 비생산적이고 쓸모없는 생각으로부터 벗어나라. 이러한 생각들은 서서히 원칙과 믿음으로 전환되고, 그러면 당신은 그것들을 고집하게 되기 때문이다. 결론적으로 당신은 자신에게 단단하게 주입된 이런 생각들을 좋아하게 된다. 이 과정의 가장 심각한 결과는 고착화된 본성이 만들어진다는 것이다. 이렇게 되면 당신은 사물처럼 착취당하기 시작한다. 당신의 기쁨과 슬픔이 자신에 의해 좌우되는 게 아니라, 당신을 향한 다른 사람들의 태도와 행동에 의해 통제된다. 그래서 당신에게 어떤 행동을 유도하려는 사람들은 당신이 행복해 하거나 분노하고 슬픔에 빠질 수 있는 말을 정확히 들이댄다.

두 번째, 당신의 생각, 믿음, 그리고 원칙의 가치는 무엇인가 하는 것이다. 사소한 위기마저도 당신의 가치를 산산조각 낸다. 상상해 보자. 당신은 독실한 크리스천인데 테러

 군중 속에 홀로 설 힘을 지닌 사람만이
위대한 성공을 거둘 수 있다.

리스트들이 당신의 아이를 납치했다. 아이를 풀어주는 유일한 조건은 당신이 그들의 종교로 개종하는 것이다. 당신은 즉시 그에 동의할 것이고 그래야 한다! 그러나 당신의 '고착화된 본성'이 다른 종교로의 개종을 거부하면서 당신을 힘들게 한다. 문제는 왜 당신 마음이 이런 '고착화된 본성'이 주는 생각과 믿음 때문에 혼란스러워지는가 하는 데 있다. 당신의 원칙이 아무리 고귀해도 궁극적으로 당신은 그 원칙 때문에 아주 큰 대가를 지불해야 하는데 말이다. 그래서 이런 원칙들은 결코 세월의 시험을 견뎌낼 수 없다.

생각해보라. 왜 당신이 이런 생각, 원칙, 믿음을 필요로 하고 그것들을 최우선에 두기로 다짐하는지? 왜 당신은 때와 상황에 맞게 최선으로 행동할 능력을 개발하지 않는지? 이렇게만 한다면 좋은 결과들이 따른다. 첫째, 당신의 뇌는 결코 조건화되지 않는다. 둘째, 당신의 의식적, 잠재의식적, 무의식적 마음들이 결코 강화되지 않는다.

당신은 늘 정신적으로 신선하고 활기에 넘쳐 내가 장난조차 칠 수 없게 만들 것이다.

마이클 잭슨을 최고의 댄서라고 생각한다 하자. 당신의 생각은 맞다. 당신의 믿음이 문제될 것은 없다. 문제는 상황이 여기서 끝나지 않는다는 데 있다. 점차 당신 귀에는 마이클 잭슨을 비난하는 말들이 들어오지 않는다. 당신이 좋아하는 것과 반대되는 이야기를 들으면 기분이 안 좋아지고 마침내는 화를 내게 된다. 당신은 이런 과정에 휩싸인다. 무엇 때문에? 아무 이유도 없다! 그냥 마이클 잭슨이 춤추는 것을 보면서 즐기고 만족하라. 그에 대한 고정관념은 하나도 갖지 말고 말이다. 그러면 마이클 잭슨과 관련해 당신이 기분 나쁘거나 화낼 일이 하나도 없다.

마이클 잭슨에 관해 논쟁할 일이 생기면 논쟁에 참여해 그를 좋아하는 이유를 이성적으로 조목조목 말하라. 동시에 그에 대한 진심어린 비판이 있다면 분별력 있게 받아들여 더 잘 이해하라. 생각을 개방하면 이익이 커진다. 매일매일 배우고 이해하여 자신을 개선하라. 결과적으로 완벽한 인격이 만들어진다.

이제까지의 깊이 있는 논의를 통해 내가 원하는 것은 이것이다. 당신의 내적 인격을 발전시키고 확장함으로써 매일의 생활에서 일어나는 슬픔과 이유 없는 분노를 당장 없애라. 또한 완벽한 인생을 위한 구체적 조치를 취하라. 실제로 이렇게 대단한 일을 할 수 없다면, 적어도 미래의 어떤 상황에 부딪히게 되면 그 즉시 결정을 내릴 수 있다는 확고한 결심을 하라. 이렇게 함으로써 당신은 자신을 제한하는 사고, 원칙, 믿음에서 벗어날 수 있다.

# 콤플렉스

인간을 파멸로 이끄는 세 번째 중요한 원인은 수많은 콤플렉스의 고통이다. 콤플렉스 때문에 사람들의 마음속은 자나깨나 짜증으로 가득하고 만족이 없다. 밤낮으로 쓸데없는 콤플렉스의 리듬에 맞추어 꼭두각시 춤을 춘다. 콤플렉스는 뇌가 만들어낸다. 당신이 콤플렉스로 고통받는 이유는 뇌가 만들어낸 생각 때문이다. 하지만 나, 당신의 마음은 결코 그 어떤 콤플렉스에도 동의하지 않는다.

먼저, 콤플렉스가 무엇인지 확실히 알아야 한다. 콤플렉스는 자신을 있는 그대로 받아들이지 않거나 자신이 처한 상황이나 상태를 부정하는 것이다. 콤플렉스는 그 자체만으로 당신의 인생을 생지옥으로 만드는 도구이다. 확실한 것은 인간은 태어나는 시점부터 자신을 부정하지는 않는다는 사실이다. 아이들을 보라. 그들은 항상 자신이 처한 상황에 만족한다. 그 상황이 어떻든 간에 말이다. 아이들은 자신의 본성이나 피부색이나 계층을 조금도 눈치 채지 못한다.

자신들의 피부색이 하얀지 까만지, 말썽꾸러기인지 조용한지, 부자인지 가난한지조차 구분하지 않는데, 자신을 수용하고 말고 할 것이 있겠는가?

자연이라는 더 큰 캔버스를 보면 알 수 있을 것이다. 어떤 존재도 어떤 요소도 자신들의 존재 방식에 불만을 갖지 않는다. 달도 별도 지구도 자신의 존재 방식에 불만스러워하지 않으며, 공기도 물도 스스로의 존재 방식에 어떤 불평도 없다. 마찬가지로 꽃들, 새들, 물고기들도 자신들의 존재 방식에 아무런 문제를 삼지 않는다. 전 우주에서 자신의 존재 방식을 스스로 인정하지 않는 존재는 하나도 없다. 아이들 때에는 이런 느낌이 전혀 없었는데, 성장 과정 중 어디서부터 스스로에 대한 불만과 부정이 살금살금 들어오는가?

이러한 불만을 사람에게 주입하는 것은 뇌이다. 놀랍게

도 이 불만은 다름 아닌 자신을 둘러싼 사람들로부터 온다. 기쁨과 열정으로 삶을 순항하던 순진한 아이는 자라면서 지진과도 같은 엄청난 변화를 만난다. 부모를 비롯한 어른들이 아이를 괴롭히기 시작한다. 그들은 아이에게 장황한 이야기를 들려주면서 비교의 관점을 심어주기 시작한다. 무엇을 해야 하고, 무엇을 하면 안 되고, 무엇이 좋은 것이고, 무엇이 나쁜 것이며, 무엇이 옳고 무엇이 그르고 하는 등의 구분을 아이의 마음 속에 심어준다. 학교에 들어가 선생님의 손아귀에 들어가면 상황은 더 악화된다. 아이의 인생에 비교를 부추기는 가르침의 소나기가 쏟아져 내리는 것은 여기서부터이다. 교사는 아이에게 이렇게 말한다.

"저 친구는 조용한데 너는 왜 그렇게 버릇없니! 저 친구는 얼마나 똑똑해, 너는 왜 그렇게 멍청하니! 이 친구는 부모님과 선생님 말씀을 이렇게 잘 듣는데 너를 봐! 너는 누구 말도 안 듣잖니!"

문제는 교사들이 이런 비교가 아이들에게 어떤 영향을 줄 것인가에 대해 전혀 인식하지 않는다는 사실이다. 또 하나의 문제는 부모나 집안 어른들 또한 아이에게 남겨질 비참하고 부정적인 낙인을 전혀 인식하지 못한다는 사실이다. 끔찍한 결과에 대해 전혀 생각하지 않은 채, 그들은 아이들에게 쓸데없는 비교를 퍼붓는 일을 끝없이 계속한다.

불쌍한 아이는 심각하게 흔들린다. 순진한 아이들은 자신의 방식으로 행복하다. 그러나, 누가 이 불쌍한 아이의 마음을 알아줄까?

결국 주위 사람들의 반복되는 비교가 아이의 마음속에 뿌리내리기 시작한다. 그 결과는 직접적으로 불쌍한 아이가 원하건 원치 않건, 가족들과 교사의 비교에 주의를 기울이도록 강요된다는 사실이다. 오래지 않아 아이는 무엇이 좋고 나쁜지를 구별하여 받아들이기 시작한다. 그러면서 아이의 전 생애는 달라진다. 가장 심대한 부작용은 아이가 자신의 존재 방식을 있는 그대로 받아들이지 못하게 된다는 것이다.

자신의 존재 방식을 불만족스러워하거나 스스로를 부정하기 시작하면서 아이는 콤플렉스에 빠지기 시작한다. 처음에는 몇 가지 콤플렉스였는데 나중에는 굉장히 많아진다. 이것이 콤플렉스가 아이의 행복하고 평화로운 인생에 침범해 들어오는 방식이다. 결론적으로, 어른들이 비교를 가지고 아이를 훈육하기 때문에 이런 가르침을 받은 아이의 삶에 '콤플렉스'가 비집고 들어오게 된다.

그렇다면 이런 의문이 생긴다. 상대와 비교하는 이런 가르침이 꼭 필요하고 바람직한가? 아니다. 절대로 그렇지 않다! 자연으로 눈을 돌려보라. 자연의 모든 것은 그저 존재할 뿐 좋고 나쁜 것도, 우월하고 뒤처지는 것도 없다. 전 우주에서 인간만 예외이다. 인간을 제외한 어떤 존재도 스스로를 다른 존재와 비교하지 않는다. 비교하지 않으니 잘났고 위대하다고 우쭐대지도 않는다. 같은 논리로 자신이 작거나 시시하다고 기죽어 있는 존재도 없다. 값비싼 다이아몬드라고 우쭐대는 돌멩이도 없고 길가에 나뒹구는 못난 돌멩이라 의기소침한 자갈도 없다.

"내가 가는 길에서 꺼져! 나는 빛나는 다이아몬드이고 너는 그냥 돌멩이일 뿐이잖아! 시시껄렁한 돌멩이가 나의 길을 가로막다니!"

이렇게 말하는 다이아몬드는 없다. 이런 일은 절대 없다. 다이아몬드나 자갈이나 둘 다 자신의 존재 방식에 만족하고 있다. 그러니 스스로를 바꾸려고 노력할 필요가 없다.

인간은 다르다. 가족과 교사들의 끊임없는 비교가 아이로 하여금 자신의 존재 방식을 불만족스럽게 만든다. 그러니 어려서부터 아이들은 자신을 바꾸려고 노력한다. 여기가 아이의 몰락이 시작되는 지점이다. 충만한 행복감으로 살아가던 아이가 거미줄처럼 얽힌 콤플렉스에 걸려들기 시작하는 지점이다. 콤플렉스에 걸려들자마자 조용했던 아이는 산만해지고 산만했던 아이는 조용해진다.

이제 질문은, 인생을 향상시키기 위해 정말로 자신의 본성을 바꾸어야 하는가이다. 더 큰 문제는 정말 자신의 본성을 바꿀 수 있는가 하는 데 있다. 더 중대한 질문은 자신을 바꿀 영감을 어디서부터 끌어내 올 것인가이다.

이런 혼란스러운 질문에 대한 첫 번째 대답은 인간은 자신의 본성을 바꿀 필요가 전혀 없다는 것이다. 사람은 오직 자신에게 진실인 것을 유지해야만 자신의 인생길을 걸어나갈 수 있다. 자연에는 수천 송이의 형형색색의 꽃들이 피어 있다. 그들은 모두 자신의 방식대로 신비롭고 독특하다. 세상에는 서로 다른 온갖 종류의 사물들이 존재하는데 그들 모두는 각각의 자리에서 중요하다. 당신이 그 사실을 이해하든 못하든 간에 말이다. 자연에서는 가장 미미해 보이는 존재조차 자기 존재의 중요성을 제대로 인식한다.

직접 확인해 보라. 인간들이 장미와 연꽃을 찬양한다고 다른 꽃들이 비교 콤플렉스에 걸려 쪼글쪼글 시들어버리던가? 아니다! 그들은 그러지 않는다! 꽃들조차 인간의 '비교 성향'을 잘 알고 있다. 그들은 이런 바보스런 습관이 하등 중요하지 않음을 안다.

이것이 바로 당신이 연꽃이나 장미가 되려고 아등바등하는 꽃을 볼 수 없는 이유이다.

꽃들은 종류에 상관없이 싹을 틔우고 꽃을 활짝 피워내어 스스로 만족한다. 마찬가지로, 인간 또한 능력이나 개성과 무관하게 각자의 인생 목적은 단지 하나여야 한다. 바로 자신의 인생을 알차게 사는 일이다.

불행히도 이런 일은 일어나지 않는다. 수백만 명 중의 한 사람만이 이렇게 할 수 있다. 가족들이, 교사들과 자칭 사회 지도층이라는 사람들이 사람들에게 별별 종류의 콤플렉스를 선사하기 때문이다. 사람들은 이러한 스트레스로 가득 찬 콤플렉스의 영향을 받아 자신을 바꾸려는 필사의 시도를 하기 때문이다. 아이러니는 자신을 바꾸라고 충고하는 사람들 또한 수천 가지의 콤플렉스에 시달린다는 사실이다. 부모들은 자기 아이들이 자신을 닮고 자신의 발자취를 따르기를 바란다.

가정해 보자. 집안에 두 명의 아이가 있다. 한 아이는 조용하고 다른 아이는 장난꾸러기이다. 이 경우 분명 둘 중 한 아이는 지속적으로 공격을 받게 되어 있다. 부모가 어릴 적에 장난꾸러기였다면 조용한 아이는 계속 비교당한다. 만약 부모가 조용한 어린 시절을 보냈다면 장난꾸러기를 책망하며 비난을 퍼부을 것이다. 두 경우 모두, 결국 아이의 삶을 불쌍하게 만든다. 나는 이러한 상황을 도무지 이해할 수 없다. 조용하든 짓궂든 그것이 아이의 본성임을 왜 인정하지 않는가? 두 아이의 본성 모두 똑같이 중요한데 말이다. 하지만 그렇게 하지 못한다! 당신이 아주 지적인 사람이니 비교해야만 한다! 자신의 인생이 어떻든 간에 사람들은 아이들이 자신의 복제품이 되길 원한다.

교사들에게도 자신만의 콤플렉스가 있다. 가르치는 일은 수많은 사람들 중에서도 소수에게 허락된 고귀한 열정이다. 그런데 어떤 사람들은 가르치는 일을 단지 생계의 수단으로 선택한다. 교육이 갖는 지대한 영향은 생각할 여지도 없이 교사들은 첫날부터 아이들에게 비교의 습관을 심어주기 시작한다. 부모가 되었든 교사가 되었든 간에 아이들에게 무엇을 어떻게 가르쳐야 하는지에 관한 생각, 그리고 어떤 양육 태도와 방식을 가져야 하는지에 대한 생각이 전혀 없다는 게 문제이다.

이 지점에서 가장 중요한 질문은 애초에 왜 이러한 비교가 생겨났는가 하는 문제이다. 아이가 성장해 인생에서 자신만의 무엇인가를 성취하면 되지 않는가? 아이가 열망해야 할 것이 무엇인지, 어떤 분야에서 성공할 것인지를 누가 결정할 수 있는가? 세상에는 많은 분야와 수많은 삶의 방식이 있고, 수십억의 사람들이 있다! 그러니 좋고 나쁜 것을 미리 구분하는 대신, 삶의 구비구비에서 좋아하는 것에 따라 결정하며 독립적으로 자기 길을 개척하는 게 아이에게 더 바람직하지 않겠는가? 세상에는 아이가 결정할 수 있는 수천 개의 분야가 있다. 과학, 예술, 회화, 노래, 음악, 시, 저술,

종교, 스포츠, 정치, 사회과학 등이다.

이제 당신의 뇌가 인식하고 믿는 것과 상관없이 내가 나, 즉 당신의 마음을 위해 말할 것이 있는데, 종교 또한 이런 분야들 중 하나일 뿐이라는 사실이다. 어떤 분야가 당신 아이의 본성과 자질에 맞을지 결단코 알 수 없다. 그러니 누구라도 아이의 인생길을 결정할 수 없다. 충고든 영향력이든 훈육이든 강요이든 간에 말이다. 아이는 자신의 재능과 본성을 깨달아야 하고 인생의 바른 코스를 결정해야 한다.

그러나 아이가 선택하기도 전에 당신들—가족, 사회, 종교 등—은 끊임없이 당신이 선택한 특정 분야에서 두각을 나타내라는 야망에 불을 지핀다. 그게 무슨 도움이 되는가? 에디슨이 화가가 되기로 했거나 셰익스피어가 과학 실험을 했다면 무슨 일이 일어났을까 상상해보라. 그것은 재앙이었을 것이다. 그렇지 않은가?

왜 셰익스피어나 에디슨의 부모들이 자기 자녀가 의사가 되거나 엔지니어가 되도록 밀어 붙이지 않았을까?

펠레나 무하마드 알리 같은 자질을 갖고 태어난 아이가 있다고 하자. 그러면 그 아이의 자질을 그냥 지켜봐주라. 내 말은 불필요한 비교를 끌어다 아이를 잘못된 길로 인도하지 말라는 뜻이다. 아이가 당신이 선택한 분야에서 재능을 발휘하기는커녕 타고난 재능조차 잃어버릴 수 있다. 그렇게 되면 아이의 전 인생은 실패로 끝난다. 아이는 수천 가지의 콤플렉스로 괴로워할 것이다.

이것이 나의 두 번째 질문, 아이가 정말로 본성을 바꿀 수 있을까에 대한 대답이다. 아무리 노력한다고 해도 사람은 타고난 본성을 잃어버릴 수도 통째로 바꿀 수도 없다. 간단히 말하면 자신을 바꾸려는 모든 노력은 헛수고에 지나지 않는다.

이제 세 번째, 가장 중요한 질문에 답하겠다. 아이들은 자신을 변화시킬 영감을 어디에서 끌어낼 수 있을까? 아이들은 자신을 변화시킬 영감의 원천을 부모님과 선생님의 끊임없는 비교에서 얻게 된다. 이런 비교에는 또 다른 문제가 있다. 그것은 '이 사람들', 가족과 친구들이 어디에서부터 이 모든 영감을 자신에게 끌어왔는가 하는 문제이다.

대답은 분명하고 단순하다. 사회로부터, 바로 자신과 우리 모두가 속해 있는 이 사회로부터이다. 사회란 무엇인가? 개인의 성장과 진보를 촉진시키고 잠재력을 성취하는 데 사회가 큰 도움을 준다고 여겨 왔다. 곧 사회란 획일적인 틀안에서 개인과 모든 사람들의 생각에 적절한 배역을 주는 시스템이다. 바로 이것이 모든 사회와 문화가 규칙과 규제를 만들어내고는 구성원들에게 빠짐없이 그것을 따라 행동하도록 강요하는 이유이다.

의문스러운 것은 사회는 인류가 수천 년의 집단적 노력으로 만들어낸 시스템인데, 왜 수천 명 중 겨우 한두 사람만 성공에 이르게 되는가? 하는 문제이다. 이 사실은 곧 사회가 개개인을 그 틀 안에 넣어 정형화하려는 강요가 틀렸음을 증명한다.

사회가 개인을 변화시키려고 고집한 시도는 사람들에게 실패와 불행을 가져왔을 뿐 아니라, 사회 자체도 수천 개의 콤플렉스로 벌집이 되었다.

뿌리가 약한 나무는 결코 아름답고 향기로운 꽃을 피울 수 없다. 비교로 인도하는 모든 가르침은 바로 그 근간이 잘못되었다는 뜻이다.

이제 비교와 경쟁을 부추기는 가르침이 잘못되었다는 사실이 증명되었다. 주목할 점은, 아이들이 원하는 가르침은 그런 게 아니라는 거다. 아이들은 단지 자신들의 길을 헤쳐 앞으로 나아가길 바랄 뿐이다.

비교를 부추기는 가르침은 부모에게서 먼저 시작된다. 가족들이 자기 아이들을 다른 아이들과 비교하거나 특정 아이들처럼 되라고 부추기는 일도 해서는 안 된다. 나는 다음

 어떤 사람의 우월 콤플렉스는,
그가 자신의 열등함을
감추려고 쏟아부은 노력에 다름 아니다.

과 같이 요구한다. 아이들을 아이들의 방식으로 이해하고 안심하도록 손을 잡아줄 것. 아이들에게 자신감을 주고 인생에서 자신 만의 독특한 길을 개척하여 성공하도록 용기를 북돋아 줄 것. 그러면 당신의 아이가 콤플렉스 없이 자라나 어떻게 성공과 행복의 정점에 우뚝 서는지 볼 수 있을 것이다.

아이들 또한 다른 사람들의 쓸데없는 부추김과 자신을 바꾸려는 간섭으로부터 스스로를 지켜내야만 한다. 오직 스스로에게 진실할 때에만 자신의 삶의 길이 열리기 때문이다. 인생의 어느 지점에서 변화가 필요해지면 오직 자신의 경험에 근거해서만 스스로를 변화시켜야 한다. 누군가의 압력이나 주장 때문에 변화되어서는 안 된다. 다른 사람의 영향 때문에 변화가 일어나서는 절대 안 된다.

서로 다른 두 사람이 비교의 대상이 될 수 있을까? 개개인은 모두 특별하고 독특한 존재라는 사실을 마음속에 영원히 새겨두라. 누구이든지 간에 자신의 존재는 이전에도 없었고 앞으로도 없을 존재이다. 그런데 이런 비교들이 어떻게 가능하겠는가! 10억 명의 사람들 중 아주 비슷하게 생긴 두 사람이 있다손치더라도 어떻게 똑같은 마음을 가지고 똑같은 인생을 살 수 있단 말인가? 사람들 사이에 비슷한 점이 있다면 성공하고 행복하게 살고 싶은 것 말고 다른

**외부의 요소에 주의를 기울일수록 당신의 콤플렉스는 강화된다.**

것은 없다. 비교를 부추기는 가르침은 성공과 행복을 바라는 사람들의 가장 큰 걸림돌이다.

아이들이 자라는 모습을 가만히 돌아보고서 그들이 어떻게 행동하는지 곰곰이 생각해보라. 아이들은 사회경제적 지위로 어울려 노는 친구들을 차별하지 않는다. 아이들에게 관심 있는 것은 그저 놀이이다. 그런데 소위 교양 있는 어른들이 즐겁게 잘 어울려 놓고 있는 아이를 강요해 집으로 불러들일 뿐 아니라, 어울려 논 아이가 상대적으로 '처진' 아이라는 걸 각인시킨다. 그렇게 아이의 마음에 비교의 씨앗을 심어둔다. 학교도 그렇다!! 학교에서 비교 말고 가르치는 게 도대체 무얼까? 그래서 아이들은 콤플렉스가 생기고 그 콤플렉스는 점점 더 깊어지고 강해진다.

'비교하기'는 점차 인간의 본성이 되어간다. 그것은 점점 더 악화된다. 일반적인 사회나 종교, 교육이나 이념들은 인간이 만들어낸 것일 뿐이다.

인간은 마음껏 비교하는 습관을 버리지 못한다. 심지어는 강조차 비교한다.

"갠지즈강은 성스럽고 다른 강은 그저 그런 보통의 강이다."

다음의 비교도 마찬가지 논리이다.

"우리나라와 우리 종교는 위대하고 다른 것들은 별 볼 일 없다."

수천 가지 콤플렉스를 지닌 아이는 이런 논리로 종교와 사회에 의해 더 압박된다. 아아! 아이의 운명이여! 재산은 아이들이 부모의 사후에나 상속받지만, 부모가 사회와 종교로부터 받아 아이들에게 제대로 적용시킨 콤플렉스는 어린 나이에 일찍 물려받는다.

나는 콤플렉스가 어릴 때부터 어떻게 자라나기 시작하는지 설명할 것이다. 비교로 이끌거나 부추기는 훈계들이 어떤 방식으로 모든 콤플렉스의 뿌리가 되는지도 설명하려 한다. 이제 콤플렉스가 무엇인지 정확하게 이해해보자. 콤플렉스는 다른 사람에 비하여 당신이 가난하거나 단점이 있거나 약하거나 열등하다는 생각에서 비롯되는 느낌이다. 하지만 현실은 그렇지 않다. 당신에게 무언가 부족하지도 않을뿐더러 다른 사람에 비해 열등하지 않다.

'당신은 당신이다(You are who you are).'

당신이야말로 독특하고 세상에 유일한 존재라는 거다. 그래서 당신은 비교될 수 없다!

당신이 가진 콤플렉스의 특이한 면을 설명하겠다. 콤플렉스는 오로지 한 가지밖에 없다. 그것은 바로 열등감 콤플렉스이다. 우월감 콤플렉스는 존재하지 않는다. 놀랍지 않은가? 당신은 많은 사람들이 우월감 콤플렉스로 괴로워하는 모습을 보았을 것이다. 내가 이 주제를 말하는 이유는 이 개념을 정리할 필요 때문이다. 사람들이 어떻게 콤플렉스를 갖게 되는가 하는 지점으로 돌아가 보자. 콤플렉스가 비교에서 왔다는 사실은 여러 번 이야기했다. 비교는 당신이 남들보다 열등하다는 사실을 증명한다. 당신이 서서히 단점을 발견하기 시작할 때 악순환은 시작된다. 처음에 당신은 이러한 단점들을 극복하려 애쓴다. 그럼에도 극복하지 못하면 그것을 감추기 위해 우월감이라는 망토를 걸친다.

우월감 콤플렉스란 당신의 내적 고통들, 약점이나 단점을 감추기 위해 보호막으로 사용하는 당신의 특정한 행동이나 태도에 다름없다. 우월감 콤플렉스는 분명 사람들이 내면에 숨겨둔 열등감을 드러내는 것이다. 사실상 우월감 콤플렉스라는 건 없다! 이제 내면에서 무슨 일이 일어나는지, 그의 인생이 어떻게 허비되는지 쉽게 판단이 선다. 내면에 도사리고 있는 열등감을 알아차리는 일도 어렵지 않다. 또한 각각의 열등감 뒤에 있는 고통을 정확하게 짚어낼 수도 있다.

사람의 내면에 숨겨진 열등감이 어떻게 우월감으로 변장하는지 보자. 어떤 나이 든 부부가 당신 집에 찾아왔다. 아들들은 다 결혼해 그들과 함께 살고 있다. 노부부가 아들 며느리들과 함께 살면서도 부양받지 못한다는 생각에 불행해한다고 가정하자. 당신은 그 노부부가 아들과 며느리들이 자신들을 얼마나 잘 돌보고 있는지 장황하고 세세하게 늘어놓는 모습을 마주하게 될 것이다! 스스로 행복하고 우월하다는, 별 볼 일 없고 지겹도록 반복되는 이야기는 실상은 아무것도 아니며, 다만 그들의 내면에 깃들어 있는 괴로움의 표현이다. 단순한 징후만으로도 충분히 알 수 있다. 누군가

**콤플렉스란 타인이 준 선물이다.**

횡설수설하면서 별 상관도 없는 말을 자꾸만 반복하면, 그의 내면에는 정확하게 그가 늘어놓는 말과 정반대의 감정이 도사리고 있다. 얘기 도중에 어떤 사람이 불쑥 "무슨 말이야! 난 아직 젊은데" 라고 말하면 자신이 더 이상 젊지 않다는 사실을 명확하게 드러내는 콤플렉스이다. 그런 말을 할 정도라면 적어도 나이가 육십 이상인 사람일 것이다. 젊은 친구가 "나 아직 젊어" 라고 한다면 정말 터무니없는 말이 아닌가? 내 말의 요지는 우쭐해서 무언가를 자꾸만 주절주절 반복한다는 건 바로 그에 대한 결핍을 느끼고 있다는 사실이다. 그러니 그것을 우월감으로 해석하지 말고 그 안에 감추어진 열등감의 암시로 인식하라. 그러면 그의 열등감이 보일 것이다. 이렇게 하면 당신은 다른 사람들의 진정한 슬픔이 어디 있는지 금방 알아볼 수 있게 된다.

재미있는 것은 사람들이 그렇게도 탐닉하는 우월감의 망토라는 우스꽝스런 행동에 아무도 관심을 갖지 않는다는 사실이다. 유심히 관찰하면 주위에서 일상적으로 일어나는 몇몇 사례를 볼 수 있다. 누군가 자신을 감추는 우월감은 오히려 스스로를 깎아내려 한갓 조롱거리로 만든다. 그런데도 사람들은 여전히 스스로를 우월감으로 포장한 채 헛된 행복을 꿈꾸며 산다. 많은 아내들이 남편을 마음대로 조종할 수 있다고 생각한다. 아이들도 엄마인 자신에게 복종한다고 상상한다. 그러나 실제 상황은 그렇게 돌아가지 않는다. 예를 들어 보자.

어느 날 아이가 아빠에게 물었다.

"아빠, 나가 놀아도 돼요?"

아빠가 대답했다.

"아빠는 네가 밖에서 노는 걸 반대할 생각은 없단다. 노는 게 건강에도 좋지. 하지만 엄마는 허락 안 하실걸."

속상한 아이는 엄마를 설득할 방법을 찾기 시작했다. 아빠도 그 일에 머리를 쥐어짰다. 바로 그때, 아빠가 엄마의 열등감을 찾아내고는 입가에 미소를 띠며 아들에게 말했다.

"엄마한테 가서 '밖에 나가 놀고 싶은데 아빠가 허락을 안 해줘요'라고 말해. 그럼 상황 끝이야!"

아들은 재빨리 엄마한테 가 울먹이며 아빠가 가르쳐 준 그대로 말했다. 얘기를 들은 엄마의 자아가 확 터져 나왔다. 남편에게 반격하듯 오만하게 말했다.

"가, 나가 놀아! 아빠가 널 못 나가게 막는 꼴을 내가 어떻게 봐?"

부자는 합작하여 자기들 좋은 대로 상황을 휘두르는 데 성공했다. 엄마의 숨겨진 열등감이 우월감이라는 망토를 둘러쓰고 밖으로 나오자마자 아빠와 아들이 조종할 수 있는 한갓 꼭두각시로 전락하고 말았다.

다른 예를 들어 보자. 열등감 콤플렉스에 사로잡힌 새끼 사자가 있었다. 이 온순한 새끼 사자는 또래의 용감한 새끼 사자들과 자꾸만 비교되었다. 계속 비교당하다 보니 자기는 사냥뿐 아니라 정글의 왕이 되기에는 아주 나약하다는 느낌이 들기 시작했다. 어느 날 이 억눌린 열등감을 우월감으로 드러내려고 하였다. 어떻게 되었을까? 새끼 사자는 정글 깊숙이 걸어 들어갔다. 자신이 정글의 왕이 지닐 모든 자질을 가졌다는 사실을 세상에 증명해 보이려고 기를 썼다. 몇 걸음 떼었을 때 사슴이 보였다. 새끼 사자가 포효하며 물었다.

"너는 내가 누군지 알겠느냐?"

기절할 정도로 겁먹은 사슴이 얼른 평정을 찾으며 소심하고 온순한 목소리로 대답했다.

"당신은 사자님이시죠, 이 정글의 왕이시지요."

사슴으로부터 '사자', '왕'이란 단어를 들은 새끼 사자는 우쭐해졌다. 새끼 사자의 감춰진 열등감은 이제 왕이라는 자존감으로 바뀌었다. 자만감에 우쭐해진 새끼 사자는 사슴에게 가도 좋다는 신호를 보내고 한껏 뽐내며 걸었다. 몇 걸음 안 가 저쪽에서 암여우가 오는 모습을 보았다. 크게 으르렁대며 암여우를 불러 세우고는 잘난 척하며 돌직구를 날렸다.

"말해 봐라. 누가 이 정글의 왕이냐?"

본성상 약아빠진 여우는 새끼 사자의 열등감 콤플렉스를

당장에 알아챘다. 그리고는 아주 솜씨좋게, 새끼 사자의 열등감을 누그러뜨리며 겸손하게 대꾸했다.

"당신은 미래의 왕이시지요. 진실을 말씀드리자면 지금도 당신에게서 위대한 왕의 자질이 풍겨 나옵니다."

이미 자만심으로 충만한 이 새끼 사자는 다시금 황홀해졌다. 콤플렉스는 하늘을 찔렀다. 우쭐우쭐 보무당당한 걸음걸이를 앞으로 휙휙 내딛었다. 그때 멀리서 코끼리 한 마리가 다가오는 모습이 보였다. 자만심에 완전히 도취된 새끼 사자는 코끼리를 향해 걸어갔다. 코끼리와 마주한 새끼 사자가 아까와 똑같이 거만한 태도로 물었다.

"어이, 코끼리, 말해 봐. 누가 이 정글의 왕이냐?"

코끼리는 코끼리일 뿐. 새끼 사자에게 관심이 조금도 없었다. 같은 질문을 여러 번 했지만 코끼리는 대꾸도 하지 않았다. 바로 그때 사자의 발 아래 땅이 흔들렸다. 그러자 새끼 사자가 코끼리의 귀로 튀어 올라 자신이 새롭게 얻은 지위를 유지하려고 물었다.

"말해 보라니까, 누가 이 정글의 왕인지?"

새끼 사자를 업신여기던 코끼리는 그 행동에 가만있지 않았다. 새끼 사자의 말을 무시하고 코로 새끼 사자를 휘감더니 공중에서 빙빙 돌려 멀리 내팽개쳤다. 가련한 새끼 사자는 심하게 다쳤다. 그래도 한껏 용기를 내어 절뚝거리며 코끼리에게 다가간 새끼 사자는 뒷발로 겨우 자신의 몸을 지탱하며 온순한 목소리로 말했다.

"어이 코끼리 형, 답을 모르면 모른다고 하면 되지, 그렇게 화낼 필요까지 있나."

이 새끼 사자의 경우처럼 속으로 콤플렉스에 시달리는 사람들은 그것을 우월감으로 드러낼 방법을 찾는다. 그러다 결국 새끼 사자와 같은 꼴이 된다. 그러니 스스로를 조롱거리로 만들고 싶지 않다면 당신을 다른 누구와도 비교하지 말라. 그렇지 않으면 당신은 수많은 콤플렉스에 시달리는 자신을 발견하게 될 것이다. 그러고는 그런 콤플렉스들을 숨기려고 온갖 종류의 우월감의 망토를 두르게 될 것이다.

당신 안에 가진 게 아무것도 없다면 그냥 없을 뿐이다! 당신은 여러 번 자신을 둘러싼 콤플렉스라는 현실에 맞닥뜨리게 될 것이다. 이해하라. 비교는 세상의 방식이다. 그들이 비교하도록 그냥 내버려두라. 하지만 제발 당신만은 이런 쓸데없는 짓거리에서 자신을 멀리 떼어 놓으라. 콤플렉스 때문에 초래되는 손실 목록은 여기서 끝나는 게 아니다. 다만 빙산의 일각이다.

 이 세상 사람들은 모두 특별하다.

콤플렉스에 시달리는 사람이 우월감의 망토를 두르기 시작하면 부작용이 생기기 시작한다. 바로 '위선자'가 되어 간다.

'위선' 또한 아주 괴상하고 위험한 질병이다. 특정한 일의 중요성이 여러 번 되풀이되면 사람들은 그것에 끌리는 경향이 있다. 처음에는 그러한 상황에 맞추어 자신을 바꾸려고 한다. 여러 번 시도했는데도 잘 안 되면 현실을 피상적으로 받아들이기 시작한다. 이것이 바로 위선이 인생에 침투하는 방식이다. 위선을 도구 삼아 겉으로만 미덕을 행하면서 자신의 약점을 교묘하게 숨긴다.

이러한 상황은 바로 다음 질문으로 이러진다.

"어떻게 미덕과 악덕을 분류하는가?"

사회에서 선한 것이라는 꼬리표가 붙는 특정의 믿음과 인식을 미덕으로 간주하고, 나쁘다고 알려진 것들을 또한 악덕으로 인식하는 게 사실이 아닌가? 그렇다. 하지만 이렇게 만들어진 기준이 전적으로 어떤 것을 좋거나 나쁘다고 판단하는 기준으로 작용할 수는 없다.

불쌍한 사람은 착하게 보이고 싶어서, 남들의 비판으로부터 자신을 보호하려고 남들이 요구하는 태도에 피상적으로 자신을 맞춘다. 하지만 자신의 내면에 존재하지 않는 것은 없는 것. 겉으로만 드러나는 미덕을 끌어안은 결과 혼란에 빠져 스스로 바보가 된다. 마침내 사람들에게 자연스럽게 여겨지는 미덕들이 정작 자신에겐 엄청난 괴로움의 원인이 되어 간다.

예를 들어 보자. 어느 날 근심 걱정 없던 아이가 갑자기 고통에 싸였다. 며칠 지나 좋아질 만도 한데 고통은 계속되어 가족들의 걱정거리가 되었다. 왜 그러는지 여러 번 물었지만 소년은 마음을 터놓지 않았다. 당혹해진 부모는 종교 지도자의 도움을 받기로 했다. 종교 지도자는 소년이 가진 우울증의 이유가 무엇인지 소년에게 물었다. 소년은 소녀들에 대해 자신이 가진 공상을 털어놓았다. 소년의 이야기를 들은 종교 지도자가 눈썹을 치켜 올리며 소리쳤다.

"뭐라고?"

그는 침착함을 잃고 어린 소년을 질책하며 그런 공상에 빠지는 시간을 절제할 수 있는 몇 가지 종교적 수행을 소년에게 알려 주었다. 하지만 그런 처방이 소년에게 도대체 무슨 도움이 되겠는가? 소년은 이제 더 큰 죄책감에 사로잡혔다. 문제는 악화되었고 우울감은 더 커졌다. 생각해 보라. 종교적 수행이 욕망에 찬 생각을 가라앉힐 수 있는가? 결코 그럴 수 없다. 갖가지 상상이 소년의 마음을 집요하게 파고들었다. 게다가 종교 지도자가 그런 공상이 금지된 것이라는 강요를 소년의 마음에 심어놓았기에 죄책감까지 더해져 상태는 더 악화되었다.

비교는 모든 콤플렉스의 원조이다.

이 지경에 이르러 부모는 결국 심리상담사에게 도움을 구했다. 심리상담사는 소년의 상태를 듣자마자 왁자하게 웃음을 터뜨리며 말했다.

"그건 아주 자연스러운 충동입니다. 그 나이에 그런 공상이 들지 않으면 오히려 심리 치료를 받아야 할 걸요."

심리상담사의 말을 들은 소년은 금세 회복되었다. 강요된 조건화의 껍질이 떨어져 나가고 소년은 다시 행복해졌다.

내가 강조하려는 것은 사회적으로 만들어진 미덕과 악덕의 구분이 무엇이 옳고 그른가를 판단하는 분명한 기준은 아니라는 거다. 사회적 기준에 휘둘려서는 안 된다. 이런 사회적 구분에 주의를 기울이거나 타인의 영향에 휘둘리는 사람은 피상적으로나마 자신을 바꾸려는 생각조차 말아야 한다. 그러지 않으면 수많은 심각한 악영향이 뒤따른다.

이런 위선의 가장 큰 결과는 하나의 '나'로부터 엄청나게 많은 '나'가 생겨난다는 것이다.

그렇게 되면 많은 얼굴들로 자신을 가장하게 되는데, 각각의 가면들은 자신의 인생을 온전하게 살아가는 데 방해가 된다. '나'의 숫자가 많아지면 많아질수록 고통은 점점 더 커진다. 이런 과정을 거치면서 진정한 '나'를 잊어버리고 점차 셀 수 없을 만큼 많은 이기적인 '나'에 휩싸여 살게 된다.

이 과정의 최후의 결과는 확고함이란 자질이 단계적으로 약화되는 것이다. 확고함이란 속성이 얼마나 중요한지는 설명할 필요가 없다. 매일매일 일상의 순간들을 떠올리면 확고함이 당신 인생의 순간에 얼마나 중요한지를 알게 될 것이다.

예를 들어 보자. 아들이 저녁 일곱 시에 아버지에게 말했다.

"저를 새벽 다섯 시에 깨워주세요. 산책하려고요."

실제로 우월감 콤플렉스 같은 건 없다.

이 말을 하는 순간 그의 두 번째 '나'가 말한다.

'아버지께 왜 다섯 시에 깨워달라는 거지? 내일 학교에서 시험이 있는 거 몰라? 그렇게 일찍 일어나면 시험 보는 시간에 졸 수도 있는데?'

바로 그때, 세 번째 '나'가 수면으로 떠오른다.

'무슨 말이야? 다섯 시에 일어나야 해. 새벽에 산책을 하면 활기가 나거든. 그러면 시험을 훨씬 더 잘 볼 수 있을 거야.'

저녁을 먹고 밤 아홉 시쯤 되자 게으름이 살살 피어오르더니 네 번째 생각이 그를 공격했다.

'안 돼, 안 된다구! 나 그렇게 일찍 일어나기 싫어.'

그래서 아들은 아버지에게 아침에 깨우지 말라고 했다. 확고함을 잃어버린 사람의 결정장애가 여기서 끝날 것 같은가? 열한 시까지 텔레비전을 보노라니 무기력함은 거의 진정되었다. 그러다 자러 가기 직전에 다섯 번째 '나'가 갑자기 작동하기 시작했다.

'밝고 빛나는 아침을 그렇게 흘려 보내다니! 잠에 빠져 산책을 안 하면 너무 아까운데!'

즉시 그는 아버지에게 아침 일찍 깨워달라고 다시 부탁했다. 아버지는 그러기로 했다. 다음 날 아침 다섯 시에 아들을 깨우니 비몽사몽 눈을 뜬 여섯 번째의 '나'가 화가 나서 소리를 질렀다.

"지금이 누굴 깨울 시간이에요? 지금 일어나 이따 시험 시간에 자라는 거예요!"

아버지는 놀랐다.

"깨워달라고 해놓고는 지금 나한테 화내는 거야!"

자! 아들은 다시 깊은 잠으로 빠져 들었고 아버지는 방에서 나갔다. 더 웃긴 상황은 아들이 일어난 후 아침 산책을 못 한 걸 후회했다는 사실이다. 심지어 아버지에게 이런 말도 했다.

"내가 못 일어나면 강제로라도 깨우셨어야죠."

아버지는 정말 황당했다. 아들이 제정신인가 하는 생각이 들 정도였다.

이 일화에서 당신 나름의 결론을 내릴 수 있을 것이다. 이런 상황은 일상에 흔히 일어난다. 위선에 젖어 살다보니 단 하나인 '나'는 수천 개의 '나'로 복제되었다. 이제 남은 인생은 수없이 많은 '나'와 싸우느라 허비한다. 자꾸만 위선으로 가장하다 보니 수많은 '나'로 변형되고, 수많은 '나' 사이에서 진정한 자아를 찾는 일은 거의 불가능해진다.

진정한 자아를 찾으려 노력해도 그렇게 할 수 없다. 친구들에게 보여주는 얼굴이 다르고 사회적 관계 속에 드러내는 얼굴이 또 다르기 때문이다. 아내와 있을 때, 다른 가족들과 함께할 때 얼굴이 다르다. 집과 사무실에서 보여주는 얼굴이 다르고, 아랫사람들에게 보이는 얼굴과 사장에게 보여주는 얼굴이 또 다르다. 상황이 뒤엉켜 사장과 아랫사람을 동시에 만나는 일이라도 생기면 어떤 얼굴을 보여야 할지 곤란해진다. 친구들에게 보여주는 이미지와 가족들에게 드러내는 이미지가 달라야 하는 걸 잘 아는 탓에 친구들과 가족을 함께 만나야 하는 순간 혼란해지고 어떤 '나'를 보여줘야 할지 몰라 당황하게 된다.

웬만하면 모임을 피하려 한다. 다름 아닌 당신이 보여준 다양한 얼굴들 탓이다.

생각해보라, 이게 무슨 삶이란 말인가? 당신은 그저 당신일 뿐. 그렇게 많은 '나'와 가면들이 다 누구란 말인가? 사람들이 당신의 본모습을 그대로 보게 놔두어라. 왜 숨기려 하는가? 이런 쓸모없는 노력 끝에 오는 것은 당신의 확고함을 잃는 것이다. 확고함이 없는데 어떻게 인생의 결실을 원한단 말인가? 그런 인생은 반드시 실패하게 되어 있다.

종교가 주는 콤플렉스를 보자. 종교 지도자들이 심어놓은 기준은 아주 높기 때문에 사람이 종교적 콤플렉스에 공격받으면 극단적으로 위험해진다. 가장 기본적이고 자연스러운 행동이 종교 지도자들에게는 죄로 간주된다. 그렇다고 인간의 기본적이고 자연스러운 행동을 멈출 수 있을까? 그런 끝에 결국 자신을 죄 많은 사람으로 여겨 자기 비난이 스며든다. 자기 비난보다 더 인간을 파괴하는 무서운 것은 없다.

이들 종교 지도자들은 나, 그러니까 마음을 이해하지 못할 뿐 아니라 인생에 대해 아는 것도 없다. 애초에 그들에게 이런 인식들은 필요치 않다. 그들은 오로지 자신들의 명성을 높이고 부를 축적하는 데 관심이 있다. 하물며 마음이 어떤 영향을 주는지를 왜 그들이 신경 쓰겠는가? 이제 그들은 '죄'의 목록을 당신에게 안겨준다. 먹고 마시며 배회하는 일, 재산 축적이나 인생을 유유자적 관조하는 일, 화를 내거나 종교 의식에 참석하지 않는 일 등이 그 목록에 포함된다. 아침 일찍 일어나지 않으면 그것도 죄의 목록에 추가되고 밤늦게 먹는 것도 죄이다. 당신에게 묻겠다. 이 모든 게 다 무어란 말인가?

인생에 대한 그들의 가르침을 늘 따를 수는 없다. 그러다 보니 당신은 그 가르침들을 피상적으로 받아들인다. 그러나 '보여주기 위해' 어떤 가르침을 피상적으로 받아들이는 일이 무슨 소용이란 말인가? 당신이 그 가르침을 진정으로 믿거나 충실히 행하지 못하는 데 말이다. 당신만 위선자가 되어 버린다. 대다수의 종교 지도자들 역시 어떤 면에서는 위선자의 오명을 벗을 수 없다. 그들 또한 인간인지라 닫힌 문 뒤에서 당신에게 금지한 것들을 누린다.

이와 관련된 재미있는 이야기를 하나 들려주겠다. 예수의 말씀을 알 것이다.

"누가 네 오른 뺨을 치거든 다른 뺨도 돌려대라."

이 말이 무엇을 의미하는지, 예수가 전하려 한 것이 무엇인지는 여기서 굳이 설명하지 않겠다. 하지만 누가 이 구절을 사제와 목사에게 설명해주겠는가? 어느 날 이 성경 구절 때문에 사건이 발생했다. 어떤 사제가 바로 이 구절을 설교하려고 대대적으로 홍보했다. 근방에 심술궂은 남자가 있었는데 그는 한쪽 뺨을 맞고 다른 쪽 뺨을 어떻게 내놓을 수 있는지 도저히 납득할 수 없었다. '가서 진짜로 볼 거야.' 그는 시간에 맞추어 교회에 갔다. 사제는 정해진 시간에 설교를 시작했다. 예수의 가르침의 핵심을 집어낼 정도로 설교는 설득력 있었다. 사제는 마치 자신의 말인 양 해당 구절을 상세히 설교했다. 사제의 설교가 인상적이어서 심술궂은 남자도 잠시 혹할 정도였다. 그것도 잠시 곧바로 남자는 자신의 호기심을 충족하고 싶었다. 설교가 끝나자마자 바로 사제에게 달려들어 신도들이 보는 앞에서 사제의 뺨을 갈겼다. 화가 난 사제는 이성을 잃었고 신도들은 아연실색했다.

당신이 당신 그대로를 받아들이지 않는 한,
당신은 결코 콤플렉스에서 벗어날 수 없다.

그러나 영리한 사제는 자기가 방금 무슨 설교를 했는지 상기했고 그 설교를 실천해야 했다. 사제는 웃으면서 바로 다른 편 뺨을 그 심술궂은 남자에게 돌려댔다. 순간 남자도 당황했지만 이내 평정을 되찾았다. 그 또한 단호한 사람이어서 호기심은 확실하게 충족되어야 했고 중도에 그만둘 수도 없었다. 사내가 사제의 다른 편 뺨을 더 세게 후려 갈겼다. 이제 사제도 더 이상 참지 못하고 남자를 후려치자 심술궂은 남자가 소리쳤다.

"지금 막 당신은 예수님의 가르침을 설교했잖소. 당신이 설교한 대로 실천해야 마땅하오. 당신 꼴을 봐요! 당신은 이제 폭력을 쓰고 있잖소!"

사제는 그 남자를 계속 때리면서 말했다.

"나는 하나님 말씀을 지켜 두 번째 뺨까지 내주었지. 하지만 예수께서 세 번째 뺨은 말씀하지 않으셨다. 도대체 세 번째 뺨이 어디 있기나 해?"

문제는 당신에게 강요하는 사람이 누구인가 하는 것이다. 좋은 것, 배울 가치가 있는 것들은 수도 없이 많다. 당신은 본성의 지시를 따라 그것을 받아들인다. 도대체 이해할 수 없는 건 무언가를 듣고 피상적으로 받아들이는 당신의 습관이다. 그러니 설령 심술궂은 남자를 때리지 않았다 해도 사제가 예수의 말씀을 피상적으로 받아들였다는 사실이 증명되지 않는가? 첫 번째 뺨을 맞았을 때 사제는 이미 화가 났다! 위선적 태도로 그것을 감춘들 무슨 소용이란 말인가?

이런 위선은 당신 인생을 개선시키지 않는다. 위선은 삶을 왜곡하고 현재에 어떠한 도움도 안 된다. 오히려 당신 인생의 걸림돌로 작용한다. 겉으로만 선한 척 포장하고는 정작 자신을 개선할 필요성을 느끼지 못하게 만든다. 하지만 진정한 개선은 외면의 문제가 아니라 내면의 진실이다.

부처, 예수, 크리슈나 같은 위대한 인물들이 왜 수세기에 한 번 태어나는지 생각해 보라. 사람들은 그들에게 배우고 그들을 숭배하며 그들처럼 되려고 노력한다. 그러기엔 목표는 너무 높고 여정은 너무 멀다. 어떻게 이런 어마어마한 목표를 좇아 현재를 포기할 것인가. 그렇다. 내적 성장에 초점을 두고 현재를 살면서 그들처럼 되려는 목표를 향한 당신의 여정을 즐겨야 한다. 그들의 가르침을 피상적으로 받아들이는 일이 당신에게 도움이 될 거라 생각하는가? 당신의 현재를 돌볼 수 없거나 인생이 피폐하다고 생각되면, 그들처럼 되려는 목표는 접어두라. 위대한 목표를 위해 무리하게 노력하다 당신의 현재 상태가 오히려 악화될 수도 있다.

아이들을 보라. 아이들에게는 어떤 콤플렉스도 없다. 콤플렉스가 없으니 천 개의 '가면'도 백만 개의 '나'도 없다.

바로 아이들이 놀랍도록 확고한 이유이다. 아이들은 무언가에 한 번 꽂히면 원하는 게 이루어질 때까지 꼼짝하지 않는다.

인간의 뇌가 수용한, 비교로 이끄는 여러 가르침들은 인간의 삶을 슬픔과 실패로 가득찬 인생으로 이끈다. 이런 가르침은 서서히 마음을 오염시켜 자기 확신을 잃게 하고 결국에는 온갖 콤플렉스에 걸려들게 만든다. 그러고 나면 그 열등감을 감추기 위해 우월감이라는 망토를 뒤집어쓴다. 그렇게 위선자가 되어가고 수천 개의 '나'와 수없이 많은 얼굴들을 만들어낸다. 이렇게 만들어진 수천 개의 '나'는 당신의 확고함을 앗아간다. 이것이 바로 확고함이 없는 사람, 인생에서 가치 있는 일을 할 수 없는 사람이 되어가는 과정의 법칙이다.

당신만의 방식과 당신 자신을 수용해야 한다. 당신 안에 자리한 자기 확신을 결코 잃지 말라. 어디에 있건 무엇을 하건 간에 당신의 인생을 번영하게 만들 길을 찾는 일이 출발점이기 때문이다. 이제 다른 사람들이 만들어 놓은 비교라는 틀에 맞추어 스스로를 억지로 바꾸려는 노력을 중단해야 한다. 착하건 못됐건, 영악하건 순진하건, 부자이건 가난하건, 예쁘건 평범하건, 있는 그대로의 당신을 받아들여라!

자신의 단점까지도 받아들여라. 대부분의 단점들은 타인으로부터 강요당한 것이니.

믿어 보라. 실제로 당신의 모든 단점들이 약점은 아니다. 그러니 당신이 현재를 살아가는 모습대로, 당신 자체로 완벽하다는 사실을 마음에 새겨 넣어라. 이제 당신의 콤플렉스가 어떻게 저절로 사라지는지 보게 될 것이다.

마찬가지로 다른 사람들에 대해서도 그들의 방식으로 인정하라. 누군가가 돈을 좀 많이 번다면, 그래서 어떻단 말인가? 그냥 많이 벌게 두라. 이렇게 생각하기 시작하면 많은 콤플렉스들이 점차 사라진다. 온갖 콤플렉스에서 자유로워지려거든 조심스럽게 자기를 성찰하라. 자신을 바꾸고 싶은 영역의 목록을 만들라. 매일 30분 정도 자신과 홀로 대화하면서 변화를 시도하라. 언제 얼만큼 변화되어야 하는가는 중요하지 않다. 그저 그렇게 하면 된다.

변화가 잘 이루어지지 않는 항목은 차후의 특별한 변화를 위해 당장의 목록에서 제거하라. 그런 목록들을 콤플렉스로 발전시키지 말라. '죄의식'과 '자기 비난'을 피하라. 이러한 감정들은 영원히 지속된다. 궁극적으로 당신이 지닌 인생만큼 살아내야 한다. 그러니 쓸데없는 덫에 빠져 자신의 인생을 낭비하지 말라.

당신의 인생이다. 변하거나 개선되어야 하는 존재는 바

로 당신이다. 그러니 당신이 결정해야 한다. 인생을 언제, 그리고 얼마나 변화시켜야 하는지. 변할 수 있는 만큼 혁신하고 그에 만족하라. 언제나 자신을 스스로의 방식대로 받아들이고 인생길을 나아가라. 당신의 내면에 충만한 확고함과 에너지가 곧 바로 채워질 것이다. 그러면 슬픔과 불만이 당신의 삶 속에 그 추잡한 머리를 감히 들이밀지 못할 것이다.

# 관여라는 애착

슬픔을 줄이고 싶다면 사람, 대상, 사상이나 이데올로기에 대한 관여<sup>*</sup>를 줄이라. 쓸데없는 슬픔의 근본 원인은 애착이다. 슬프거나 걱정이 생기면 그 뒤에 도사린 원인을 찾아보라. 고통과 걱정의 대부분의 원인이 관여하고자 하는 본성 탓이란 사실을 알면 망연자실할 것이다. 관여는 당신의 만족감을 모두 밀어낸다. 가족을 사랑한다고? 진실은 사랑이 아니라 애착이다.

---

*  involvement, 이 책에서는 사람과 사물에 대한 깊은 친밀감과 애착을 말한다.

놀랐는가? 그렇게 하지 말라. 확실히 이해할 수 있도록 사랑과 애착 사이의 차이점을 밝혀보겠다. 이 사실을 한 번만 파악하면 당신 인생에 잘 적용할 수 있을 것이다. 사랑은 상대의 최선을 바라는 행위로 어떠한 소유권도 행사하지 않는 반면, 애착은 소유욕을 품는다. 집착이라고 하는 특정 인물에 대한 소유욕이다. 집착으로 인해 특정 대상으로부터의 조그만 상처에도 신경이 쓰인다. 알게 모르게 특정 대상을 자신의 일부로 믿기 때문이다. 하지만 그 누구도 당신의 일부가 될 수 없다.

이것을 이해하고 나, 즉 마음의 복잡한 메커니즘을 잘못 해석하지 말라. 뇌의 도움을 받아 나의 메커니즘을 이해하고자 하면 방향을 잃는다. 거듭 말하지만 뇌와 마음의 차이를 인식하는 일은 매우 중요하다. 그렇지 않으면 결국 똑같은 실수를 자꾸 반복하게 된다. 뇌가 무어라고 하건 간에, 사실상 당신은 아무도 사랑하지 않는다.

아! 사랑이란 얼마나 위대한 말인가! 그러나 당신은 이 말의 정의를 약화시켰고 당신의 연약함, '애착하려는 습관'을 사랑이라 여긴다.

사랑은 '모두를 감싸 안는 감정'을 말하는데, 편견 없이 자신을 포함한 개인이나 사물의 최선의 상태를 바라는 것이다.

간단히 말해 사랑은 세상에 있는 모든 존재가 더 잘되기를 바라는 것이다. 반면에 당신의 사랑은 선택된 소수에게만 집중된다. 행복을 위한 당신의 염원은 가깝고 소중한 사람들에게만 파편화되어 한정된다. 전체 인류의 나은 삶과 진보는 고려하지 않는다. 그렇다면 이러한 감정은 어떤 종류의 사랑인가? 특정 몇몇 사람들에 대한 애착 외에 다른 감정이 아니다. 당신의 사랑이 깨어진 조각같이 파편화된 것이라면 그 사랑은 틀린 감정이다. 나의 법칙, 자연의 법칙을 위반하는 감정이다. 당신은 이제 파편화된 사랑의 결과인 슬픔과 걱정과 마주해야 한다.

당신의 본성을 돌아보자. 거리를 걷는데 어떤 사람이 사고를 당해 피를 많이 흘리고 있다. 순간 분명 당황하겠지만 곧 일상으로 돌아간다. 만약 똑같은 비극이 가족이나 사랑하는 사람에게 일어나면 어찌할 것인가? 사랑하는 사람이 회복될 때까지 당신은 슬픔과 걱정에 사로잡혀 있을 것이다. 왜 그럴까? 두 경우 모두 똑같이 사람의 일인데? 둘 다 피를 철철 흘리는데? 차이는 한 쪽 경우에는 당신이 직접 관여되어 있지만 다른 경우는 그렇지 않다는 데 있다. 당신의 본성이 사랑이었다면 두 경우 모두 슬퍼하거나 무감각하거나 동일한 감정을 느꼈어야 한다. 그러나 당신은 다른 누군가를 고려하는 데 따른 대가를 지불한다. '당신 자신의 것'

이라는 대가 말이다. 사랑은 대단한 힘을 지닌 반면, 애착은 사랑의 비뚤어진 형식이다. 이제 애착의 다른 부작용을 보자.

아이러니하게도 애착은 당신이 진정 '내 사람'이라고 여기는 상대를 위한 최선의 행동이나 보호조차 불가능하게 만든다.

우습게도 '내 사람'으로 여기는 바로 그 사람의 삶을 결국에는 비참하게 만든다. 애착하다 보면 서로에 대한 권리를 잘못 행사하거나, 문제 상황에서 서로를 못마땅하게 여겨 극한 대립을 초래하기 때문이다. 한두 사람의 문제가 아니고 당신이 애착하는 모든 사람들과 일어나는 문제이다. 아주 사소한 일에도 긴장하고 다투는 이유가 이것이다.

생각해보라. 당신이 자신을 위한 이런 힘겨운 투쟁에 나선다면 많은 다른 사람들을 돌볼 에너지가 남아 있겠는가? 당신이 자신만 걱정한다면 누군가를 위한 에너지는 남길 수 있다. 그러나 애착의 본성상 문제는 기하급수적으로 확대된다. 그래서 스트레스를 받고 맥이 빠져 무기력해진다. 충격을 완화하는 능력에도 한계가 온다. 애착에서 오는 이상한 행동들을 충격요법으로 다룰 수는 있겠지만, 그런 충격도 너무 잦으면 한계가 있다. 그러므로 당신이 애착하는 사람들이 늘어날수록 인생의 문제들도 점점 많아진다는 사실을 알아야 한다.

문제들이 이렇게 기하급수적으로 늘어나는 게 바람직한가? 이토록 연약한 존재인 당신이 자신이나 다른 사람을 어떻게 돌볼 수 있겠는가? 당신과 사랑하는 이들의 효과적이고 긍정적인 변화를 위해서도 에너지가 필요하다. 사소한 일들을 걱정하고 슬퍼하는 사람의 에너지에 대해 내가 더 이상 어떤 말을 덧붙일 수 있단 말인가? 슬픔이나 가져다주는 이상한 짓, 그것이 애착인데 왜 사랑이라고 하는가?

더욱 어처구니없는 일은 타인의 사소한 일을 염려해주는 사람을 '정많은 사람'으로 알아준다는 사실이다! 그저 걱정이나 안고 사는 이러한 정많은 사람이 아무에게도 쓸모없다는 사실은 말할 필요조차 없다. 이렇게 '정많은 사람'이라 이름 붙여진 사람이 누구인지 잘 생각해 보라. 그들은 아무 데도 쓸모없는 말짱 골칫거리일 뿐이다. 아픈 친척이 있어 돌봐준다고 시간을 내 문병 온 정많은 사람들의 행동은 참으로 볼만하다. 환자를 보더니 자기가 더 아파 환자 옆에 누울 지경이 된다!

더 웃기는 일은 환자는 이미 회복되었는데도 오히려 이 '정많은 사람'은 그 트라우마에서 좀처럼 회복되지 못한다. 결국에는 먼저 회복한 환자가 자기를 병문안 왔던 이 정많은 사람을 간호할 지경이 된다. 가족과 친구들을 잘 관찰하라. 실제로 도움이 필요하게 되면 감정에 덜 민감한 사람이 오히려 낫다는 사실을 마음에 새겨두라. 그들은 당신 곁에 오래 머물면서 슬픔을 나누거나 하지는 않을지라도 문제가 생길 때 꿋꿋하게 당신 옆에서 도와줄 사람이다.

✳ ✳ ✳

애착은 슬픔과 걱정의 뿌리일 뿐 아니라 기폭제이다. 그러니 먼저 애착에 대한 찬양을 그만두라.

사랑이나 감정의 다른 개념들로부터 애착을 분리하라. 최소한 다른 긍정적 감정들과 혼동하지 말라.

정말로 애착을 제거하고자 한다면 그것이 치명적인 고통의 원인임을 알아야 한다. 일단 애착이 고통의 원인임을 깨달으면 인생에서 슬픔과 걱정들이 사라지기 시작한다. 당신의 에너지 수준이 급속히 올라가고 당신의 마음 또한 긍정적 즐거움으로 변화된다. 비로소 당신과 다른 사람들의 인생이 함께 나아질 수 있다.

애착하는 본성의 또 다른 위험은 애착이 지속적으로 그물망처럼 퍼져나간다는 점이다. 애착에 사로잡히면 애착은 당신 안에서 빠르게 촉수를 키우며 뻗쳐나간다. 그러다보면 가깝고 소중한 몇 사람에게만 애착하는 게 아니다. 이 습관은 꾸준히 모든 것에 애착을 갖게 만든다. 나중에는 당신의 세포까지 파고 들어가 별것도 아닌 일에까지 애착하게 만든다.

주의 깊게 살펴보라. 당신은 각종 종교와 전 지구적인 일에까지 애착을 갖게 된다. 당신은 힌두교도, 무슬림, 크리스천 또는 불교도가 되어 점잔을 빼며 돌아다닌다. 그런데 이러한 종교적 자존심을 유지하느라 얼마나 많은 일상의 기쁨들을 빼앗기는지 당신은 모른다. 한 가지 종교로 자기 정체성을 삼게 되면 당신의 애착 본성은 불에 기름을 붓듯이 타오른다. 당신이 특정 종교를 가진 종교인이 되었다고 치자. 그러한 정체성이 당신에게 어떤 이익을 가져다 주는가? 오히려 애착 본성만 확장시켜 슬픔과 걱정만 늘어난다는 사실을 알아야 한다.

애착은 세상을 구분 짓고 자신의 경계를 표시하여 그 안에 들어앉는 경향이 있다. 그것도 모자라 애착은 애국심이라는 우아한 말로 포장된다. 왜 온 지구와 온 우주를 사랑하지 않는가? 왜 우주 전체를 당신의 것으로 여기지 않는가? 자연은 의심할 여지없이 모든 사람들을 똑같이 포용하는데, 당신은 왜 그렇게 할 수 없는가? 당신은 왜 일부만 받아들이고 나머지는 거부하는가?

당신은 뇌의 차원에서 그것을 합리화할 것이다. 그러나 나의 수준, 즉 마음의 수준에서는 무의미한 일이다. 고상한 말들로 자신을 혼란스럽게 하지 말고 나의 본성을 이해하도록 노력하라. 짓궂은 나의 본성 차원에서 보면, 뇌가 만들어낸 구분들은 완전히 나의 관심 밖이다. 나의 작동 구조는 단순하다. 당신이 무엇인가에 애착하거나 친밀감을 느끼면 나는 그것을 당신의 습관으로 인식하여 당신의 애착 본성에 바로 불을 당긴다. 당신의 애착이 늘어나는 순간 당신은 수많은 슬픔과 걱정에 사로잡히게 된다.

애착 게임은 바로 당신 코 앞에서 시작된다. 애착의 영역은 점차 사람들을 넘어 재산이나 부동산 등 다른 많은 영역으로 확장된다.

애착 습관 탓에 모든 애착은 현실이 된다. 집이나 재산이나 사업에 애착을 갖는 일이 잘못은 아니다. 그러나 재산이나 사업이 위협받으면 당신은 몇 달이고 스트레스에 시달릴 것이다. 그런들 무슨 도움이 되겠는가? 애착하지 않는다고 누가 집을 강탈이라도 하는가? 집은 여전히 당신의 것이다.

그러니 그냥 즐기라! 왜 그런 것에 그리도 애착하는가? 당신이 그런 것들에 애착해 얻는 게 무엇인가? 악순환에 걸려들어 현재의 즐거움을 누리지도 못하고 무언가 잘못되기라도 하면 비탄에 빠진다. 하등 이로울 일 없는 이런 짓은 버리고 현재의 것을 즐기라. 누가 당신을 방해하겠는가? 스스로에게 애착을 강요하고 애착하는 그 무언가를 상실하여 슬픔에 이르는 상황을 왜 만드는가? 항상 마음에 새겨라. 인간관계이든 소유이든 간에 그대로 두라. 애착하지 않는 사람만이 자신이 가진 것들을 진심으로 즐길 수 있는 법이다.

고대의 아름다운 일화를 얘기해보자. 인도 서사시 라마나야(Ramanaya)*에 자나카(Janaka)라는 왕의 이야기가 있다. 그는 지혜의 본보기였다. 나, 즉 마음이 부리는 모든 심술을 정복한 한 사람이었다. 자나카왕은 라마 대왕(Lord Rama)**의 존경받는 왕비, 시타(Sita)의 아버지였다. 높은 지혜를 지녔고 애착이 없는 그는 비데하(Videha)라고 칭송되었는데, 그 호칭은 '모든 일에 해탈한 사람'이란 의미였다. 사람이든 사물이든 그가 애착하는 것은 하나도 없었다. 그의 딸 시타가 14년 동안이나 황야에서 지내야 했을 때, 심지어 그녀가 납치되었을 때에도 '비데하' 자나카는 조금도 집착하지 않았다. 그는 이 일이 생명과 카르마(karma, 업보)로부터 왔다고 믿었고 생명과 카르마 모두 각자의 몫이라고 믿었다!

애착을 초월한 사람이었으므로 그의 지혜와 명성은 널리

---

* 고대 인도의 산스크리트로 된 대서사시

** 인도신화에 나오는 비슈누신의 7번째 화신이며, 인도의 대서사시 《라마야나》의 주인공

퍼졌다. 많은 현자와 성인들이 그를 덕의 표상으로 존경했다. 놀라운 일은 자나카왕이 사람이나 사물에 애착하지 않았기 때문에 소유니 소유가 아니니 하는 구분을 전혀 하지 않았다는 사실이다. 그러니 지혜를 얻은 뒤에 왕위에서 물러날 필요조차 없었고, 또 일상에서의 삶을 즐기는 데도 거칠 게 없었다. 어떤 변화의 필요성을 느낄 여지도 없었다. 왕은 특히 음주가무를 좋아해 왕궁에서 저녁 늦게까지 자주 파티를 열었다. 왕궁 생활은 음악과 춤과 넘치는 술로 가득했다. 그는 자신의 지혜만큼 열정적인 생활로도 유명했다.

당시에 꽤 유명한 스승이 있었다. 많은 학생들이 먼 곳에서 찾아 와서는 그에게 지식을 구하곤 했다. 대부분의 학생들은 순종적이었다. 그런데 유달리 고집 센 학생이 한 명 있었다. 그는 스승의 노력과 자신의 바람에도 불구하고 애착의 습성을 버릴 수 없었다. 집과 가족을 떠나 아슈람(Ashram)*에 살면서도 여전히 가족을 그리워했다. 스승은 이 제자를 쉽게 포기할 수 없어서 가족을 향한 그의 애착을 버릴 수 있게 도왔다. 아무리 노력해도 별 뾰족한 수가 없자, 지친 스승은 결국 그 학생에게 자나카왕을 찾아 지혜를 얻으라고 했다. 제자는 스승의 명령에 어리둥절했다. 그가 왕에 대해

---

* 은둔처, 수도승의 공동체나 일종의 종교적 도피처

들은 얘기라곤 탐닉과 열정을 추구하는 쾌락주의자라는 사실 뿐이었다. 그는 생각했다.

'자나카왕 자신도 지혜를 구해야 할 사람인데 그가 어떤 지혜를 나에게 전해준단 말인가?'

하지만 스승의 명령을 거역할 수 없었던 제자는 다음 날 아침 옷가지와 스승의 편지를 챙겨 왕궁으로 떠났다. 자나카왕을 만나러 왕궁으로 향하면서도 자신에게 어떤 지혜를 줄 거라는 스승의 판단이 이해되지 않았다. 오히려 이런 정반대의 생각을 했다.

'하고 많은 사람 중에 왜 하필 자나카왕이란 말인가? 차라리 내가 자나카왕에게 지혜를 전해줌으로써, 왕에 대한 스승님의 환상을 깨뜨리고 내가 얼마나 지혜로운지를 보여드린다면 모를까.'

이렇게 자기 생각에 꽉 찬 제자가 왕궁에 도착했다. 제자에게 편지를 써준 스승은 자나카왕과 궁궐 사람들에게도 매우 존경받는 인물이어서, 스승의 편지를 건네자마자 제자는 왕에게 인도되었다. 편지를 건네받은 자나카왕은 앞으로 일어날 일을 정확하게 짐작할 수 있었다. 왕은 즉시 왕궁에서 가장 큰 방을 제자에게 내주며 쉬었다 저녁시간에 보자고 했다. 그리고는 그에게 어떤 지혜를 줄지 생각하기 시작했다.

왕이 짐작하는 일은 이미 벌어지고 있었다. 위엄에 찬 왕의 모습을 본 제자는 거만한 모습으로 으스대며 걸었다. 자나카왕이 자신의 스승을 우대하는 모습에 자만감이 한껏 부풀어오른 것이다. 그것이 그 제자만의 잘못은 아니었다. 당시 인도의 대부분의 성인과 은둔자들은 종교적 엄격함, 희생, 금욕 등을 잘못 이해하고 있었다. 그들은 일반적으로 여성을 강하게 배척했고 인생의 쾌락도 배척했다. 제자 역시 그런 생각을 가르치는 학교의 구성원이었다. 이런 종교적 분위기를 지식의 근원으로 삼는 그로서는 자만감에 빠지는 게 어쩌면 자연스러운 일이었다.

저녁에 제자가 연회장으로 인도되어 자나카왕 앞에 섰다. 곧 가수와 댄서들의 화려한 공연이 시작되었다. 자나카왕은 제자를 옆 자리에 앉히고 공연을 즐기게 해 주었다. 그러나 이런 육감적인 공연을 죄악시하는 제자의 입장에서는 왕의 옆에 앉아 즐기는 일이 곤혹스러웠다. 그는 왕에게 지금은 가서 쉬고 아침에 배알하기를 원했고 자나카왕은 허락했다. 왕은 혼자 웃으며 생각했다.

'노래와 춤에 진짜로 관심이 없으면 여기서 도망갈 필요가 뭐가 있단 말인가? 이 노래와 춤이 자기에게 영향을 주니까 그런 거지.'

이해하겠는가? 나의 수준에서 모든 행위는 항상 두 가지의 반응일 뿐이다. 말하자면 애착은 어떤 것에 대한 소유욕 뿐 아니라, 영향을 끼치는 것으로부터의 도피 행위도 포함 된다.

매우 핵심적인 주제이므로 또 다른 예를 들어 보겠다. 앞서 말했듯이 고압적인 자만심에 빠져 여성을 죄악시하는 수도사들이 있었다. 그들은 자신들이 여성에게서 태어났다는 사실조차 잊은 듯했다. 어느 시기에나 인도에는 구루쿨 (Gurukuls)*이 넘쳐났다. 내가 지금 이야기하려는 이 사건은 학문적으로 뛰어나다고 알려진 사려 깊은 스승이 가르치는 학교에서 있었던 일이다. 이 스승에게는 제자에게 지혜를 전수하는 아주 독특한 방식이 있었다. 제자들의 애착을 없애려고 그는 매달 한 가지를 정하여 제자들의 특정한 것에 대한 관여를 금기시했다. 이번 달의 금기는 여성에 대한 관여였다. 기숙학교에서는 스승의 명령에 복종하지 않는 제자는 없었다.

이 명령이 내려지고 며칠 후 너댓 명의 제자들이 산책을 나갔다 강둑에 가게 되었다. 우기가 절정이어서 강물이 엄청나게 흘러 내렸다. 맞은 편 강가에 사는 여인 한 명이 강둑에서 오도 가도 못하고 있었다. 무시무시한 급류 때문에

---

* 학생들과 선생이 아주 가깝게 함께 거주했던 인도의 기숙학교

그녀는 용기를 내어 강을 건널 수 없었다. 그때쯤 제자들이 거기에 당도했다. 제자들을 본 그녀는 희망의 끈을 잡은 듯 강을 건너게 도와달라고 애원했다. 그녀의 외침을 들은 제자 한 명이 거만하게 대답했다.

"안 돼요! 이번 달은 우리 스승님이 여인에게 관여하지 말라고 명령하셨소."

다른 제자들 모두 같은 입장이었다. 그런데 단 한 명의 제자만이 예외여서 그 여인을 어깨에 둘러매고 강을 건네주고 돌아왔다. 반항적 행동이었다! 그는 스승의 명령에 불복종했다! 그는 이 행동으로 모두에게 질책을 받았다. 학교로 돌아오는 길에 동료들은 그를 조롱하며 괴롭혔다.

비난만 쏟아진 게 아니었다. 학교에 돌아온 학생들은 스승에게 그 학생이 어떻게 금기에 복종하지 않았는지 정확하게 일러 바쳤다. 하지만 스승은 그 이야기를 듣고 오히려 즐거워했고, 그 모습에 다른 제자들은 모두 놀랐다. 스승이 그 제자를 포용하며 말했다.

"장하다! 최소한 너 하나는 애착을 없앴구나."

다른 제자들이 놀라며 생각했다.

인간은 사물이나 사람들에게
애착하기 때문에 불행하다.

'아니? 해가 서쪽에서 뜨기라도 했단 말인가? 어떻게 스승님께서 자신의 명령을 철회하신단 말인가?'

제자들의 망연자실한 표정을 본 스승이 말했다.

"이 친구는 그때 여인에 대한 애착을 뛰어 넘었기 때문에 강을 건네줄 수 있었던 거다. 조금이라도 여인에게 마음이 끌렸다면 너희들처럼 그 여인을 도우지 않았겠지. 두 번째로 내가 확실히 알 수 있는 사실은 이 친구는 그 여인을 건네주고 바로 그걸 잊어버렸지만 너희들은 여전히 그 여인을 어깨 위에 둘러매고 있다는 사실이지."

그것이 진실이다.

몸의 차원에서 어떤 일을 하는가는 하나도 중요하지 않다! 중요한 것은 나의 차원에서 발생하는 일이다. 마음의 차원에서 말이다.

애착이 가진 양날의 효과를 알았을 것이다. 다시 자나카왕 이야기로 돌아가 보자. 노래와 춤에 대한 그 제자의 애착을 자나카왕은 알아챘다. 제자가 연회장에서 달아난 것은 바로 애착 때문이 아닌가! 날이 새자 제자가 제 시간에 왕의 방을 찾았다. 쉬고 있던 왕은 그에게 잠깐 옆에 편히 앉아

 어떤 것을 선택하거나 어떤 것을 좋아하는 일은
당신의 애착에 불을 지피는 일이다.

있도록 했다. 그러나 제자는 조바심으로 왕에게 애원했다.

"왕이시여! 저의 스승님이 왕께 지혜를 얻으라고 저를 보냈습니다. 그러니 제가 하루 속히 떠날 수 있도록 지혜를 주십시오. 힌두교의 고행자인 저는 왕의 거대한 궁전에서 지내는 게 마음이 편치 않습니다."

왕이 그의 의중을 들여다보며 말했다.

"그렇군! 우선, 우리 목욕을 하지. 아주 아름다운 호수가 있다네. 거기서 자네에게 지혜를 전하지."

제자는 기꺼이 그러겠다고 했다.

'좋아. 호수에서 목욕하는 데 나쁠 게 뭐가 있겠는가? 화려한 궁정 목욕탕이었다면 고행자로서 고민할 여지가 있겠지만.'

두 사람은 호수 쪽으로 걷기 시작했다. 호수로 떠나기 전에 왕이 호위대장을 불러 무언가 귓속말을 했다. 호수에 도착한 두 사람은 호수로 뛰어들었다. 목욕하는 동안 서로 아무 말도 하지 않았다. 왕이 목욕을 즐기는 동안 이 제자는 언제쯤 이 목욕이 끝날까 조바심이 났다. 그런데 갑자기 자나카왕의 왕궁에서 불길이 치솟았다. 눈앞에서 왕궁이 불타는 모습을 본 제자는 완전히 당황했다. 그런 상황에서도 느긋하게 목욕을 즐기고 있는 자나카왕에게 제자가 당황스러워하며 말했다.

"왕이시여! 저기 왕궁이 불타고 있습니다. 그 안에 제 옷 가지들이 있습니다!"

왕은 그의 말에 관심도 주지 않고 계속 목욕을 즐겼다. 이 모습을 망연자실 바라보던 제자의 마음에 갑자기 이런 깨달음이 왔다.

'자나카왕은 자신의 왕궁이 다 타들어가는데도 여전히 목욕을 즐기는데, 겨우 그 안에 옷 한 벌 남겨둔 내가 걱정에 휩싸여 있구나!'

그는 스승이 자신에게 원한, 바로 그 지혜를 얻었다. 이 이야기는 애착에 있어서 당신이 가진 것이 무엇이고 또 얼마나 많은가가 문제가 아니라는 걸 정확히 보여준다. 당신이 특별한 것에 관심이 있느냐 없느냐의 문제도 아니다. 문제는 당신이 그것에 애착하는가 그렇지 않은가 하는 것이다.

애착하면 즐길 수 없고, 더욱이 애착하는 그것이 떨어져 나갔을 때의 슬픔을 견디기 힘들다. 그 제자의 문제도 바로 그것이었다. 그는 목욕을 즐기지 못했을 뿐더러, 애착으로 인해 자기 옷이 타서 재가 되어버리는 스트레스를 견딜 수도 없었다. 하지만 현명하고 지혜로운 자나카왕 덕분에 자신의 애착을 제거할 수 있었다. 이제 당신은 이런 이야기를 읽는 것만으로도 '애착'이라 불리는 골칫덩어리를 떼어버릴 수 있어야 한다.

※ ※ ※

　마지막으로 애착을 약화시키는 두 가지 팁을 주겠다.

　애착은 두 가지 습관 때문에 강화된다. 하나는 편파성이고 다른 하나는 선택이다.

　애착이 가져올 슬픔을 없애고 싶다면 먼저 편파성을 띠지 않도록 하라. 당신이 특정 종교를 믿는다면 오로지 그 종교에만 집착하지 말고 지구상에 존재하는 다른 종교들도 포용하라. '나의 것'과 '너의 것'이라는 덫에 빠지지 말라. 누구 한 사람의 슬픔이 당신에게 충격을 준다면, 그 대상이 아닌 다른 사람들의 슬픔에도 충격받을 수 있어야 한다. '내 것' '네 것'이라는 이런 구별과 차별을 초월하지 않으면 당신은 결코 애착으로부터 자신을 구해내지 못할 것이다.

　또한 불필요한 선택을 중단해야 한다. 일단 한 번 선택이 이루어지면 언젠가 그 특정의 선택에 따른 소유욕이 생겨나기 때문이다. 어떤 것을 '당신 것'이라고 생각하는 순간 애착이 당신 안에 불붙는다. 좋아하는 것과 가치 있는 것을 즐기라. 하지만 거기에 당신 것이라는 꼬리표를 붙이지는 말라. 어떤 것에 매료되고 애착하여 강박관념을 만들지 말라. 이렇게만 할 수 있다면 당신은 모든 관계와 모든 일, 모든 것들을 즐길 수 있을 것이다. 애착이 없으니 거기서 비롯되는 모든 불필요한 슬픔에서 자유롭게 될 것이다.

당신에게 비밀을 공개했다. 원하면 이 마법의 테크닉으로 당신의 삶을 온전하고 더할 나위 없는 행복으로 가득 채울 수 있다. 분명 당신이 최고의 행복이라는 여정에 들어설 거라는 희망을 품으며 이 문제에 대한 나의 얘기를 마친다.

# 기대

기대는 삶의 통합적 부분이다. 살아가면서 기대를 품는 것은 자연스러운 일이다. 그러나 기대의 진정한 의미와 기대의 크기를 알지 못하면 삶은 지옥이 된다. '기대'는 인생의 위험 요소이다. 자신이 즐겼던 모든 것을 다 잊어버리게 하기 때문이다.

먼저 당신에게 기대가 정확하게 무엇인지 설명하겠다. 인생에서 자신이 원하는 것이 무엇이 되었든 그 일이 꼭 일어나야 하는 것은 아니다. 그리고 모두 가능한 것도 아니다. 그래서 사람들은 결국 인생에서의 약간의 변화라도 기대한다. 바로 이 지점이 기대가 시작되는 곳이다.

사람들은 생각한다.

'지금 겨우 벽돌 한 장을 가졌을 뿐인데 이걸로 어떻게 성을 쌓지?'

이런 생각은 가족과 친구들을 향해 무언가를 기대하게 만들고, 그 기대는 점차 교육, 비즈니스, 심지어 종교로 향한다. 이런 도움을 기초로 원하는 일들이 착착 진행될 거라고 기대한다. 여기가 바로 사람들이 덫에 빠지는 지점이다. 기대가 집착을 강화하고 집착은 다시 기대를 부채질한다. 이러한 악순환의 굴레에서 빠져나오지 못한다.

이것이 기대와 집착의 상호관계에 대한 심리학이다. 이미 당신에게 집착의 결과를 설명했고 당신이 자신을 지킬 수 있는 해결책도 알려 주었다. 이제 기대에 대해 자세히 설명한다.

기대가 일어나는 근본 원인은 변화에의 욕구이다. 사람들은 그런 욕구에 희망을 걸면서 관계를 형성한다. 이제 모든 것은 자신들이 원하는 그대로 이루어지지 않겠는가! 이 말은 사람들이 특별히 바라는 게 있기 때문에 관계의 동심원을 늘려나간다는 의미이다. 하지만 기대를 기초로 관계를 형성한 사람은 그 기대를 충족하는 데 실패한다. 아이러니하게도 특정한 기대를 발전시키려고 관계를 맺은 상대방 또한 그 자신의 기대를 만족시키지 못한다. 결과적으로 두 사람 사이에 억울한 감정이 싹트기 시작한다. 그러나 기대의 그림자 속에서 커가는 집착 때문에 관계를 지속한다.

사람들은 자신의 억울함을 다 쓸어내지도 못하고 그렇다고 관계를 끝내지도 못한다. 그렇게 결국 평생을 끔찍한 관계 속에 살아간다.

대개의 사람들은 일생을 이런 관계의 짐을 지고 산다.

당신의 인간관계를 세심히 돌아보라. 기대가 높을수록 상대에게 더 깊이 집착한다. 필연적으로 기대와 집착은 서로 강화된다. 그런데 기대가 있는 곳에는 반드시 억울함이 관계 속으로 살금살금 기어들어온다. 두 사람이 서로의 관점을 참을 수 없게 되어도 상호 집착 때문에 어느 쪽으로도 해결책을 찾지 못하게 된다. 그 관계가 부부 사이든 부자관계든 사랑하는 사람이든 친구 사이든 간에. 기대만 없다면 각자 자신의 즐거움을 누릴 수 있는데 말이다. 하지만 대부분의 경우는 이게 불가능하다. 결국 관계란 관계는 모두 골칫거리가 된다. 실상을 인정하는 것조차 포기한다. 사람들은 종종 타협하든지 아니면 중간 해결책을 만들어 관계를 질질 끌고 간다.

그러면 관계 맺기를 다 그만두어야 할까? 문제는 사람들이 아무런 기대 없이 관계 맺는 법을 알지 못하기 때문이다.

자신들의 기대를 충족시키는 데 실패하기 때문에 슬픔과 고통에서 허우적거린다는 사실이다. 지금 시대는 활발한 의사소통이 계속 확대되어갈 뿐 아니라 인간관계 또한 확장되고 있다. 모두들 많은 관계를 만들다 보니 각자의 입장에서 자신들의 기대가 충족되지 않는다. 사람들은 자신을 위해 치밀한 계획을 세우는데, 결과는 매일 매일 흔들리고 상처받을 따름이다. 그러니 생각해 보자. 해결책은 무엇일까?

같은 맥락에서 이렇게 말하기는 쉽다.

"어떤 기대도 가지지 말라!"

아마도 여기저기서 귀에 못이 박히도록 들었을 말이다. 그러나 내가 관여될 때 이것이 말처럼 정말 쉬울까? 사람들이 나에 대해 얼마나 알까? '내가 복잡하다'는 말이 농담이라고 생각하는가? 일이 그저 그렇게 말하는 대로 돌아간다고 생각하는가?

"아무 기대도 갖지 말라?" 이 말이 가능하려면 기대가 일어나는 이유를 이해해야 하고 그것을 컨트롤할 처방도 논의해야만 한다. 내가 아니라면 누가 당신을 위해 이 일을 해주겠는가? 이른바 위대한 성인들과 심리학자들은 설교나 해대

 **기대는 필연적으로 그에 수반되는 고통이 있다.**

겠지. 아프면 약을 처방받아야 한다. 문제는 어떤 약인가? 하는 것이다. 당신에게 말한다. 이런 모든 기대의 근원적 원인이 무엇인지.

이미 기대가 일어나는 근본 원인은 변화를 원하기 때문이라고 했다. 변화에 대한 욕구가 문제는 아니다. 그것이 당신 자신에게만 적용된다면 말이다. 이 말은 현재의 삶이 행복하지 않아 변화가 필요하고, 그래서 변화를 만들어낸다면 그 또한 당신의 인생이라는 말이다! 그런데 자신의 인생을 개선하려고 다른 사람이나 환경을 변화시키려 들면 그런 시도 자체가 잘못이다. 기대하는 습관은 현실적 문제를 불러올 것이다. 내면의 변화 대신 바스투*, 풍수 등에 의지해 집의 디자인이나 환경을 개선하러 들거나, 운에 기대 변화를 가지려고 한다. 어디에서 이런 놀라운 지식들을 얻었을까?

무엇인가 변화시키고자 한다면 당신 자신을 바꾸라. 바꾸고 싶은 것이 있다면 당신 자신만 바꾸라.

몇 번만 시도해 봐도 이것이 얼마나 어려운 일인지 깨닫게 될 것이다. 당신이 노력한다고 분노나 걱정이나 공포가 없어지던가? 생각해보라, 당신 스스로의 변화조차 가져올

---

\* 바스투(bastu)는 건축예술의 가장 오래된 기법으로 고대 인도에서 시작되어 현재까지 전 세계에서 활용된다. 조화로운 공간 창조, 우주의 긍정적인 흐름의 유입을 통해 부정적인 에너지를 중화시키는 건축기법이다.

수 없는데 다른 사람들이나 상황이 바뀌기를 바라는 기대가 얼마나 불합리한가?

당신이 진정 원하는 모습으로 스스로를 변화시키지 못했다면 다른 사람이나 상황을 바꾸려는 시도는 하지 말아야 한다. 그들의 행동 변화를 바랄 필요도 없다. 이렇게 하면 두 가지 이로운 점이 따른다. 첫 번째는 다른 사람을 향한 온갖 기대가 사라진다. 당신이 스스로를 바꾸는 데 우선적으로 노력하기 때문이다. 이 말은 당신이 '자기 혁신'에 힘쓴다는 의미이다. 이 혁신은 당신에게 유익함을 가져다 줄 혁신이다. 두 번째로는 사람들에게 거는 기대가 낮아지면 인간관계가 훨씬 원만해진다. 상대를 더 배려할 수 있고 그들과의 관계에서 행복을 이끌어낼 수 있게 된다.

요약하면 기대를 갖는 습관을 깨뜨리는 과정은 당신 안에서 바람직한 변화를 가져오는 데서 시작된다. 그리고 다음과 같은 깨달음에서 비롯된다.

"자신을 변화시키는 일이 얼마나 어려운가!"

이렇게 생각하면 다른 사람에 대한 기대가 사라진다.

당신이 이런 과정을 거쳐 만족할 만한 변화의 단계에 도달했다면, 변화의 막바지까지 자신을 몰아붙이지는 말라. 당신의 마음 상태가 어느 수준에 있건 간에 당신이 진짜 누구인가를 지금 그대로 받아들이라. 한계를 넘어선 변화를 시도하면 결국에는 자기혐오가 따르기 때문이다. 이것은 아주 위험하다.

자기혐오는 대체로 죄의식을 불러 온다. 그러니 어느 정도 자기 혁신 노력 후에는 지금 그대로의 자신을 인정하라.

자신을 있는 그대로 인정하면, 그 결과는 수많은 놀라운 일들로 이어진다. 최고의 이득은 당신의 콤플렉스가 급격히 약화된다. 스스로에 대한 불평 불만이 없는데 무슨 콤플렉스가 있겠는가?

행복의 열쇠와 수용의 파워를 당신에게 건넨다. 이것은 마술이다. 당신이 자신의 존재를 그대로 수용하는 순간 이 마술은 시작된다. 더 나아가 당신의 세 가지 주요 문제들, 집착, 기대 그리고 콤플렉스로부터 당신을 구해줄 것이다. 당신이 할 일은 수용의 힘을 키우는 일뿐이다. 당신이 자신을 자신의 존재 그대로 수용하듯 다른 사람들도 그들의 존재 그대로 수용하라. 당신이 다른 사람들을 그들 존재대로 수용하기 시작하면 당신의 집착뿐 아니라 그들에게 바라는 기대까지도 사라져 갈 것이다. 결과적으로 당신의 슬픔과 염려의 절반 이상은 저절로 없어진다.

 언젠가 누군가에게 일어날 수 있는 일은
당신에게도 일어날 수 있다.

슬픔과 걱정이 줄어들면 에너지가 넘쳐흐른다. 이런 단계들을 거치고 나면 자신을 둘러싼 환경도 그 방식 그대로 받아들이기 시작한다. 그 결과는 기적에 다름없다. 나중에 환경이 변하지 않는다 해도 동요하지 않는다. 왜냐하면 수용의 마술 덕분에 변화된 상황에 능수능란하게 적응하기 때문이다. 당신의 슬픔과 고통은 점점 약화되고 당신의 에너지는 더욱 강화된다. 이런 활력 덕분에 당신은 인생의 가혹한 진실까지도 잘 수용할 수 있게 된다.

역사를 찾아보고 당신에게 펼쳐지는 환경들을 살펴보라. 도처에 만고불변의 진리(the immutable truth)들이 선명히 보이지 않는가? 그것을 인식하고도 바꿀 수 없는 진리를 변화시키려는 기대로 살아간다면, 그렇게 할 수 없는 당신의 무능을 슬퍼한다면 그야말로 바보가 아니고 무엇인가? 변화를 바라는 기대 때문에 왜 슬프게 살아야 하는가? 결국 변화시킬 수 없는데도 말이다. 말해보라. 그럼에도 무슨 근거로 당신 자신을 현명하다고 말할 것인가?

주위를 둘러보고 현실을 생각해라. 받아들이는 것 외에는 다른 방법이 없다. 이런 현실을 수용하지 않고서 인생에서 성공할 수는 없기 때문이다.

이해하지 못했다면 보다 자세히 설명해보겠다. 주어진 수명을 넘어 영원한 삶을 누리는 누군가를 본 적이 있는가?

신이라 불리는 존재들을 포함해서 말이다. 아니다. 당신은 보지 못했다. 그런데 당신 또한 죽을 거라는 사실을 왜 단순하게 받아들이며 살지 않는가? 이 사실을 받아들였을 때 가장 놀라운 점은 당신의 공포 중 절반 이상이 저절로 사라진다는 사실이다. 인간의 모든 공포의 근원에는 오직 한 가지, 바로 '죽음의 공포'가 있다는 사실을 마음에 새기라. 죽음의 불가피성을 받아들인 사람은 죽음 때문에 두려움을 반복하지 않는다.

조금 더 나아가 보자. 몸이 병들지 않는 사람을 본 적이 있는가? 열심히 식이요법을 하는 사람이라도, 또는 마음이 최고 수준에 도달한 사람이라도 병에 걸릴 수 있다. 친척이나 친구들도 마찬가지다. 그들 또한 병에 걸릴 수 있다. 당신이 이 모든 사실을 받아들이고 살아야만 이런 상황이 올 때 불필요한 슬픔을 없앨 수 있다. 다른 사람에게 일어나는 교통사고가 당신에게 일어나지 않는다는 보장이 없다. 이런 일들은 한두 가지가 아니다. 수천 수만 가지가 있을 수 있다. 그리고 이러한 진실을 받아들이는 것이 진정한 지성이다. 당신은 이런 모든 만고불변의 진리들을 억지로라도 받

모든 기대는 어떤 사람이나 어떤 것을
'나의 것'이라고 생각하는 데서 시작된다.

아들여야 한다. 그러면 당신의 삶은 가벼운 공기의 흐름을 탄 듯 유유자적하고 황홀할 것이다.

당신이 가진 다른 기대들을 보자. 당신이 알아야 할 것은 그 기대들이 인생을 어렵게 만든다는 사실이다.

사람들은 매순간 '나를 이해하는 사람이 아무도 없다'는 신드롬에 빠져 괴로워한다. 그래서 이렇게 말하곤 한다.

"나는 사람들한테 잘했는데 돌아온 건 아무것도 없어."

대부분의 사람들이 같은 느낌으로 고통받고 결국 세상을 환멸하며 낙담한다. 그러고 나면 이런 터무니없는 말로 한탄한다.

"세상 어디에도 나처럼 착한 사람을 위한 곳은 없어. 이런 데서 살아서 뭐해?"

이러한 탄식의 밑바닥에는 자신을 괴롭히는 오해와 오판이 있다. 누구나 타인의 행동을 자세히 관찰하여 세밀하게 분석하지만, 다른 사람들 또한 자신의 덕스런 행동 뒤에 본성의 어두운 면을 꼭꼭 숨겨둔다.

자, 역사를 보라. 누가 예수를 이해했는가? 예수가 인정되었다면 십자가에 못박혔겠는가? 누가 소크라테스를 이해

당신이 받아들이든 그렇지 않든 간에
현실은 조금도 변하지 않는다.

했는가? 소크라테스가 인정되었다면 독살당할 이유가 있었을까? 붓다나 카비르*가 당대에 인정되었다면 어찌 그같은 괴롭힘을 당했겠는가? 당신이 이런 인물들보다 더 위대한가? 그래서 아무도 당신을 이해하고 인정해주지 않는다고 탄식하고 있는가? 당신에게 필요한 일은 자신에 대한 인정이다. 그거면 충분하다. 지금껏 어떤 사람이 다른 사람에게 전적으로 이해받고 수용된 적은 결코 없었다. 그러니 당신만은 예외일 거라는 망상이 주는 슬픔을 없애라.

나는 당신이 역사를 통해 이러한 진리들을 깨닫고 온전히 받아들이기를 원한다. 이런 연습을 통해 당신의 기대는 대부분 저절로 사라질 것이고, 기대가 초래하는 슬픔에서 자유로워질 것이다.

요약해 보자. 기대는 인생에서 겪는 슬픔의 근본 원인이다. 하지만 "기대는 나쁜 것이다!"라는 구호를 여러 번 외쳐본들 당신 인생에서 그것들이 사라지지 않는다. 스스로 변화하려는 간절함을 가질 때, 다른 사람들을 변화시키려는 생각을 버릴 때만 당신은 기대들을 없애버릴 수 있다. 스스로를 변화시키려는 합리적인 노력을 늘리고 타인을 변화시키려는 욕구를 줄여야 한다.

---

\* 카비르(Kabir): 15세기 말의 힌두교의 개혁자

먼저 당신은 자신의 방식대로 자신을 먼저 받아들여야 한다. 자신을 받아들이는 법을 배우면 인생에서 그보다 더 큰 마술은 없다는 사실을 알게 된다.

당신이 스스로를 잘 수용하면 다른 사람들도 각자의 방식대로 스스로를 수용하기 시작한다. 이 두 가지를 성공하면 삶에서 부닥치는 상황과 모든 만고불변의 진리를 받아들이는 법을 배우게 된다. 그렇게 되면 동시에 두 가지가 약화된다. 하나는 당신의 집착이고 또 하나는 당신의 기대이다. 이제 당신의 인생은 행복과 성공으로 확실하게 채워진다.

3부

—

# 성공의 열쇠들

살아가면서 슬픔과 고통으로부터 자신을 보호하는 일은 당연하다. 성공의 정점에 오르는 일 또한 중요하다. 소중한 인생을 낭비할 수는 없다. 사람들은 모두 간절히 성공을 원하는데, 이것은 인간의 타고난 권리이기도 하다. 그러나 사람들이 성공적인 삶을 살지 못하는 이유는 나, 즉 마음의 기능을 알지 못해 실수하기 때문이다.

이제 나의 가능에 대한 무지와 실수에 대한 해결책을 말하겠다. 이것을 이해하고 실천하면 당신은 확실히 성공에 다다를 수 있다.

# 지성

앞의 장들에서 의식, 무의식, 잠재의식적 마음이 만들어지는 이유에 대해 충분히 말했다. 그런 마음들을 약화시키는 처방도 이야기했다. 슬픔을 일으키는 원인과 그것을 없애는 해결책도 자세히 논의했다. 이제 성공의 열쇠로 넘어가자. 누구나 성공을 꿈꾼다. 성공에의 갈망은 무엇보다 중요하다. 인생에서 큰 성공을 거두기 위해 반드시 개발하고 숙지해야 할 필수적인 자질들을 이야기해 보자.

먼저 인간과 자연의 차이점에 주목하자. 가장 큰 차이점은 시간과 에너지이다. 자연은 10억 년 이상의 역사를 지닌 반면 인간은 평균 80년, 길어야 100년 정도 산다. 유년기, 성년기, 노년기를 거치며 일생의 단계마다 수많은 과업이 있다. 보통 하루 8시간은 자는 데 쓴다. 계산하면 당신에게 주어진 시간은 그리 많지 않다.

자연의 에너지로 돌아가보자. 태양은 빛나고 지구는 회전하고 바람은 쉼없이 분다. 자연은 소진되지 않는 에너지 창고이다. 당신의 에너지는 어떤가? 당신 에너지에 관해서야 스스로 너무 잘 알고 있을 테니 새삼 말할 필요가 없다.

자연의 에너지는 무한하지만 중요한 일을 효과적으로 수행하는 것은 놀랍게도 바로 인간이다. 예술, 문학, 과학, 이 모든 것은 다 인간의 작품들이다. 강조하려는 것은 이런 놀라운 업적들이 인간종 전체가 이루어낸 것은 아니라는 점이다. 위업을 이룬 사람들은 꼭대기에 오른 소수이다. 왜 소수의 사람들만 놀랄 만한 업적을 이루어내고 나머지 사람들은 매순간 꺼져가는 인생을 꾸역꾸역 버티며 사는가? 왜 어떤 이들은 새롭고 전례 없는 성공에 도달하는 반면, 나머지 사람들은 죽었는지 살았는지 별반 차이가 없는 인생을 사는가?

이것은 각자의 시간과 에너지를 사용하는 방법에 달려 있다. 인간이 활용할 수 있는 두 가지 자원은 시간과 에너지인데 이것들은 늘 부족하다. 어떤 사람이 자신의 시간과 에너지를 낭비하려고 작정했다고 치자. 그의 인생이 어떻겠는가?

하지만 불행하게도 99%의 사람들이 인생을 낭비하기로 마음먹고 사는 걸로 보인다. 그들이 실패하는 이유는 바로 시간과 에너지를 효율적으로 사용하지 못하는 데 있다. 그렇다면 시간과 에너지를 어떻게 효율적으로 활용할 수 있을까?

인간을 다른 존재와 구별되게 만드는 것은 무엇인가? 하나는 나, 즉 마음이고 두 번째는 뇌이다.

이 두 가지 때문에 인간은 자연의 어떤 존재보다 독특하고 중요하다. 마음과 뇌의 차이점을 생각해보자. '뇌'는 아주 유용한 존재이지만 당신의 시간과 에너지를 낭비하게 만든다. 반면에 나의 수준에 존재하는 지성(intelligence)은 시간과 에너지를 절약해준다. 불행하게도 극소수의 사람들만 이 지성을 제대로 활용할 줄 안다. 인생에서 주목할 만한 성취를 이루려면 충분한 시간과 에너지가 필요함을 알아야 한다.

성공을 위해서는 반드시 지성을 활성화시켜야 한다. 지성은 누구에게나 동일한 분량으로 존재한다. 나의 수준, 그러니까 마음의 수준에서 말이다. 지성에 관한 한 나는 누구에게나 온전히 존재한다. 차이라면 사람들에게 있다. 지성을 활성화할 수 있는 사람은 그들의 시간과 에너지를 절약해 앞으로 나아갔고, 반면에, 자신의 지성을 활성화하지 않은 나머지 사람들은 어렵고 괴로운 삶으로 내몰렸다. 사람들의 마음 속에서 활동을 중단한 지성과 그 영향을 활성화시킬 수 있는 방법을 논의하기 전에, 지성(intelligence)과 영민함(brilliance)의 차이점에 관해 설명하겠다.

지성은 당신이 타고난 내적 자질로서 대부분 사람들에게 잠재되어 있다. 반면에 영민함은 교육이나 기술 연마를 통해 뇌가 습득한 정보이다. 이 차이는 아주 미묘하지만 굉장히 중요하므로, 이것을 이해하면 지성을 이해하고 활성화하는 데 엄청난 도움이 될 것이다.

* * *

지성은 마음에 존재한다. 반면에 영민함은 뇌에 존재한다. 영민함은 필요하고 유용한 자질이지만 궁극적인 것은 아니다. 영민함만으로는 인생을 헤쳐가거나 전진할 수 없다. 더 중요한 것은 대부분의 사람들이 자신들의 영민함을 불필요한 곳에 사용해 인생을 망친다는 사실이다. 우선 뇌의 영향을 어떻게, 어디에, 어느 한도까지 사용할지 보자. 또 뇌를 사용하지 말아야 하는 영역이 어디인지 알아보자.

뇌가 인간에게 기여한 가장 중요한 점은 거대한 기억의 저장이다. 사람들의 진보에 적용된 저장 정보들은 전적으로 뇌에 의해 만들어진 것이다. 이것은 사람들이 배운 모든 것을 포함한다. 교육에서 시작하여 삶에서 이해했거나 듣거나 경험한 것, 좋은 것과 나쁜 것을 다 포함한다. 인생에서 기억은 아주 중요하다. 자기 이름부터 인생의 모든 중요한 것들에 이르기까지. 문자 습득에서 다양한 지식에까지 무엇이건 간에 기억 작용에 속한다. 인생의 진보는 다양한 배움에 기초한다. 그러나 삶에서의 모든 것을 다 기억할 필요는 없고 필수적인 것만 기억하면 된다. 불필요한 것들을 기억하면 과부하가 걸리고 그것 자체로 위험하다. 기억들이 자꾸만 당신을 성가시게 하고, 그것들을 기억하느라 소중한 에너지가 상당히 낭비되기도 한다.

불필요한 기억 때문에 당신이 겪는 일들을 확실히 알아야 한다. 뇌의 영역에서 벌어지는 일들인 생각, 책략, 의사결정, 분석 같은 특성들을 이야기해보자. 이러한 뇌의 특성들은 삶의 전진에 필수적이다. 그러나 뇌의 이런 특성들을 불필요하게 사용하면 위험한 결과가 따르기도 한다.

대부분의 사람들은 아주 사소한 일들에 대해 심사숙고하고 분석한다. 그것이 필수적인지 아닌지 알지 못한 채로 말이다. 이것이 사람들의 에너지가 방전되는 이유이다. 이렇게 하다보면 자신이 원하는 것을 이루는 데까지 얼마나 힘이 빠지고 지치는지 생각해보라.

뇌는 다양한 목적을 위해 유용하지만 시간과 에너지에 관한 한 뇌는 완전히 무지하다. 그래서 다양한 경우에 당신의 이 소중한 두 가지 자원(시간과 에너지)을 낭비하게 만든다. 뇌의 문제점은 모든 것을 필수적으로 취급한다는 것이다. 뇌가 무언가를 우연히 발견하면 즉각 그것을 이해하고 기억하고 분석하려 든다. 하지만 불필요한 일을 알거나 기억해 얻을 것이 무엇일까? 오히려 시간과 에너지만 아깝게 낭비된다.

반면에 지성은 무엇이 '필요'하고 무엇이 '불필요'한지를 잘 알아채기 때문에 인생에 큰 도움이 된다. 이제 뇌가 하는 불필요한 일을 중단시키자. 그리고 지성이 자신의 법칙대로 움직이도록 두자. 지성을 활성화하는 단순 필요조건은 당신의 의식, 잠재의식, 무의식적 마음의 약화에 있다.

왜 지성이 중요한가? 지성은 나의 모든 에너지 중심들에 적용할 수 있기 때문이다. 지성은 상대적으로 약한 나의 양식(의식, 잠재의식, 무의식)들이 무너졌을 경우에만 활성화된다. 이것들을 어떻게 약화시키는지에 대해 나는 이미 이야기했다.

 정확한 기억력이나 추론 능력은
전혀 지성의 징표들이 아니다.

지성의 역할이 무엇인지 분명히 설명하겠다. 우선 지성은 필수적인 것과 필수적이지 않은 것 사이의 차이를 아주 잘 인식한다. 지성은 뇌가 비필수적인 것에 끌리는 일을 허락하지 않는다. 그러면 당신의 시간과 에너지는 저축된다. 지성의 힘을 밀고 나가고 지성의 힘에 주목하라. 그러면 경험을 토대로 뇌가 모아놓은 '비필수적인 것들'을 무효로 만들 수 있다.

지성의 가장 중요한 역할은 현재 필수적이지 않은 것에 끌리는 당신의 뇌를 통제하고, 과거에 모아놓은 불필요한 것들을 제거하는 능력이다. 이렇게 되면 당신은 시간과 에너지를 모두 절약한다. 보존된 시간과 에너지가 얼마나 유용한지는 더 말할 필요가 없다.

지성이 얼마나 중요한지 이해하고, 지성이 외부에서 얻어지는 것이 아니라는 사실을 알아야 한다. 모든 사람은 나의 수준에서 동일한 양의 지성을 가진다. 교육 수준이나 지식이나 종교로 지성을 얻을 수 없다. 영민함을 얻으려면 똑똑해야 하고 엄청난 노력이 필요하다. 그러나 지성에 관해서라면 다르다.

당신은 이미 지성을 가지고 있다! 그것을 활성화시키는 게 문제일 뿐이다.

방법은 간단하다. 당신이 영민함을 약화시키면 지성은

저절로 활성화된다. 지성의 주요 기능은 당신의 시간과 에너지를 소모하는 뇌의 활동들을 금지하는 것이다. 영민함이 넘치거나 지성을 활성화시키거나, 이 두 가지 사이에서 선택은 당신의 몫이다! 대부분의 사람들은 영민함이 넘치기 때문에 시간과 에너지의 보존에 신경 쓰지 않는다. 영민함과 지성의 차이점을 설명하기 위해 몇 가지 이야기를 해보자.

오래된 이야기이다. 세 명의 마법사 친구가 있었다. 그들은 마부가 모는 마차를 타고 여행길에 올랐다. 숲을 지나는데 죽은 지 오래된 사자의 뼈가 있었다. 한 마법사가 말했다.

"내가 저 뼈에다가 살과 근육을 올려보지."

두 번째 마법사가 흥분해서 맞장구쳤다.

"자네가 살과 근육을 만든다면 나는 핏줄에 피가 흐르게 할 거야."

세 번째 마법사가 가만있지 못해 뒤를 이었다.

"자네들이 정말 그렇게 하면 나는 저 죽은 사자에게 생기를 불어넣겠어."

이들의 자신만만한 얘기를 듣던 마부는 불안해졌다. 공포에 떨면서 그는 세 마법사에게 간청했다.

"어르신들의 솜씨가 대단한 것은 알지만, 자연의 법칙을 거스르는 일은 삼가주십시오. 마법을 써먹을 기회는 많고 많은데 왜 하필 사자입니까?"

하지만 이미 마부의 말을 들을 분위기가 아니었다. 그들은 마부를 야단쳤을 뿐 아니라 겁쟁이라고 모욕했다. 불쌍한 마부는 그저 조용히 구경이나 할 수밖에 없었다.

첫 번째 마법사가 사자의 뼈에 살과 근육을 입혔다. 이걸 본 마부의 불안감이 커졌다. 두 번째 마법사의 차례가 되어 사자의 핏줄에 피가 흐르게 했다. 그들의 호언장담이 현실로 되는 걸 보면서 마부는 잔뜩 움츠려든 채 경계했다. 마부는 배운 게 없는 무식쟁이었지만 자기 목숨을 지킬 정도의 지성은 가진 사람이었다. 그래서 세 번째 마법사가 마술을 부리기 전에 마차에 올라 부리나케 도망쳤다. 마침내 세 번째 마법사가 아무 생각 없이 사자의 육신에 생명을 불어넣었다. 이 사자가 죽은 지 얼마나 되었는지가 무슨 상관인가. 다시 살아난 사자는 몸을 일으키자마자 포효하더니 세 마법사를 갈기갈기 찢어 싹 다 먹어치웠다.

이제 생각해 보라. 무엇이 더 중요한가? 영민함인가? 지성인가? 당신의 영민함이 아무리 뛰어난들 지성이 없다면 아무 소용이 없는 것이다. 갈증을 느낄 때 물을 마시는 사람은 물이 어떤 원소로 구성되었는지 전혀 모르더라도 최소한 목말라 죽지는 않는다. 반면에, 물의 구성 성분은 정확히 알지만 자기 몸이 물을 원한다는 것을 전혀 느끼지 못하는 영민한 사람이 있다고 치자. 과연 누가 더 현명한가?

**언제 어떻게 물을 활용하는지 아는 사람이
물의 성분에 대해 아는 사람보다 훨씬 더 지성적이다.**

　많은 지식을 습득하는 일, 넓게 생각하고 높은 열망을 가지는 활동은 뇌의 대표적인 기능이다. 그러나 그런 것들이 무슨 소용이 있을까? 이런 기능들은 상황과 필요에 따라 유용하고 적절하게 활용되어야 한다. 아주 작은 것이라도 자신에게 필요한 것을 잘 아는 일이 다양한 많은 지식을 가지는 일보다 훨씬 더 중요하다. 상식적으로 생각해보자. 당신이 모아놓은 지식들과 각종 정보들이 삶을 나아지게 하는

데 정말로 필요한 것인지를. 다방면에 대한 이러한 노력에는 대가가 따른다. 이것들을 얻기 위해 당신은 오랫동안 힘들게 일했고 소중한 시간들을 바쳤다. 이제 당신에게 남은 시간은 얼마나 되는가?

위대한 성인 쉬리 라마크리슈나(Shri Ramakriishna Parama-hansa)*의 에피소드를 들려주겠다. 라마크리슈나의 아슈람(ashram)**은 강둑에 있었다. 어느 날 아침, 평소처럼 그는 제자들과 아슈람 밖에 앉아 있었다. 그때 같은 마을에 사는 거만한 수도자가 찾아왔다. 그는 라마크리슈나가 최고라는 소문에 늘 그를 비판해왔다. 오랜 세월 이 수도자는 물 위를 걷는 기술을 연마하고 있었는데, 그날 드디어 물 위를 걷는 데 성공했다. 자신감에 찬 그는 라마크리슈나의 코를 납작하게 만들려고 뻔뻔한 말투로 물었다.

"당신은 지혜로운 사람으로 알려져 있죠. 헌데 물 위를 어떻게 걷는지 아십니까?"

---

* 인도의 종교가·사상가. '토타푸리(Totapuri)'라는 수행자의 설교에 큰 감화를 받아 수행을 시작했다. 이슬람교, 그리스도교 등 종교를 섭렵하여 모든 종교에는 똑같은 진실성이 있다는 것을 깨달아 사람들에게 가르쳤다. 사후에 '라마크리슈나 미션'이 설립되어 세계 각지에 그의 가르침이 전파되었다. 불타(佛陀), 샹카라(Shankara)와 함께 인도의 3대 성자로 꼽힌다.

** 힌두교도들이 거주하며 수행하는 곳

라마크리슈나가 겸손하게 답했다.

"아니오, 형제여. 나는 알지 못하오. 그렇다고 그것이 내 인생을 방해하지는 않는다오. 아, 땅 위에서 걷는 법은 알아요. 그건 일상에서 아주 유용하다오."

수도자가 다시 거만하게 쏘아붙였다.

"점잖은 말투로 당신이 별 볼 일 없다는 걸 감추려 하다니! 나는 물 위를 걷는 기술을 익혔다오. 당신은 할 수 있소?"

제자들은 아연실색했다. 그러나 라마크리슈나는 무심하게 말했다.

"물 위를 걷는 법을 우리에게 보여주시오. 우리도 당신의 기술을 재미 삼아 즐기고 싶군요."

거만한 수도자는 사람들을 이끌고 강둑으로 갔다. 그는 물 위를 걸어 둑의 반대편으로 갔다 다시 돌아왔다. 모두들 놀라움에 가득 찼다. 그러나 라마크리슈나는 희미한 미소만 지은 채, 어리둥절해하는 수도자의 눈을 들여다보았다. 수도자는 라마크리슈나의 미소에서 갈피를 잡을 수 없었다. 그리고 혼자서 생각했다.

'칭찬이라곤 도무지 안 하고 그냥 웃기만 하는군.'

 성장하고 싶다면 영민함과
지성의 차이를 알아야 한다.

그는 라마크리슈나의 미소가 무슨 의미인지 생각해 보았으나 도무지 알 길이 없었다. 잠시 후 라마크리슈나가 강둑에서 뱃사공을 부르더니 자기를 태워 강을 건넜다 다시 데려다 달라고 하였다. 돈벌이가 생긴 뱃사공은 얼른 그를 태우고 강을 건너 갔다 왔다. 라마크리슈나의 이 행동에 수도자와 제자들은 놀랐다. 강기슭에 도착한 라마크리슈나가 배에서 내리며 사공에게 뱃삯이 얼마인지 물었다. 사공은 2파이사를 불렀고 라마크리슈나는 그 돈을 지불했다. 그러고 나서 여유롭게 수도자의 어깨에 손을 짚으며 물었다.

"물 위를 걷는 기술을 익히는 데 몇 년이 걸렸나요?"

그가 대답했다.

"20년이요."

수도자의 대답이 끝남과 동시에 라마크리슈나가 크게 웃으며 말했다.

"당신은 20년을 그리 열심히 노력한 끝에 대단한 기술 하나를 익힌 것이오. 그런데 그 기술은 단지 2파이사 가격에 불과하군요!"

사람들은 이와 같은 실수를 반복한다. 자신의 짧은 생애에서 시간이 얼마나 소중한지 인식하지 못한다. 다른 사람들에게는 필요한 것이 자신에게는 불필요할 수도 있다는 사실을 깨닫지 못한다. 수백만 명의 수행자들이 자신의 인생에 필요한 것인지 아닌지를 알지 못한 채 똑같은 덫에 빠져서는 불경, 꾸란, 성경을 이해하거나 평가하려는 시도 없이 그저 배우고 외운다. 경전들이 아무리 위대하고 중요하다 해도 당신의 인생을 나아지게 하는 데 도움이 되지 않는다면 가치 없는 일이다.

＊＊＊

수많은 젊은이들이 인생의 소중한 20년을 졸업과 학위에 허비한다. 인생에서 졸업장이 얼마나 유용한지 생각할 겨를도 없다. 인생에 공짜는 하나도 없다. 당신의 소중한 시간과 에너지를 투자하기 전에 우선 그것이 당신 인생에 얼마나 중요한 일인지 꼭 판단해야 한다. 당신의 노력이 모두 허사로 돌아가면 어찌할 것인가? 어떤 일에 노력을 들이기 전에 그 일에 필요한 시간과 에너지에 따른 결과의 효용성을 평가하는 사람이 바로 지성 있는 사람이다. 이 과정을 거치지 않아도 되는 사람이 있다면 그는 특별한 지성을 갖춘 사람이다.

시간과 에너지에 대해 한번 더 생각해보자. 이 두 가지는 인생의 진보에 반드시 필요한 것들이다. 동시에 당신이 충분히 소유하지 못하는 것들이다. 진실을 말하면 '지성 있는

**인간에게 부족한 것은 오직 두 가지,
바로 '시간'과 '에너지'이다.**

사람'은 자신의 시간과 에너지를 효율적으로, 즉 적절한 곳에 활용하는 사람이다. 반면에 영민한 사람은 자신의 소중한 시간과 에너지를 사소한 일에 낭비하는 사람이다. 그렇게 영민한 사람들은 정작 필요한 순간에는 자신에게 남겨진 시간도 에너지도 없다는 사실을 알게 된다. 인생의 순간 순간들을 최적화하여 눈에 보이는 성공을 이룬 사람들은 자신의 시간과 에너지를 불필요한 일에 허비하지 않고 잘 챙겨

둔 사람들이다. 인생에서 성공을 맛보고 싶다면 무엇이 필요하고 무엇이 불필요한 것인지를 분명히 구분할 줄 알아야 한다.

같은 맥락에서 이해해야 할 일이 한 가지 더 있다. 이 모든 과정에서 당신의 뇌가 아주 결정적 역할을 한다는 점이다. 뇌는 늘 더 많이 알려고 열망하지만 그 지식이 필수적인지의 여부는 따지지 않는다. 그리고 다른 사람들로부터 인정받는 데는 굉장한 관심을 갖는다. 이것이 뇌가 포괄적인 정보를 축적하는 커다란 이유 중 하나이다. 이와 반대로 지성은 무엇이 가장 필수적인가에만 초점을 둔다. 이것이 지성의 방식이다. 그러나 대부분의 사람들에게 있어서 뇌는 지성을 무시한다. 불행한 일이다. 결과적으로 많은 사람들이 쓸데없는 정보를 모으고 쓸데없는 일을 하는 데 인생을 허비한다. 당신도 예외가 아니다. 돌이켜보면 당신 또한 깨달을 수 있을 것이다. 소중한 시간과 에너지를 얼마나 쓸모없는 일에 퍼붓고 있는지.

당신이 겪을 심각한 결과들을 생각해보자. 어떤 식으로 뇌가 사상누각을 짓는지를 말이다.

예를 들어보자. 사람들은 고액 연봉의 직업을 갖는 순간 비싼 고급차에 대한 정보를 찾기 시작한다. 그가 실제로 멋진 차를 사게 될지 어떨지는 다만 미래의 문제이다. 이러한 어리석음이 스스로를 불행하게 하고 괴롭힌다. 생각해보라! 이런 쓸데없는 정보 쪼가리들을 모으는 일이 도대체 무슨 도움이 된단 말인가?

이래서 지성이 필요하다. 지성은 항상 필요한 정보를 모으고 지금 할 수 있는 범위 안에서 실질적인 일을 도모한다. 지성이 효율적으로 작동한다면 충분한 돈이 생기기 전에는 고급차 정보를 모으는 노력 따위는 하지 않는다. 이것이 바로 영민한 사람과 지성적인 사람의 차이점이다. 지성적인 사람에게는 항상 행복의 길이 열리고 영민한 사람에게는 슬픔을 향한 길이 열린다. 슬프고 억울한 사람들의 판단력은 기민하지 않다. 이것이 뇌를 과도하게 사용하는 사람이 인생에서 성공하지 못하는 이유이다.

하지만 대부분의 사람들은 이 사실을 충분히 이해하지 못한 채 다음과 같이 생각한다.

'필수 지식만 가진 사람을 어찌 지성인이라 할 수 있을까?'

'거대 담론에 대한 지식을 술술 풀어낼 수 없는데 어찌 지성인이라고 할 수 있겠는가?'

그러나 그런 생각의 긍정적 영향은 나(마음)에게 끼치는 막대한 부정적 영향에 비하면 아무것도 아니다.

몇 가지 예를 들어보자. 요즘에는 건강한 사람들조차 다양한 식품의 효능과 부작용을 늘 챙긴다. 질병의 원인과 예방에 관한 정보들도 무시무시하게 수집한다. 그들은 그게 유익한 일이라 생각한다. 하지만 이 정보들은 나(마음)에게 확실하게 각인된다. 그 영향을 받아 나란 존재는 술수를 쓰게 된다. 그들이 수집한 질병, 음식, 예방책 들이 자신들에게 영향을 미치기 시작한다.

잘 관찰해보면 이것이 현대인에게 흔하지만 치명적인 질병인 비만의 주된 원인이라는 사실을 알 수 있다. 뇌는 사람을 살찌우는 여러 가지 음식들을 추정한다. 그런 정보들은 나에게 각인되고, 나 또한 꾸준하게 몸에 영향을 준다. 이렇게 방대한 정보가 저장되지 않았을 때의 사람들은 현대인들보다 두 배의 식욕을 가졌지만, 지금처럼 비만으로 고통당하지 않았다는 사실을 생각해보라.

특정 질병에 대해 많이 공부하면 나에게 각인 효과는 더 강해진다. 그래서 언젠가는 바로 그 병, 또는 비슷한 병으로 고통받게 만든다.

기억하라. 당신이 질병에 걸리는 이유는, 당신의 예상과 달리 육체적 원인보다 나(마음)에게 각인된 영향이 훨씬 크다.

당신이 뇌의 영민함이나 학문적 자질을 활용하기 전에 그것이 당신의 마음과 인생에 어떤 영향을 주는지 이해하라. 동시에 지성을 활성화시키지 않는 한 인생의 행복지수는 올라가지 않는다는 사실을 명심하라. 뇌가 쓸데없는 지식을 모으는 일을 중단할 때 지성은 활성화될 것이다.

지성과 영민함의 차이점에 관한 논의에서 꼭 알아두어야 할 사실이 있다. 당신이 가진 영민함을 최대한 활용하기 위해서라도 지성이 활성화되어야 한다는 사실이다. 뇌의 최고 기능은 기억과 분석이고, 그것을 최대한 활용하는 것이 인생에서 가장 큰 관심사라는 점은 나 역시 동의한다. 하지만 여기에도 반드시 지성의 힘이 필요하다. 이러한 정보들이 언제, 어느 정도로 활용돼야 하는가는 전적으로 지성이 가진 테크닉이고 바로 내 수준에서 이루어진다. 한편 당신의 뇌에 축적된 정보들이 언젠가는 당신의 삶을 망치게 되는데, 그 이유는 당신으로 하여금 소중한 시간과 에너지를 빼앗아가는 정보들을 지나치게 중시하게 만들기 때문이다.

중요한 것은 뇌가 축적한 정보의 양이 아니다. 그것들이 지성으로 수용되지 않는 한, 뇌의 노력은 중요한 결과로 이어질 수 없다. 이는 뇌에 의해 축적된 정보는 다만 생각만 불러일으킬 뿐이고, 생각은 실제의 삶에 영향을 적게 미치

인생에서 불필요한 것들을 모두
뿌리뽑는 일이 필수적이고 불가피한 것을
판단하는 일보다 더 중요하다.

기 때문이다.

뇌는 본질적으로 고상한 사고와 원칙에 끌리는 경향이 있다. 하지만 이상주의란 없는 법. 실제의 삶에서 고상한 사고와 원칙은 소용없다. 어떤 생각이 아무리 유용하다 해도, 문제는 그 생각을 가지고 무엇을 할 것인가에 있다. 생각이 얼마나 사람을 통제할 수 있을까? 간단히 말하면 뇌의 영향력 범위는 지엽적이고 미미하다. 반면에 나의 영향력은 깊고 절대적이다. 뇌가 내린 결정은 수천 수만 번 무위로 돌아갈 수 있지만 나의 결정은 그렇지 않다. 뇌가 내린 결정은 나, 바로 마음이 받아들일 때에만 비로소 효과적인 결과를 만들어낸다. 이것이 바로 의사 결정과 관련되어 나의 지성이 뇌의 영민함을 뛰어넘는 이유이다.

당신이 아무리 최고의 교육을 받는다 해도 이 점을 잘 이해하지 못하면 성공할 수 없다. 당신은 화내는 것이 나쁘다고 배웠다. 화를 내면 손해보고, 그 결과를 감내해야 한다고 알고 있다. 그래서 앞으로 화를 내지 않기로 했다고 하자. 그것은 뇌에 의해 주입된 생각일 뿐이다. 사람들은 여러 번에 걸쳐 자신에게 반복적으로 분명하게 각인시킨다. 그럼에도 불구하고 정작 화가 났을 때 얼마나 통제할 수 있는가? 마음을 통제할 수 있다는 당신의 생각이 과연 어떤 역할을 할 수 있을까?

질투, 편애, 콤플렉스 같은 부정적 성향들은 나쁘다고 알고 있다. 대부분의 사람들은 그것을 없애려고 노력하고, 없앨 수 있다고 믿는다. 그래서 열심히 절이나 교회를 찾는다. 그러나 이런 행동은 그저 생각의 연장일 뿐이다. 말해보라, 얼마나 많은 사람들이 기도나 종교 의식에 힘입어 자신들의 분노를 없앨 수 있었는지 말이다. 당신의 경험을 돌아보라. 뇌가 쌓아 둔 정보와 호기심으로 가득 찬 고상한 생각과 그럴 듯하게 꾸민 이상이나 원칙이나 태도들이 나의 영역에서 일어나는 변화에 어떤 효용이 있었던가?

부처가 어떻게 걸었으며 어떻게 앉고 일어섰는지, 무엇을 입었으며 어떻게 행동했는지, 수많은 사람들이 부처를 모방하여 실제보다 훨씬 더 그럴듯하게 행동할 수는 있다. 문제는 얼마나 많은 사람들이 실제로 부처가 될 수 있는가이다. 불행히도 단 한 사람도 그런 사람은 없다! 그러니 부디 이해하라. 좋은 가르침을 읽고 이해하고 깊이 생각하고 믿음을 가진다는 일이 실은 대단한 일이 아니다. 이것들은 뇌의 작용이다. 뇌는 수세기 동안 이런 짓거리들로 사람들을 줄에 매달아 꼭두각시처럼 조종해왔다. 반면에 지성은 사람들에게 기회를 주고 변화를 가져왔다. 변화를 수반하지 않는 고상한 생각들이 무슨 가치가 있겠는가? 이런 생각들은 좋은 방법이 아니다.

변화가 필요하다는 사실은 누구나 알고 있다. 지금 그대로의 삶을 고수하는 게 어떤 도움도 되지 않는다면, 반드시 변화를 이끌어내야 한다. 문제는 사람들이 뇌의 도움, 즉 사고와 이상을 통해 이런 변화를 끌어내려 한다는 데 있다. 나는 생각이 당신을 어느 정도로 지배하는지 설명했다. 바로 이 점이 문제다. 뇌는 내면의 변화를 이끌어는 데 비효율적임이 이미 입증되었다. 뇌는 당신을 불안과 초조감에 빠지게 하여, 피상적으로만 변화를 수용하게 만든다. 이렇게 피상적 변화를 수용하는 순간, 당신의 내면에는 조그마한 변화의 여지조차 남지 않는다. 그러므로 내가 강조하는 말은 변화는 나, 즉 당신의 마음에 숨어 있는 지성에 의해 추동되어야 한다는 점이다.

＊ ＊ ＊

같은 이야기를 여러 번 반복했으니 이제는 이해했으리라 믿는다.

변화는 절대적으로 내면으로부터 끌어내야 한다. 반드시 나의 깊은 곳에서 시작되어야 한다.

그랬을 때만이 그 변화가 효과적인 결과로 이어진다. 이제 나의 깊은 곳으로 그러한 명령을 보내고 당신에게 필요한 변화를 이끌어낼 수 있는지 방법을 논의해보자. 그러한 변화의 메시지를 어떻게 당신의 지성에 전달하고 의사소통할 수 있는지 보자.

한 가지 짚고 넘어갈 게 있다. 각자는 자신만의 방식이 있으며, 무언가 특별한 것을 경험하기 전에는 변화의 가능성이 없다는 사실이다. 오로지 경험만으로 어떤 변화가 만들어지는 것은 아니다. 경험을 통한 변화는 지성의 작용이기 때문이다. 뇌의 수준, 즉 오로지 지엽적 말초적 수준에서 겪는 경험은 어떤 변화도 만들어내지 못한다.

더구나 지성은 뇌가 간섭하지 않을 때만 경험을 받아들일 수 있다. 뇌가 강하게 활동하는 한, 뇌의 개입은 지속된다. 그러니 영민하면서 동시에 지성적일 수 없다는 사실을 반복하여 강조한다. 이 점은 매우 중요하므로 분명히 이해하고 넘어가야 한다. 이해를 돕기 위해 영민함과 지성 간의 중요한 차이를 설명하겠다. 이를 통해 당신이 지금까지 영민한 사람으로 살았을지라도 지성을 향해 나아갈 수 있다. 지성적인 사람이 되지 않으면 행복과 평화와 성공은 영원히 당신을 비껴갈 것이다.

| 영민함 | 지성 |
|---|---|
| 1) 영민한 사람은 타인들에게 깊은 인상을 심어주기 위해 새로운 것을 배우고 파악하는 일을 멈추지 않는다. | 1) 지성적 인간은 특정 시점에 가장 필수적인 것만을 알고자 하는 경향이 있다. |
| 2) 영민한 사람은 사소한 일뿐 아니라 모든 정보를 얻는 데 늘 관심을 둔다. | 2) 지성적 인간은 문제의 요지에만 관심을 둔다. |
| 3) 영민한 사람은 다양한 방식으로 같은 실수를 반복한다. | 3) 지성적 인간은 한두 번의 경험으로도 자신의 실수를 충분히 인식한다. |
| 4) 영민한 사람은 모든 것을 다 필수적이라고 가정한다. | 4) 지성적 인간에게는 당장의 목적에 부합하지 않는 것은 무엇이라도 가치가 없다. |
| 5) 영민한 사람은 인생을 끊임없는 투쟁과 고된 노동의 끝 없는 여정으로 인식한다. | 5) 지성적 인간은 큰 기회를 포착하여 활용하려 한다. |

이제까지 설명한 사실들을 요약하면, 지성이 당신의 인생에 기여하는 점은 두 가지이다. 첫 번째는 필요한 것과 불필요한 것의 차이를 인식하는 것이다. 이런 맥락에서 당신은 '필요'라는 개념을 정확히 이해하고, 삶에서의 성취를 위한 두 가지 필수 요소, 즉 '시간'과 '에너지'를 마음에 스며들게 해야 한다. 인생의 모든 일에는 대가가 따른다. 그러므로 지성적인 사람에게 있어 '필요'한 일이란 오로지 시간과 에너지를 투입할 가치와 중요성이 있는 일이다.

두 번째 중요한 속성은 자기 혁신 능력이다. 이와 관련해 분명히 해둘 것은 사람들이 처한 현재의 상황은 인생에서 주목할 성취를 이룰 수 있다는 확신과는 무관하게 흘러간다는 사실이다. 성공을 맛보기 위해서는 자신을 특정한 변화로 이끄는 것 외에는 선택의 여지가 없다. 분명히 말하건대, 경험이 없다면 변화도 불가능하다. 경험의 기술은 지성을 판단하는 기준이고, 경험의 깊이가 지성의 수준을 높여준다.

경험의 기술에 근거해 사람들을 네 가지 범주로 나눌 수 있다. 부처는 이를 종종 네 가지 유형의 말(馬)에 비유하여 설명했다. 첫 번째이자 최고 유형의 말은 채찍의 그림자만 봐도 달리는 말이다. 두 번째 유형은 그림자로는 충분치 않아 채찍을 직접 봐야 달리는 경우이다. 세 번째 유형은 보는 것으로도 충분치 않아 채찍을 한 번 맞아야 달린다. 네 번째 마지막 유형의 말은 아무리 채찍질을 해도 꼼짝도 않는 말이다. 대부분의 사람들이 이 네 번째 범주에 있다는 사실에 너무 놀라지 말라!

수도 없이 생각하고 결정하지만 사람들은 자신의 생각을 행동으로 옮기지 못한다. 결국 마지막 순간에 늘 실패한다. 경험으로부터 배우지도 못하고 같은 방식의 실수를 반복하는 것이 그들의 습성이다. 이렇게 만드는 단 하나의 요인은 바로 고상한 사고와 이상을 피상적으로 물고 늘어지는 습관이다. 그런 사고와 이상은 자신을 대단한 사람이라는 착각에 빠지게 한다. 그러니 어떻게 변화의 필요를 느낄 수 있겠는가?

질투, 자만, 분노, 편견 등에 사로잡히고, 불안과 거짓이 당신의 마음을 복잡하게 만드는데, 어떻게 당신이 종교적일 수 있는가? 생각이란 얼마나 대단한 것인가. 대부분의 사람들이 이런 부정적인 감정에 시달리면서도 여전히 자신들은 신앙심이 있다고 우쭐대며 살아간다. 그런 일이 어떻게 가능할까? 교활한 뇌가 사고와 이상에 빠져 신, 의례, 관습의 개념을 만들어냈기 때문이다.

이제 깊은 신앙심을 위해 더 이상 자만심이나 질투를 억제할 필요가 없게 되었다. 오직 아침 저녁으로 교회, 절, 사원을 찾는 일이 필요할 뿐. 신앙에 따라 부정한 생각을 떨쳐낼 필요도 없이 오로지 일주일에 한 번 종교 의식을 수행하면 된다. 뇌가 고안해낸 이런 샛길은 생각을 통해 이루어졌다. 이 샛길은 한두 영역이 아니라 인생의 모든 영역에 걸쳐 있다! 삶의 현장에서 뇌가 만든 이러한 해결책들은 온통 비효율적이고 헛된 것으로 판명되었음을 잊지 말라.

나의 수준에서는 이러한 위선과 거짓이 통하지 않는다. 당신의 인생을 조종하는 실질적 고삐는 내 손에 달려 있음을 기억하라. 아무리 기도하고 종교 의식에 충실한들, 여전히 질투와 자만심에 사로잡혀 있다면, 나의 수준에서 볼 때 당신은 분명 신앙인이 아니다. 당신이 진정으로 변모 되어야만 비로소 지성적인 사람인 것이다.

주위 환경으로부터 강요된 이러한 고상한 사고에 의존하지 않을 때에만 진정한 변화가 가능해진다. 아이들을 신중히 관찰해보라. 아이들은 그런 고상한 생각으로 자신을 감추지 않으므로 쉽사리 변화할 수 있다. 어른들은 지겹도록 생각하지만 눈꼽만큼도 변화하지 않는다.

성공은 전적으로 경험에 근거하여 스스로를 지속적으로 변화시키려는 능력과 유연성, 그리고 속도에 달려 있다.

당신이 누구이고 어떤 위치에 있건 간에 불필요한 정보로 가득찬 뇌에 의존하면 어떤 성취도 이룰 수 없다. 먼저 당신의 실존에 그늘을 드리운 불필요한 구름들을 거둬내야 한다. 그것들을 거둬내는 일은 오직 경험을 통해서만 가능하다. 불필요하다는 사실을 경험하는 순간 그 구름은 사라진다. 이러한 변화의 과정을 시작하지 않는다면, 당신의 시간과 에너지를 효율적인 일에 쏟아붓는 일은 불가능하다.

성공을 향한 결정적인 첫걸음을 내딛으려면 뇌가 이끄는 함정에서 빠져나와야 한다. 당신의 지식과 배움에 무엇이 필요한지 따위는 생각하지 말라. 먼저 당신이 인생에서 소중히 여겨왔던, 그래서 반드시 필요할 것이라고 추측했던 수천 가지의 '불필요한 것들'의 목록을 만들라. 그리고 생각하라. 그것들을 어떻게 없애나갈 것인지.

불필요한 것들로부터 벗어나기 위해 자신의 내면에 충실해야 한다. 스스로의 인생을 탄탄하게 살아야 한다. 바로 이 탄탄함이 '제3의 눈'을 만들어 인생에 장막을 드리우는 불필요한 것들을 구분해낼 수 있다. 경험에 기초해 필요한 것과 불필요한 것들을 분명히 알아볼 수 있지만, 일단 이 '제3의 눈'이 뜨이면 한두 번의 경험으로도 충분히 가능하다.

이 말은 당신 자신을 먼저 그 과정에 들여놓아야 한다는 뜻이다. 더 이상 불필요한 것들을 추구하는 행위를 중단하고 스스로의 탄탄함을 완성시켜 제3의 눈을 깨워야 한다. 일단 제3의 눈이 뜨이면 그것을 완전히 자유롭게 해주어야 한다. 그랬을 때 비로소 제3의 눈은 경험에 기초하여 인생에서 불필요한 요소들을 찾아내어 제거한다.

이런 과정들을 거치면 인생에서 불필요한 요소들은 모두 없어지고 오로지 필요한 것들만 남는다. 당신의 인생에 효율과 결단성이 넘치게 된다. 이런 상태에 도달하지 못한 과거의 행태로는 어떤 성취도 이루어낼 수 없다.

제3의 눈의 중요성뿐 아니라 그 역할을 이해할 수 있도록 몇몇 위대한 사람들을 예로 들어 그 전 과정을 설명해보자.

인도는 위대한 성인들이 나온 나라이다. 그들 중 한 명이 다

야난드 사라스와티(Swami Dayananda Saraswati, 1930~2015)
이다. 우상에 대한 믿음을 가졌던 다야난드의 아버지는 어느 날 어린 다야난드를 데리고 사원에 갔다. 사원에서는 사람들이 전통과 의식을 지키느라 신에게 과자와 우유를 바치고 있었다. 다야난드는 신에게 바친 과자를 쥐들이 먹는 광경을 보았다. 놀란 다야난드가 아버지에게 순진하게 물었다.

"저 과자들은 누구에게 바치는 거에요?"

아버지가 대답했다.

"신에게 바치는 거란다."

아버지의 대답을 들은 다나야나가 다시 물었다.

"그러면 쥐들이 신의 권리를 훔치는 거네요. 신께서는 분명 화가 나 저 쥐들을 죽일 거예요, 그렇죠?"

아버지가 말했다.

"아니, 그런 일은 일어나지 않는단다."

다야난다가 말했다.

"왜요? 신에게 그렇게 할 힘이 없나요?"

아버지는 할 말이 없어졌다. 이 한 번의 경험으로 다야난다는 바로, 신으로 숭배하는 이 우상은 그저 돌멩이일 뿐이라는 사실을 깨달았다. 그날 이후 그는 우상을 숭배하지 않았고, 평생을 우상 숭배에 반대하는 설교로 보냈다. 게다가 그가 설립한 아리야 사마즈(Arya Samaj)라는 단체는 오늘날까지 인도 전역에서 활발하게 활동하고 있다.

그렇게 다야난다의 제3의 눈은 단박에 우상 숭배의 헛됨을 알아차렸다. 제3의 눈은 일단 무언가를 '불필요한' 것으로 인식하면 번복하지 않는다. 당신의 뇌로부터 그 불필요한 요소를 뿌리째 뽑아 영원히 제거한다.

이 지점에서 가장 중요한 질문을 해보자. 스스로를 지성적이라 여기는 사람이 있다면 답해보라.

"불필요한 일을 가려내는 데 얼마나 많은 시간과 경험이 필요할까?"

10년, 20년, 아니면 여러 번 거듭나야 가능할까? 원하는 만큼의 시간을 투자하는 거야 당신의 자유다. 그건 문제가 되지 않는다. 하지만 적어도 스스로를 지성적이라 여기지는 말라!

애플의 창립자이자 성공한 사업가인 스티브 잡스의 에피소드를 또 하나의 사례로 들어보자. 학창 시절에 그는 두 명의 아프리카 어린이를 커버 스토리로 다룬 《라이프》 잡지를 보게 되었다. 기사에서 다룬 아이들은 굉장한 어려움에 처해 있었다. 스티브는 그들의 곤경에 경악했다. 호기심 많은 그는 잡지를 들고 교회로 뛰어가 성직자에게 단호하게 물었다.

"내가 만약 손가락 하나를 치켜 세운다면, 내가 손가락을 세우기 전에 하나님은 어느 손가락인지 아시나요?"

성직자가 답했다.

"그럼, 하나님은 모든 것을 아시지요."

스티브는 이제는 잡지를 꺼내들고 커버 페이지를 목사에게 보이며 물었다.

"아, 그러면 하나님은 이것도 아시나요? 이 아이들에게 무슨 일이 일어날지도요?" 목사가 대답했다.

"스티브, 이해하기 어렵겠지만 그래요. 하나님은 그것도 아십니다."

목사의 대답을 듣고난 스티브는 극도로 화가 나서 그날 이후 교회에 나가지 않았다.

그렇다. 한 번의 경험을 통해 결정을 내리면 그 일은 그렇게 끝나는 것이다.

위대한 에디슨의 사례를 들어보자. 학교에 입학한 지 2년 만에 선생님들이 '멍청한' 아이라고 모욕해대는 바람에 에디슨과 어머니는 정규 학교 과정을 영원히 접기로 결정했다. 이 말은 몇 가지 안 좋은 일들을 경험한 끝에 에디슨과 위대한 어머니 낸시는 학교를 다니는 게 반드시 필요한 일이 아니라는 사실을 판단했다는 얘기다. 그날 이후 에디슨은 단 하루도 정규 교육을 받은 적이 없다. 그리고 그 결론은 세상이 다 안다. 그는 당대에 가장 많은 특허를 받은 위대한 발명가가 되었다.

부처의 사례를 보자. 그는 아픈 사람 한 명, 가난한 사람 한 명, 죽은 사람 한 명만 보고 삶의 어두운 그림자를 깨달았다. 왕실 생활을 포기하고 금욕주의자가 되어 깨달음을 추구하는 여정에 들어갔고 그것에 성공했다.

인류 역사에 이런 예는 수없이 많다. 성공한 인물들은 제3의 눈으로 인생에서의 불필요한 요소들을 단박에 구분하여 걸러낸다. 불필요한 요소들이 모두 제거되어 필요한 것들만 남으면, 이것들이 결국 그들을 위대한 성공으로 이끈다.

요점을 추리면 인생의 성공은 '불필요한 것'을 알아내고 제거하는 데 있다. '불필요한 것'이 제거되는 순간, 당신에게는 충분한 시간과 에너지가 비축된다. 이 시간과 에너지 저장고를 필요한 일에 효율적으로 활용할 때에만 인생에서 원하는 성공을 얻는다. 이렇게 할 수 있는 '존재의 기술'이 바로 지성이다.

당신의 인생을 망치는 모든 일들은 뇌의 천진난만함이 벌인 결과이다.

그러니 어떤 일에 빠져들기 전에, 먼저 그것이 꼭 필요한 일인지 살피라. 꼭 필요한 일이 아니라면 인생에서 영원히 지워버리고 당신의 소중한 시간을 저축하라. 당신의 뇌는 정보, 행동, 논의 등 챙길 만한 것은 다 찾아낸다. 모든 것들이 매력적으로 보이겠지만, 소중한 시간을 지키고 보존해 꼭 필요한 일에만 활용해야 한다. 기억하라. 이렇게 비축한 시간과 에너지를 궁극적으로 성공의 길에 사용하라.

생각해보라. 이런 불필요한 것들을 인생에서 제거해버리면 어떤 일이 일어날까? 당신은 충분한 시간과 풍부한 에너지를 가지게 된다! 당신이 원하는 대로 쓸 수 있는 시간과 에너지가 있는데, 한가로이 앉아 있을 수 있을까? 무엇을 하건 그 일은 필수적인 일이고, 실행은 효율적일 수밖에 없다. 불필요한 것들에서 해방되어 시간과 에너지를 확보했기 때문이다. 이제 확신한다. 당신이 불필요한 일에 다시는 시간과 에너지를 낭비하지 않을 거라고. 그러니 지성의 '제3의 눈'을 깨워 인생에서 불필요한 모든 것들을 몽땅 없애버려라. 당신은 꼭 필요한 일에 더욱 집중하게 되고 결국 더 높은 성공의 고지에 오르게 될 것이다.

# 창조성

'창조의 힘', 창조하는 능력은 자연의 궁극적 예술이고 우주에 꽉찬 에너지이다. 눈을 돌려보면 어디서든 자연의 창조물들을 볼 수 있다. 산과 강, 하늘과 달과 별들, 풀과 나무들, 흐르는 물과 내리는 비, 그리고 세찬 바람들…. 이 모든 것들은 자연의 창조물이다. 자, 우리 모두는 자연이 지닌 창조의 힘을 안다. 그러나 이 힘이 얼마나 무한한지에 대해서는 무관심했을 수 있다. 창조성은 시작도 끝도 없는 유일무이한 힘이다.

우리가 사는 세상에는 해가 있고 달이 있고 헤아릴 수 없는 별이 있으며 끝도 없이 펼쳐진 우주가 있다. 이뿐일까? 가만히 자기 자신을 들여다보라. 겨우 30cm 남짓한 길이, 15cm 남짓한 폭의 얼굴에 얼마나 많은 창조성이 들어 있는가. 이렇게 작은 얼굴에 그렇게 많은 창조성이 있다니! 하나의 얼굴뿐이겠는가. 수십억에 달하는 얼굴들이 수백만 년에 걸쳐 만들어져 왔다. 극소수의 예외가 있을 순 있지만 똑같은 얼굴을 본 적이 있는가? 이런 사실만으로도 자연의 창조력에 대한 호기심이 불처럼 일어나지 않는가?

당신은 이렇게 말할지 모른다.

"아, 내 호기심은 지금 막 생겨났어요! 또한 무한한 자연의 창조 능력을 이해했어요. 그런다고 내가 무엇을 할 수 있겠어요?"

나, 마음이 자연의 창조력이라는 주제를 언급한 이유는 바로 당신의 이 질문에 대한 확실한 답을 주고자 하는 데 있다.

답은 인간은 각자 자연이 가진 것과 똑같은 창조력을 가지고 태어났다는 사실이다.

인류사에 새겨진 전설적 인물들은 모두 한 가지 공통적 자질을 보이는데, 바로 자신들의 창조력을 효율적으로 활용했다는 사실이다. 당신 또한 성공의 정점에 올라, 그들처럼 역사에 발자취를 남기고 싶다면 창조력을 활용해야만 한다.

　몇 가지 예를 들어 이해해보자. 어떤 분야가 되었든 성공은 오직 창조적인 사람들에 의해 이루어진다. 과학의 분야에서 에디슨, 아인슈타인, 뉴턴이나 갈릴레오는 모두 위대했다. 무언가 새로운 것을 발명했거나 새로운 공식을 찾았다. 에디슨은 최초로 전구를 발명해 인류 역사에 자신의 위치를 확고히 했다. 그가 만든 전구는 인류 최초의 중요한 발명품이었다. 회화 분야에는 피카소와 반 고흐가 있다. 그들은 혁신적인 방식의 화풍으로 불멸의 역사적 존재가 되었다. 보통 사람들이 이러한 거장들을 모방하려 아무리 노력해도 그들과 같이 될 수 없다.

　마찬가지로 셰익스피어의 희곡이나 마크 트웨인의 작품이 의의를 갖는 것 역시 그들의 창의성 때문이다. 찰리 채플린이나 마이클 잭슨도 마찬가지다. 중요한 건 그들의 창조적 스타일이었다. 그들을 모방한다고 누구나 그러한 성취를 누릴 수는 없다.

역사에 남을 창조적인 무언가를 이루지 못하고
세상을 떠난다면 인생을 허비하는 것이다.

종교의 영역에서도 우리가 기억하는 사람들은 새로운 사상이나 철학을 불어 넣은 사람들이다. 그들은 인류에게 새로운 길을 열어주었다. 예수는 유대인 가정에서 태어났지만 유대교 전통을 부정하고 새로운 사상을 일깨워 기독교라는 종교를 전 세계에 퍼뜨렸다. 부처도 힌두교 왕가에 태어났지만 힌두교 전통을 거부하고 새로운 길을 개척하여 수많은 사람들을 불교에 귀의하게 만들어 그가 제시한 길을 따르게 하고 있다.

누구에게나 터뜨리고 분출하고 드러내고 싶은 창의성의 원천이 있다. 어떤 분야이건 내면에서 창조성이 흘러나오지 않으면 결코 성공할 수 없다. 비즈니스 영역에서 빌 게이츠와 스티브 잡스는 자신들이 세상에 내놓은 혁신으로 성공했다. 정치에서도 새로운 슬로건이나 연설, 사상을 내놓지 못하는 지도자는 살아남을 수 없다.

세상에 똑같은 얼굴이 없고 성품이 같은 사람도 없다는 것을 마음에 새기라. 일란성 쌍둥이 같이 얼굴이 닮은 예외가 있을 수는 있으나, 인간의 본성에 대해서는 예외가 있을 수 없다. 사람들은 모두 각기 고유한 자연의 창조물이다. 이것이 바로 각 개인들의 창의성이 다른 이유이다. 모차르트나 베토벤에게서 흘러나온 조화로운 선율은 다른 누구로부터도 나올 수 없다. 누군가 음을 표절하거나 각색하여 흥

창조의 값은 측정할 수 없다.
그 무엇도 이보다 위대한 것은 없으므로.

내낼 수는 있지만, 결코 모차르트나 베토벤이 될 수는 없다. 시나 무용, 소설이나 사상 역시 일단 누군가로부터 흘러나오면 다른 사람에게서 결코 똑같은 것이 나올 수 없다. 자연의 창조성은 거대하지만 인간의 창의성 역시 이에 못지 않다.

이제 당신은 자신에게서 창의성이 흘러나오지 않으면 위대한 성공을 거둘 수 없음을 알았을 것이다. 그렇다면 어떻게 해야 창의적일 수 있을까? 먼저, 창의성을 향해 나아가는 길에서 마주치는 가장 큰 장애물이 무엇인지 알아야 한다.

바로 모방하는 습관이다. 싯달타 한 사람이 부처가 되고 나니 수천의 승려들이 부처처럼 옷을 입고 부처의 말을 반복한다. 그런데 이게 무슨 도움이 될까? 그런다고 부처의 지혜를 얻을 수 있을까? 그들은 자신의 전 생애를 허비한 끝에 결국 '부두스(buddhus, 힌두말로 바보, 어리석은 자란 뜻)'로 죽는다. 그들 뿐이랴. 예수, 크리슈나, 무함마드 등 위대한 성인들을 추종하는 무리들 모두 마찬가지다.

창의적이고자 한다면 누군가를 맹목적으로 믿지 말고 그무엇을 모방해서도 안 된다. 부처와 예수는 역사의 한 페이지이다. 그들의 생애와 가르침으로부터 영감을 이끌어낼 수는 있지만 결코 부처나 예수가 될 수는 없다. 그것을 인생 목표로 삼지 말라. 인생의 목표가 누군가의 복제품이 되는 것은 아니지 않은가? 그들은 과거이다. 이제 당신만의 새로운 길을 개척해야 한다. 그 길은 무언가 달라야 하지 않을까? 부처가 마지막으로 남긴 말을 기억하라. 제자 아난다가 어느 길을 밟아가야 하는지 묻자 부처가 답했다.

"아파 디포 브하바(Appa Deepo Bhava, 자신을 비추는 등불이 되라)."

부처가 무슨 수로 특정인의 삶의 길과 목적을 밝혀줄 수 있을까? 그는 각자 자신의 길을 찾도록 촉구했을 뿐, 자신의 길을 찾아 그 길을 밟아 나아가야 하는 사람은 궁극적으로 바로 당신이다. 삶의 목적을 성취해야 할 사람도 바로 당신이다.

마찬가지로 타고르의 시나 셰익스피어의 희곡이나 소크라테스의 철학에서 영감을 얻을 수는 있지만, 그들과 똑같을 수 없고, 당신의 깊은 곳에서 그들과 똑같은 창의성이 흘러나올 수도 없다. 내면에서 흘러나온 창의성은 반드시 새롭고 독특하고 전례 없는 당신만의 창조물을 만들어낼 것이다. 창의성의 수준을 높이고 싶다면 무언가 창의적인 일을 해야 한다.

학교 우등생이 종종 인생 경주에서 낙오자로 판명되는 이유는, 학교의 교과를 익히는 과정이 완고해 창의적 역량이 사라지기 때문이다. 마찬가지로 승려들과 목사들은 불경과 꾸란, 성경과 다른 경전들을 그렇게 완고하게 암기한다. 그렇게 해서는 진정한 종교적 깨달음에 다가설 수 없다.

반면에 성공을 원하는 사람은 기상천외한 것을 생각하거나 무언가 창의적인 것을 위해 노력을 경주한다. 생각해보라. 당신이 아리스토텔레스의 저술을 한자 한자 암기한다고 아리스토텔레스가 되겠는가? 기껏해야 좋은 성적을 받는 데

 자연을 보라. 인간이 아닌 그 무엇도
창의성의 힘을 가지고 태어나지 않았다.

그칠 것이다. 그런게 삶에 무슨 의미인가? 창의성에 불을 붙이고 싶다면 우선 다른 이들의 사상이나 가르침을 암기하거나 모방하는 행위를 멈추라. 대신, 같은 분량의 시간과 에너지를 당신의 창의성이 받쳐주는 영역에서 새로운 것을 생각하거나 새로운 일을 하는 데 활용하라.

진정으로 창의적이고 싶은가? 그렇다면 이 한 가지를 마음에 품어라.

"모든 사람에게서 영감을 얻으라. 그러나 그 누구로부터도 영향을 받지 말라."

영감을 이끌어내면 당신은 발전한다. 반면에 사람이나 생각이나 사물에 의해 영향을 받으면 당신은 항상 같은 자리에 머물게 될 것이다.

갈릴레오를 예를 들어보자. 성경에서는 태양이 지구 둘레를 돈다고 한다. 대부분의 크리스천들은 누구도 성경 말씀에 의문을 갖거나 불신하지 않았다. 그러나 갈릴레오는 관습적 사고가 영향을 끼치도록 자신의 마음을 놓아두지 않았다. 그는 지구가 태양의 주위를 도는 것이지, 그 반대는 아니라는 사실에 마음과 지성을 집중했고 결국 그 사실을

검증하지 않고 맹목적으로 믿는 것은
창의성의 최고의 적이다.

증명했다. 당시 법정과 종교 지도자들은 그의 결론을 인정하지 않고 심하게 질책했다. 결국 그는 자신의 주장을 번복하라는 강요와 협박을 받았다. 그렇다고 지구가 태양의 주위를 돈다는 사실이 바뀔 수는 없었다. 그의 발견은 이제 과학적 사실로 확고해졌고 성경은 더 이상 이 사실을 왜곡할 수 없다. 갈릴레오는 불멸의 과학자로 역사의 한 페이지를 장식했다.

위대한 인물이나 사상에서 영감을 이끌어내 삶의 진보로 향하는 일은 충분히 이해할 수 있고 긍정적이다. 하지만 거기에 머물러서는 안된다.

그들의 영향을 벗어나 당신 자신의 생각이나 스타일을 구축하라. 세상이 당신에게 영향을 받아야 한다.

다른 사람으로부터의 영향으로 인해 당신의 사고 과정이 중단되어서는 안 된다.

과학적 사고의 노력이 수그러들었다면, 그리고 모든 사람들이 종교나 사상을 무조건적으로 추종해 창의성의 세계로 나아가지 못했다면, 자동차나 비행기나 전구는 발명되지 않았을 것이다. 이것이 바로 내가 말하고자 하는 사실이다. 창의적 인간이 되려면 당신의 생각을 제약하지 말라. 상상할 수 있는 것은 만들 수도 있다는 믿음을 가지라. 우리가 눈으로 볼 수 있는 경계 너머의 세상은 변함없이 존재한다.

반짝이는 별들, 위대한 성인들로부터 영감을 받아야 한다. 동시에 그것들을 뛰어넘어야 한다.

앞에서 말한 내용을 이해했다면, 마지막으로 가장 중요한 점은 고도의 창의적 일을 하지 않으면 놀랄 만한 성공은 이루기 어렵다는 것이다. 요점은 창의성을 풍부하게 발휘할 수 있는 영역을 어떻게 찾아내 창의성의 핵심을 깨울 수 있는가 하는 데 있다.

기억하라. 사람들 각자에게는 잠재된 창의성의 유형이 존재하며 그것들은 분명 드러나게 되어 있다. 향기 없는 꽃이 없듯 잠재된 창의성이 전혀 없는 사람도 없다. 수많은 꽃들이 제각각의 향기를 뿜내듯 사람들의 창의성 또한 무수히 다양하다. 세상에는 과학, 예술, 종교, 음악, 스포츠, 문학, 회화, 경영과 비즈니스 등 수많은 분야가 있고, 사람들은 각각의 분야에서 창의성을 드러낸다. 분야별로 또한 수많은 영역들이 자리하고 있다. 잠재력을 드러낼 수 있는 다양한 스포츠 종목이 있듯, 과학 분야에도 창의성의 날개를 펼칠 수 있는 세분화된 분야가 있다.

그러면 자신의 잠재된 창의력 분야를 어떻게 판별해야 할까?

답은 흥미를 가진 분야, 열심히 해도 결코 지치지 않는 분야를 찾는 것이다. 항상 즐길 수 있다면, 또는 언제든 하고 싶은 욕구가 있는 분야라면 그게 바로 당신의 분야이다. 변함없이 열정을 촉발시키는 영역이 창의성의 장이다. 생각해보라. 어려서부터 관심 있는 분야를 찾아 열심히 한다면 어느날 최고가 된 자신을 발견하지 않겠는가?

하지만 이런 일이 생각만큼 쉬운 건 아니다. 사람들은 두 가지 방면에서 장애에 부딪쳐 관심 분야에 대한 추구를 번번이 포기한다. 때로는 가깝고 소중한 사람들이 장애물이 된다. 어떤 아이가 스포츠 분야에 잠재 능력이 뛰어나 밤낮 운동에 몰두한다. 그러면 여지없이 부모가 방해한다. 아이에게 공부하라고, 먼저 학교를 졸업하고 나서 운동을 하라고 충고한다. 그러고 나면 어떻게 될 것인가? 스물대여섯쯤 되어서야 운동을 시작할 수 있을 텐데. 그때가 되어 할 수 있는 일은 경기를 보고 즐기는 일 뿐이다. 그래서 부모는 조심스럽게 접근해야 한다. 이런저런 장애물을 놓는 대신 아이를 고무하고 격려해줘야 한다.

대학 졸업자들은 세상에 넘쳐나지만, 그들이 성취한 일은 과연 무엇인가? 여덟 살과 스물다섯 살의 차이를 절감해야 한다. 최고로 에너지가 넘치는 시기가 언제인지 알아야 한다. 아이가 특정 영역에서 무언가를 이루고 싶어하고, 배움의 시기에 그 일에 전념하고 자신을 바치려고 하는데, 그 아이에게 다른 무엇을 요구할 수 있단 말인가?

상상해보라. 어떤 아이가 어린 나이에 음악을 좋아해 다양한 악기들을 잘 다루는데, 아이를 음악에서 나꿔채 공부하라고 강요할 수 있겠는가? 그러한 강요는 꽃에서 향기를 빼앗는 일이다. 향기를 빼앗긴 아이가 어른이 되면 어떻게 될까? 오로지 만들어진 가면(persona)을 쓰고 예쁘게 포장된 인형이 되어 꼭두각시처럼 남이 조종하는 줄에 맞춰 이리저리 휘둘릴 것이다. 모차르트나 베토벤은 음악과 더불어 자랐다. 모차르트는 여섯 살 즈음에 첫 곡을 작곡했고, 베토벤은 열두 살에 첫 작품을 만들었다. 그들이 만들어낸 창작물을 보라! 두 사람의 이름은 음악의 대명사로 역사의 한 페이지에 새겨져 지워지지 않는다.

아이가 특정 분야의 위대한 아이콘이 되길 원한다면 당신 자신이 장애물이 되지 않도록 하라. 도움이 되는 환경을 만들어주고 아이의 내면에서 창의성이 흘러나오도록 키우라. 당신의 자녀는 그저 그런 인생을 살지 않을 거라는 믿음을 가지라. 자녀의 재능을 자연이 내린 축복으로 여기라. 아이가 위대한 무언가를 성취할 잠재력을 갖고 태어난 것을 기뻐하라.

창의성에 관한 한 당신이 '할 수' 있는 것은 없다.
창의성은 그저 흘러 나올 뿐.

아이가 문학에 흥미가 있어 어려서부터 뛰어나게 글을 잘 읽고 잘 쓴다면 또 한 명의 '셰익스피어'가 나오지 않겠는가? 제발 피어나는 꽃의 타고난 향기를 훼손해 조화로 만들지 말라.

더불어 말하건대, 아이들은 스스로의 예술적 기량을 탄탄하게 갈고 닦아야 한다. 주위의 압박과 실망을 견뎌내야 한다. 자신이 흥미 있어 하는 분야를 포기하지 않는 한, 어느 날 그 분야의 정상에 올라 있는 자신을 발견하게 될 것이다.

마지막으로 이해해야 할 가장 중요한 점은, 창의성은 자연이 모든 아이들에게 부여한 선물이지만, 이 창의성을 확장하기 위해서는 '확고한 결심'과 '대담한 용기'가 필요하다는 사실이다. 이 두 가지를 활성화하는 데 실패하기 때문에 수백만 명 중 한 명 정도가 드물게 창의성을 발휘해 성공에 이른다.

다시 에디슨의 예를 들어 보자. 그는 겨우 몇 년의 정규 교육 과정을 밟았을 뿐이다. 에디슨은 아주 호기심 많은 아이였고, 과학을 향한 그의 자질은 어린 시절부터 확실하게 드러났다. 에디슨과 어머니 낸시는 에디슨의 관심이 어디 있는지 금세 알아차렸다. 교사였던 에디슨의 엄마는 집에서 아이를 직접 가르치기 시작했고, 과학에 대한 책을 읽을 수 있도록 격려했다.

그러나 집안 사정이 넉넉지 못해 비싼 책을 사 보기가 힘들었다. 온갖 역경에도 불구하고 에디슨은 과학책 읽기를 중단한 적이 없었으며, 어머니 역시 그를 가르치는 데 게으르지 않았다. 열한 살이 되던 해, 에디슨은 과일과 사탕, 신문을 팔았다. 그가 이렇게 한 것은 과학 분야의 새 책을 사려는 이유였다. 사소한 일이라고 생각할 수도 있다. 하지만 그 어린 나이에 자신이 번 돈으로 지하실에 작은 실험실까지 차렸다는 사실을 상기해보라. 그러나 그 실험실은 에디슨이 친구 마이클에게 공중에 뜬다는 화학물질을 만들어 마시게 한 사건 때문에 강제로 폐쇄되었다.

그 아이가 자신의 결심을 빨리 포기해버렸다면, 어떻게 '에디슨'이 되었겠는가? 그는 열두 살에 돈을 벌기 위해 기차에서 신문을 팔기 시작했다. 매일 휴론항에서 디트로이트로 향하는 기차에 올라 통근하는 사람들에게 신문을 팔았다. 목적지에 도착하면 곧바로 디트로이트 도서관에 들러 과학책을 읽으며 하루를 보내다 휴론항으로 돌아가는 바로 그 기차를 타고 집으로 돌아왔다. 결심은 그 자체가 연료가 되었다. 오래지 않아 그는 가까스로 열차 안에 실험실을 차릴 수 있었다. 하지만 상황은 곧 엉망이 되어버렸다. 어느 날 그의 실험실에 불이 났고, 화가 머리끝까지 치밀어 오른 열차 차장은 그를 호되게 패주고는 실험실 장비들과 함께 밖으로 내팽개쳤다.

에디슨이 어디 쉽게 실패를 받아들일 사람인가? 절대 그렇지 않았다. 기회가 보일 때마다 그는 열정을 불태우며 변함없이 결단력 있는 발걸음을 내디뎠다. 이것이 우리가 그의 용기에 찬사를 보내야 하는 이유다. 그는 천 개가 넘는 발명 특허를 받았고, 전 세계 가장 위대한 과학자의 반열에 들어가는 행운을 누렸다. 생각해보라. 어쩌면 그는 성공하지 못할 수도 있었다. 집안이 극도로 가난하여 굶어죽을지 모른다는 가능성이 '다모클레스의 칼*처럼 그를 늘 위태롭게 했다. 그는 칼 아래에 살면서도 결코 자신의 열정을 포기하지 않았다. 위대한 성취는 결코 두 팔 벌려 당신을 기다리지 않는다. 그 때문에 당신도 에디슨처럼 자신의 인생을 위태롭게 만들 수 있는, 인생을 건 용기가 필요하다.

열정을 키우기 위해서는 대범한 용기가 필수적이다. 주위 사람들의 압력을 견뎌내야 하고 자신의 열정에 헌신해야

---

\* '왕의 권력은 한 올의 말총에 매달린 칼 아래 앉아 있는 것처럼 위험한 것'이라는 서양 속담으로, 절박한 위험을 상징한다. 기원전 4세기 고대 그리스 디오니시우스 왕은 신하 다모클레스(Damocles)가 왕의 권력과 부를 부러워하자 왕좌에 앉아볼 것을 제안하고는, 머리 위에 한 올의 말총에 칼을 매달아 둔다. 다모클레스는 매달린 칼이 자신의 머리를 겨냥한 것을 보게 되고, 언제 떨어질지 모르는 검 밑에서 두려워하는 권력자의 처지를 이해하게 된다.

"사람들은 한결같이 적어도 한 가지 분야의
재능을 가지고 있다. 위대한 성공을 이루는 유일한 길은
이 재능을 꾸준하게 갈고 닦는 것이다."

한다. 상상해보라. 당신의 관심이 스포츠에 있고 정말로 그
것을 하고 싶다면 학교 공부는 소홀할 수밖에 없다. 그러다
가 당신이 스포츠계의 샛별이 되지 못하면, 당신의 미래는
어떻게 될까? 이런 '다모클레스의 칼'은 항상 머리 위에 달려
있다.

  하지만 정말로 그 일을 하고 싶다면, 이런 염려 따위는

무시하라. 주위 사람들은 그 위험을 반복해 지적하며 당신에게 그런 모험을 하지 말라고 안달할 것이다. 바로 그 순간, 용기를 갖고 당신의 결정을 주저 없이 확고하게 밀고 나가라. 성공은 필연적으로 따라오게 되어 있다.

비즈니스는 용기를 필요로 하는 모험이다. 더 큰 위험을 감수하지 않고서는 어떠한 성공도 얻을 수 없다. '더 큰 위험'이 무엇인가? 위험이란 무언가 새로운 것을 시도하는 결정이다. 그 일을 시도해 원하는 결과를 얻지 못할 수도 있다. 하지만 위험을 감수하지 않고 사업을 확장할 수 있겠는가? 아니다. 위험을 담보하지 않는 한 사업에서의 번창은 기대할 수 없다.

인생에서 성공하고 싶으면 분명 창의적이어야 한다. 이 창의성을 연마하려면 위험을 감수해야 한다.

주의할 것은 자신의 재능과 잠재력에 대해 잘못 인식하면 안 된다는 사실이다. 성공은 당신의 타고난 권리이다. 반드시 성공해야만 한다는 의지가 마음에 깃들게 하라. 당신의 관심과 재능이 생생하게 살아 있게 하여 최고의 헌신과 비범한 용기로 개발하고 연마하라. 당신의 열정이나 관심을 알아차리고 능력을 판단하는 데 실수하지만 않는다면, 반드시 성공의 정점에 올라 있을 것이다.

비록 열정과 관심을 가진 분야에서 엄청난 성공을 거두지 못한다 해도, 당신은 그 안에서 평생 지속되는 평화와 만족을 반드시 경험할 것이다. 평화와 만족을 경험하는 것 또한 삶의 중요한 목적이 아닌가? 자신이 가진 창의적 영역이 아닌 다른 영역에서 뛰어난 성공을 이루었다면 어떨까? 쉬지도 못하고 늘 그 안에서 허덕이며, 인생 자체가 생지옥이 될 것이다. 99%의 사람들은 실제 이런 아수라 속에서 살고 있다. 그들은 자신의 열정을 따라 살아갈 확고함과 용기를 갖추지 못했기 때문이다. 가만히 둘러보라. 극소수의 사람들만 자신의 관심 분야에서 일하고 있다는 사실을 확인할 수 있을 것이다. 지금 하고 있는 일이 당신의 관심사도 아니고 진정으로 즐기는 일이 아닌데 어찌 살맛이 나겠는가? 이런 경우 당신의 인생은 기계적 삶이 되어 버린다! 그러니 당신 인생의 최고 관심 영역에서 창의성을 추구하라.

# 집중

집중(concentration)은 온전한 마술이다. 이 자질을 개발하면 무엇에도 방해받지 않고 최고의 기쁨과 행복에 도달한다. 집중이라는 말은 누구에게나 잘 알려져 있고 교육 현장에서도 널리 사용된다. 그러나 집중의 자질은 실제 수백만 명 중에 몇 명에게서만 발견된다. 집중의 결과는 바로 사람들 앞에 드러나는데, 이 자질을 지닌 극소수의 사람들만 행복과 성공에 도달한 모습을 볼 수 있다.

왜 소수의 사람만 성공할까? 그 원인은 실제와는 전혀 다른 집중의 정의 자체에 숨어 있다. 일반적으로 집중을 한 가지 특별한 일에 초점을 두는 것으로 정의한다. 학교나 집, 직장에서 대개의 사람들은 이렇게 말한다.

"노력해도 좋은 결과가 나지 않는 것은 네가 한 가지에 집중하지 못하기 때문이야. 인생에 초점을 맞춰 봐."

사람들은 원하는 결과를 얻기 위해 계속 집중하려고 노력한다. 그러나 아무것도 남지 않는다. 아무도 집중하지 못하고 또 그럴 능력이 없다. 누군가에게 특정한 일에 집중하라고 요구하는 것보다 바보 같은 일은 없다. 그 충고를 따라 집중하려고 노력하고 또 그것을 계속하려는 것은 그야말로 바보 같은 짓이다!

문제의 핵심은 사람들이 결코 나, 마음의 심오함에 대해 진지하게 생각하지 않는 데 있다. 심오한 마음에 도달하기 위해 넘어야 할 장애물들이다. 지혜로운 사람들이 이러한 사실을 설파해도, 사람들은 애써 무시한다. 세상 사람들은 교육에서 종교에 이르기까지 자신들의 기괴한 이데올로기에 빠져 세상 모든 것을 색안경을 쓰고 바라본다. 열린 눈으로 사실을 이해하려 하지 않고, 정확하게 분석하지도 않는다. 그들에게는 실패와 슬픔만 남는다.

사람들은 자신들의 관점대로 이해하여 수용한다. 결과가 탁월할 때 인생은 가치 있다. 하지만 당면한 일에 집중하지 않고서는 불가능하다. 문제는 어떻게 집중력을 높일 수 있는가 하는 것이다. 그런데 이 질문은 근본적으로 틀렸다. 이것은 집중에 대한 낡고 경박한 정의에 관한 것이기 때문이다. 왜 그런지 이해하면 당신은 집중의 마술을 온전히 익힐 수 있다.

집중은 모든 사람들이 지닌 내적 속성으로서 각자의 내면에 항상 존재하는 것이다.

그것은 생성되거나 증가하는 것이 아니며, 어디에나 적용될 수 있는 것도 아니다. 당신이 지금 수학 계산을 하는데, 문제를 푸는 일에 집중하라고 지시하는 일이 가능할까? 아니다. 모든 본성은 자동적으로 작동한다. 집중은 인간의 본성이므로 완전히 자동적으로 작동한다. 당신의 명령에 따르지 않고 당신이 지시하는 특정한 방향으로 적용되지도 않는다. 집중은 그저 존재하는 것이다. 당신의 필요에 따라 작동하는 게 아니며, 특별한 경향이나 선호를 갖지도 않는다.

집중에 대한 아주 오래된 조건화 때문에 당신은 앞서 말한 사실들을 이해하기 어렵다. 그래서 간단히 설명한다. 집중은 당신이 가진 자연스러운 속성이다. 집중은 명백하게 당신 안에, 항상, 온전히 존재한다. 인간은 육체적 한계에 매여 있기 때문에 한 번에 한 가지 일만 수행할 수 있다는 사실을 이해하라.

문제가 되는 것은 당신의 뇌와 나, 즉 마음은 그렇게 작동하지 않는다는 사실이다. 우리, 당신의 마음과 뇌는 수많은 일들을 온전히 이해할 수 있고 이미 그렇게 해왔다. 집중과 마찬가지로 우리 또한 당신 존재의 통합적 부분이다. 하지만 심각한 문제는 당신이 집중이라는 미명하에 뇌와 마음이 온전히 이해한 일들을 분리시킨다는 것이다. 그 결과 당신이 아무리 원한다 해도 특정한 일에 대한 집중은 불가능해진다. 집중은 당신이 원하는 바에 따라 작동하지 않고 오히려 자체의 원리대로 움직이기 때문이다. 그 원리는 당신이 강조해 왔던 수없이 많은 생각들로 분산된다. 근심과 소망, 친구와 적, 소중하거나 그렇지 않은 사람들 등등으로.

당신은 관심 있는 주제나 문제들에 집중할 수 있다. 하지만 확실하고 유의미한 결실을 내기에는 충분치 않다. 그래서 내가 설명하는 것을 반드시 이해해야 한다.

간단한 예를 들어보자. 대형마트의 세일 광고에 혹해 큰 쇼핑백을 들고 그곳에 간다고 하자. 딱히 필요한 것은 없지만 싸게 사거나 쓸 만한 게 있을까 하는 생각으로 말이다. 당신이 가져간 쇼핑백을 '집중'이라고 하자. 사실 당장 사야 할 물건이 있는 것은 아니었다. 오로지 당신의 탐욕이 마트로 이끈 것이다. 가보니 할인해준다는 물건들이 너무 많아 이것 저것 잔뜩 사 큰 쇼핑백을 가득 채워 집으로 돌아왔다. 집중이나 그 쇼핑백이나 모두 당신의 것이다. 차이점은 쇼핑백 안에는 당장 당신에게 꼭 필요하지 않은 잡동사니들이 가득 차 있다는 사실뿐.

집에 돌아오니 마트에서 막 구입한 사과 쥬스가 마시고 싶어졌다. 집중을 다루는 방식으로 쇼핑백을 다룬다고 하면, 당신은 쇼핑백에게 이렇게 지시할 것이다.

"너를 뒤집어줄 테니, 조심스럽게 사과 쥬스만 꺼내 봐."

이게 가능할까? 쇼핑백을 뒤집으면 보나마나 빽빽이 들어찬 별별 물건들이 다 밖으로 쏟아져 나올 것이다. 물론 쇼핑백에 사과 쥬스만 들어 있었다면 당신 뜻대로 되겠지만 말이다. 삶의 과정에서 당신은 이 쇼핑백을 다루는 방식으로 '집중'을 다룬다.

모든 아이들이 최고의 집중력을 가지고 태어난다. 그러나 불행히도 아이들은 자라면서 매력적인 온갖 것들에 유혹된다. 무엇을 좋아하는지 구분도 못한 채 가방에다 이것저것 쑤셔넣고 있을 뿐이다. 집중이라는 가방에 말이다.

당신의 습관을 눈치 챈 약삭빠른 인간들은 당신을 유혹하려 별별 매혹적인 제안들을 만들어낸다. 교육, 직업, 종교, 사회, 문화라는 명분을 들이대며 온갖 불필요한 것들로 당

집중은 인간의 본성이다.
자의적으로 어딘가에 적용할 수 있는 것이 아니다.

신을 유혹한다. 당신이 스물다섯이나 서른 살쯤 되어 수집하지 않은 것이 과연 무엇이 있을까. 졸업장과 종교, 직장, 가족, 사회로부터의 수많은 열망 등이다. 이뿐이겠는가? 수없이 많은 이론과 원칙들, 지식과 신념 등도 있다. 조심스레 살펴보면 당신이 자신을 위해 아껴둔 것은 정작 아무것도 없다. 그렇게 서른다섯, 마흔쯤 되면 삶에서의 비참한 실패를 절감한다. 아무것도 이룬 것 없이 슬픔과 걱정만 잔뜩 쌓아두었고, 수천 수만 가지 책임까지 짊어지고 있다.

왜 이런 일이 일어났을까? 당신의 삶에 유익하고 효과적인 결실을 만들지 못했기 때문이다. 수만 가지 쓸데없는 일들에 분주하여 어느 한 가지 제대로 집중할 수 없었기 때문이다. 결국 실패와 책임이라는 무거운 짐을 짊어지고 죽을 날만 기다리는 신세가 되었다.

당신의 인생을 결실로 꽉 채우고 싶다면 당신 주변을 떠도는 달콤한 꼬임과 유혹에 굴복하지 말라.

어릴 때부터 온 힘을 다해 관심 있는 분야에 힘쓰고 재능과 능력이 당신을 지지하는 분야에 집중하라. 나날이 그것을 향상시켜라. 여가 시간에 현재의 즐거움을 만끽하라. 인생의 모든 빛깔들, 즉 당신을 행복, 즐거움, 축복으로 이끌어주는 온갖 욕구를 충분히 받아들여라. 하지만 당신은 반대의 길을 향할 것이다. 많은 일들을 당신 존재의 일부로 만들고 종교와 사회 관습에 지배되어 취미와 열정을 포기한다. 인생의 성공도 여정의 재미도 얻을 수 없다. 이런 사실조차 이해하지 못하는, 그토록 지성적인 사람이 바로 당신이다!

나의 충고를 따르면 당신 인생은 아름다운 여정이 될 것이다. 내가 보여준 길을 한 번만 걸어보라. 당신이 한 발자국 뗄 때마다 성공이 어떻게 당신을 바짝 뒤따라오는지 알게 된다.

위대한 에디슨과 그의 주목받는 발명들을 예로 들어 설명해보자. 에디슨이 전구를 발명한 사실은 누구나 안다. 에디슨은 겨우 몇 년간의 정규 교육을 받았을 뿐이다. 이후로 그는 정규 교육을 받지 않았고 대신 과학 실험에 푹 빠져 있었다. 그에게는 어려서부터 아무런 제약 없이 실험할 수 있는 충분한 시간과 기회가 있었다. 결과적으로 어린 에디슨은 성장하여 가장 찬사받는 세기의 과학자 중 한 사람이 되었다. 전구를 발명할 수 있게 해준 필라멘트를 찾기로 그가 결심한 이야기는 1870년대 후반으로 거슬러 올라간다.

에디슨은 한번 마음 먹으면 돌아서는 일이 없었다. 자신의 관심사를 바꾸도록 유혹하는 '제안과 광고'에 마음이 분산되는 그런 유형의 사람이 아니었다. 단 하나의 목적을 위해 동료 과학자들과 팀을 짜 실험실을 꾸리고, 실험을 위한 몰입 체제에 돌입했다. 에디슨은 아내나 아이들에 대한 걱정을 실험실에 가져오지 않았고, 시간을 정해놓고 일하지도 않았다. 세상 돌아가는 것을 알고자 매일 신문을 읽으려 하지도 않았다. 그의 '집중'이라는 가방은 늘 텅 비어 있었고, 그의 관심의 초점은 오직 실험에만 있었다. 그렇게 바로 필라멘트를 찾는 일에 빠져 들었다.

어느 날 오후, 늦게까지 점심을 먹지 않은 에디슨을 염려한 가사 도우미가 실험실에 점심을 가져다주었다. 실험에 몰두한 에디슨은 점심을 탁자 위에 두고 나가달라고 했다. 잠시 후 동료 한 사람이 실험실에 들어왔다. 에디슨이 실험에 몰두한 것을 본 그는 방해하지 않으려 가만히 의자에 앉았다. 에디슨이 일하는 것을 한동안 지켜보던 그는 더 이상 기다리기 힘들어졌다. 아직 점심을 먹지 못한 터라 탁자에 있는 에디슨의 점심을 다 먹어치웠다. 시간이 지나 잠시 휴식을 취하려던 에디슨이 그제야 의자에 앉은 동료를 보고 대화를 나누기 시작했다. 대화 도중 빈 접시를 본 에디슨이 동료에게 말했다.

"아무래도 나 오늘 너무 많이 먹은 것 같아. 봐! 접시를 싹 비웠잖아."

이런 그에게 실험을 향한 열정 말고 또 무엇이 있었겠는가? 성공은 필연적이다. 이 정도의 집중이라면 성공은 그림자처럼 바짝 따라오게 되어 있다.

하지만 성공은 당신을 팔 벌려 기다리지 않는다. 성공은 언제고 당신의 인내와 집중과 결단을 테스트한다. 그리고는 당신의 문을 노크한다. 에디슨의 경우도 마찬가지였다. 전구를 밝히는 필라멘트를 발견하기까지 1년 이상의 시간과 6,000개 이상의 섬유가 필요했다. 생각해보라. 6,000번의 실패에도 그는 지치지 않았다. 왜 그랬을까? 그의 집중은 절대적이고 분산되지 않았기 때문이다. 집중에 대한 일반적 정의를 믿는 사람들조차도 에디슨의 집중을 모범적 사례로 든다. 1년에 걸쳐 6,000번의 실패를 겪으면서도 그의 집중은 무너지거나 줄어들지 않았다. 이거야말로 진정한 집중이라 할 수 있지 않을까! 이런 집중을 인생에 적용할 때에 비로소 당신은 경이로운 무엇인가를 만들어낼 수 있다.

이런 집중은 누군가의 충고로 이루어지는 것이 아니다. 그것은 불가능하다. 에디슨이 집중을 '적용'하여 실험실에 들어간 것이 아니라, 모든 쓸데없는 일들을 포기한 후 실험실에 발을 들여놓았다는 사실을 분명히 이해해야 한다. 마음 속에 아무것도 가지지 않고 실험실에 들어간 그가 할 것이라곤 실험 말고 무엇이 있었겠는가? 목적을 이루는 데 10년이 걸린다고 한들 그의 집중이 약해질 수 있었을까? 집중이란 특정한 일에 초점을 두고 어떤 결정을 내린다고 되는 게 아니다. 집중을 위해서라면 나머지 일들은 포기해야 한다. 다른 일들이 중단되면 자동적으로 남아 있는 일들에 집중한다. 이것이 집중의 유일한 법칙이다.

당신은 이렇게 말할지도 모른다.

"유혹과 유인으로부터 자신을 지켜 집중을 높여야 한다는 건 확실히 알겠어요. 이것은 앞으로 적용할 일이지요. 지금 우리의 관심은 중요도에 따라 구분해 놓은 수천 가지 일들을 어떻게 없앨 수 있는가 하는 문제예요. 어떻게 해야 에디슨 같이 집중할 수 있을까요?"

마음 속에 이런 의문이 생기면 당신은 이미 내 말의 의도를 파악한 것이다. 나는 당신이 파악한 의도를 더 잘 이해할 수 있게 해결책을 준비했다.

✳ ✳ ✳

먼저 에너지의 법칙을 알아야 한다. 더 집중된 에너지가 더 강력한 자원이라는 사실을 주목하라. 모든 원소의 가장 작은 부분이며 가장 강력한 것이 원자라는 사실은 모두들 안다. 마찬가지로 집중 또한 마음의 가장 압축된 형태이다.

'집중(concentration)'이란 단어는 그것이 마음의 응축된 에너지(concentrated energy)라는 사실에서 비롯되었다.

힌두어로는 '에카그라타(ekaagrataa)'라고 하는데, 놀라운 일에 작용하는 에너지의 가장 응축된 형태를 의미한다. 러시아에서 어떤 소녀가 마음을 집중해 시계 바늘을 움직인 적이 있다. 소녀는 집중력을 이용해 돌아가는 시계 바늘을 멈추기까지 했었다.

이런 사례는 역사에 비일비재하다. 과학 분야에서도 이와 관련된 연구를 수행하여 풍부한 증거를 수집했다. 과학이 밝혀낸 중요한 사실은 에너지 수준에 따라 '아우라(aura)', 즉 사람의 몸을 감싸는 에너지장이 형성된다는 것이다. 이것은 누구에게나 존재한다. 당신도 일상에서 그것을 경험했을 것이다. 아직 경험하지 못했다면 당장이라도 경험하게 해줄 수 있다. 당신을 확 잡아끄는 힘이 있는 상대를 만난 적이 있을 것이다. 누군가를 몇 분 정도 만났을 뿐인데 활기를 느낀다. 왜 이런 일이 일어날까? 그의 집중된 에너지로부터 나오는 아우라의 마술 때문이다. 아우라가 세면 셀수록 그는 사람을 더 끌어당길 것이다.

일반적으로 우리는 사람의 아름다움을 피부색이나 얼굴 생김새로 판단한다. 아름다운 사람일수록 더 매력적이다. 마음의 경우도 마찬가지다. 마음이 강력할수록 그의 아우라도 강력하며 사람을 더욱 잘 끌어당긴다. 아우라는 마음의 아름다움을 반영하고 내면의 에너지 강도를 반영한다.

이해하기 쉽게 다른 방식으로 설명해보자. 강력한 아우라를 가진 사람과 만난 적이 있는가? 아마도 그런 적이 없을 것이다. 그런 사람은 세상에 극소수이다. 당신은 아직 강력한 아우라를 가진 사람을 만나보지 못했을 것이다. 함께 일하고 싶은 사장을 만나지 못했을 것이고, 희망과 에너지로 넘쳐나 당신을 새롭게 만들어주는 사람, 당신의 슬픔을 싹 가시게 하는 사람을 만나지 못했을 것이다. 당신은 분명 약한 아우라의 소유자들만 수없이 만났을 것이다.

주위를 둘러보면 그런 사람들로 가득하다. 약한 아우라의 사람들은 당신을 불편하게 하는 힘을 가졌다. 그래서 당신은 그들로부터 달아나고 싶고 피하고 싶을 거다. 그들과 시간을 보내면 당신은 온갖 염려에 전염된다. 이런 약한 아우라의 사람들로 가득 차 있기 때문에 세상에는 혼돈과 혼란이 있다. 다들 벼랑 끝에 선 채 서로를 향한 칼끝을 겨누고 싸울 준비를 하고 있다. 누구누구 때문에 얼마나 아프고 힘든지를 과장해 떠들어대는 일이 다반사가 되어버렸다. 이제 아우라가 작동하는 방식을 이해했으리라 믿는다. 집중할수록 아우라도 더 강력하다고 설명했다.

마음에 강력한 아우라를 가진 사람과 친구가 되기를 원하는 것은, 외모가 아름다운 사람과 친해지기를 갈망하는 것과 같은 이치이다.

**집중은 자신이 흥미를 가진 분야에서만 가능하다.**

왜 누군가가 당신과 함께할 때 행복한지 아닌지를 신경써야 할까? 누군가가 당신과 같이 일하길 원하는지 아닌지가 왜 문제가 될까? 영민한 당신은 이렇게 말할 것이다.

"놔둬요. 나의 아우라가 약한들 무슨 문제가 있죠?"

나는 이렇게 되묻는다.

"당신은 스스로를 지적인 사람이라 말하지 않았나요?"

강력한 아우라가 얼마나 중요한지 보라. 약한 아우라는 당신의 에너지가 집중되어 있지 않음을 뜻한다. 그래서는 결코 인생의 행복과 성공을 맛보지 못하며 어떤 일도 효율적으로 해내지 못한다는 사실을 스스로 알게 될 것이다. 성공적인 사람들은 지위와 분야에 상관없이 그 강도는 다르지만 변함없는 강력한 아우라를 가지고 있다.

이제 당신은 말할 것이다.

"아! 바로 그게 방법이군요! 나 또한 아우라가 강해지고 싶어요. 그렇다면 나의 에너지를 결집하고 집중할 필요가 있겠네요."

보았는가? 내가 당신의 관심에 딱 맞는 말을 하니 당신은 내 말을 잘 파악했다!

문제는 없다. 늦더라도 안 하는 것보다 낫다. 당신 인생을 성공적으로 만드는 유일한 방법은 당신의 에너지를 집중하는 것이다. 그렇게 하지 않는다면 어떤 방법을 동원해도 성공이나 행복을 맛보지 못할 것이다. 학벌이 좋고 종교를 가졌다고 성공하는 것이 아니다. 오직 집중된 에너지로만 가능하다.

다른 관점에서 이 문제를 보자. 자동차는 공중을 날 수 없다. 현재의 에너지와 기술적 제한 요소로는 그렇다. 그러면 앞으로도 날 수 없을까? 한동안 그럴 것이다. 필수적인 기술적 제약들이 정복되고 필요한 에너지를 공급받을 때까지는 말이다. 자동차가 어디에서 만들어지는가는 문제가 되지 않는다. 분명한 사실은 현재의 기술 조건에서는 자동차가 날 수 없다는 것이다. 자동차를 날게 하려면 필수 에너지를 공급하는 것 외에 다른 방법은 없다.

비행기는 분명 날 수 있다. 날 수 있는 필수 에너지를 장착했기 때문이다. 그러나 현재로서는 비행기조차 지구 중력을 극복해 달이나 화성까지 날아오르지는 못한다. 비행기가 지구 중력 너머로 여행하려면 그에 적합한 에너지를 받아야 한다. 마찬가지로 당신의 인생을 자전거 수준에서 자동차 수준으로 끌어올리길 원한다면, 그에 적합한 에너지를 채워주어야 한다. 나아가 당신 인생을 자동차 수준에서 하늘을 나는 비행기 수준으로 끌어올리길 원한다면 더 많은 에너지가 필요할 것이다. 혁신적으로 인생을 변화시켜 성공이란 단어와 자신을 동일시하고 싶다면, 세상이 당신에게 부과하는 '중력'을 넘어서고 부술 필요가 있다. 필요한 에너지의 양에 대해서야 더 이상 무슨 말이 필요하겠는가.

당신은 '집중된 에너지'가 늘어나지 않으면 인류의 진보가 일어날 수 없음을 이해했다. 이 말은 인류가 성장과 혁신을 원한다면 자신들의 에너지 수준을 올리는 것 외에는 달리 방법이 없다는 뜻이다. 문제는 에너지의 근원이 무엇인가 하는 데 있다. 인간의 마음에 에너지를 충전해줄 수 있는 주유소는 무엇일까? 이제 이에 대해 설명할 것이다.

인생의 에너지는 두 가지 근원에서 얻을 수 있다. 무언가에 탐닉해서 에너지를 얻을 수 있는 방식과 무언가를 피함으로써 에너지를 보존하는 방식이다.

두 가지 경우 모두 궁극적으로 당신의 에너지 수준이 상 승한다.

먼저 에너지를 얻는 원천에 대해 이야기해 보자. 인간의 마음과 뇌, 그리고 몸은 서로 깊은 관계가 있다. 에너지는 순전히 나와 관련되어 있지만 뇌와 몸 또한 에너지에 깊은 영향을 준다. 마음을 활성화시키는 데 신체 에너지의 높은 수준이 굉장한 도움이 된다. 신체적으로 활력 넘치길 원한 다면 지속적인 헌신과 어느 정도의 시간을 필요로 한다. 신 체 수준에서 에너지를 얻으려면 다음의 조치들을 취하라.

### ❶ 운동

하루 한 시간의 운동은 매우 중요하다. 인생에서 운동은 에너지의 근원이다. 운동은 손상된 산-알칼리 균형을 회복 해 트리도샤(tridoshas, 인간의 전체적인 신체 구조와 기능을 지 배하는 주요하고 필수적인 세 가지 요소), 즉 피타(pitta, 불과 물 의 원소를 반영하는 속성), 바유(vayu, 공간과 공기의 원소를 반 영하는 속성), 카파(kapha, 물과 땅의 원소를 반영하는 속성)의 균형을 맞춰 신체에 활력을 준다.

## ❷ 수면

건강한 수면은 에너지의 놀라운 원천이다. 제대로 된 수면을 위해 해가 뜰 때 일어나는 습관을 가져야 한다. 늦게 일어나는 습관을 들이면 잠을 충분히 잤더라도 에너지 차원에서는 이득이 되지 못한다.

## ❸ 규칙적인 식사

음식을 먹지 않거나 폭식하는 일 모두 몸에는 똑같이 위험하다. 좋아하는 음식을 세 시간마다 규칙적으로 조금씩 먹는 습관은 실험과 관찰로 입증된 에너지 충전 공식이다. 위장을 너무 비우거나 꽉 채우면 산-알칼리 균형을 방해하고 당신의 에너지를 조금씩 빼앗아간다.

신체가 허약해졌을 때 겪을 수 있는 몇몇 영향들을 경험해보았을 것이다. 몸에 에너지가 남아 있지 않으면 제아무리 원하던 스위스 여행이라 할지라도 행복할 수 없다. 신체 에너지 없이 마음의 에너지를 높이는 일은 허황된 꿈이다. 신체 에너지를 얻는 방법을 이해했으니 뇌 차원의 에너지에 대해 이야기해보자. 뇌는 몸의 일부분이다. 뇌 또한 몸이 활성화되는 것과 똑같은 방식으로 활력을 느낀다. 정도의 차이는 있지만, 몸을 강화해주는 바로 그 식습관이 뇌에도 연료를 공급해준다.

그렇다면 내가 나, 즉 마음에 대해서는 뭐라고 말할 수 있을까? 나는 완전히 다르다. 나의 에너지 수준을 끌어올리는 방법에 대해 말해보자. 거기에는 단 하나의 공식밖에 없다. 내가 원하는 일이 일어나면 에너지를 얻고 그에 반대되는 행동이 일어나면 에너지를 빼앗긴다. 당신은 이런 경험을 수도 없이 했을 것이다. 아직 그런 경험이 없었다면 이제는 주의를 기울여보라. 당신이 바라는 대로 일이 돌아가면 단 하루의 경험으로도 활력이 넘치는 것을 실감할 수 있다. 그렇지 않을 때 당신은 무기력해진다.

사람들은 스스로의 탐욕으로 에너지 손실을 많이 겪는다. 실패의 가장 큰 원인은 탐욕 때문에 타인의 적이 되는 것이다. 이기적 이익을 성취하려고 타인의 에너지를 빨아들이려는 수천 개의 자기 사이펀*을 주위에 온통 배치한다.

과학적 관점에서 이 문제를 이해해 보자. 개개인의 내부에는 나의 깊은 구석진 곳, 즉 배꼽 근처 마음의 깊은 곳에 집중되어 있는 에너지원이 자리한다. 한편 인간은 뇌에 의

---

* magnetic siphons, 자력을 이용해 한쪽에서 다른 쪽으로 에너지를 빨아들이는 기구 — 옮긴이

해 움직인다. 당신에게는 뇌의 수준에서 마음 깊은 곳에 자리한 집중의 지점까지 끌어들일 에너지가 필요하다. 지구의 중력 작용으로 사물들이 떠다닐 수 없는 이치와 같이, 탐욕과 두려움이 당신을 마음 깊이 성장하도록 내버려두지 않는다.

그러니 눈을 크게 뜨고 당신을 뒤로 잡아당기는 다양한 힘들을 똑똑히 보라. 직업, 종교, 신분, 신조, 그리고 사회 규범이란 이름의 힘들이다.

이러한 덫으로부터 자신을 잘 지켜낼수록 쓸데없는 에너지 낭비로부터 자신을 보호할 수 있다. 에너지 수준이 높아질수록 자신의 마음을 더 잘 알 수 있게 된다. 마음 깊은 곳을 철저히 탐구할수록 집중의 수준은 강화된다. 이것이 집중을 강화하는 유일한 공식이다.

집중의 수준이 이렇게 강화되면 몇 가지 흥미로운 양상을 띤다. 마음이 특정한 일에 집중하면 에너지가 순환 운동에 진입하여 손실되지 않는다. 우주의 에너지도 순환 운동을 하기 때문이다. 우주에서는 자연의 다양한 요소들이 복잡한 기능들을 수행하지만 그 에너지는 결코 고갈되지 않는다. 같은 원리로 누군가가 온전히 집중하여 어떤 일을 수행하면, 그의 에너지는 결코 유실되지 않는다.

역사를 빛낸 활력 넘치는 사람들의 이야기가 증거이다. 어떻게 주위 사람들이 엮어낸 욕망과 공포라는 그물망으로부터 자신을 지켜냈는지. 그들 대부분은 좋은 학교에서 정규 교육을 받지 않았고 종교적 영향으로부터 자유로웠다. 잡다하고 불필요한 책임들로부터도 자유로웠다. 이 말은 쓸데없는 것을 배우거나 알려 하는 데 에너지를 낭비하지 않았다는 뜻이다. 그들은 자신들의 마음을 점점 더 단단하게 응축했고, 때가 되자 응축된 에너지를 가지고 위대한 업적을 이루었다.

당신이 알아야 할 것은 인간은 두뇌를 사용하는 데 최대량의 에너지를 소모한다는 사실이다. 그런데 사소한 일이나 심지어는 자신과 무관한 일에 뇌를 사용한다. 그렇게 앞뒤 없이 생각에 생각을 거듭하다 보면, 정말로 뇌가 필요한 중요한 순간에 뇌를 사용할 수 없게 되어 자신의 뇌가 제대로 돌아가지 않는다며 불평한다.

쓸데없는 것을 이해하는 데 에너지가 다 소모되었는데 어떻게 뇌를 사용할 수 있겠는가? 꽤나 영민해 보이는 사람들이 사실 마음의 수준에서는 어리석다는 사실을 알게 될 것

 집중하면 당신의 에너지는 순환 운동을 한다.

이다. 다양한 지식을 가진 사람이 영민해 보일 수 있지만, 이런 사람은 에너지가 부족하다. 자신의 모든 에너지를 쓸데없는 정보를 모으고 생각하는 데 써버렸기 때문이다. 정작 어떤 일을 해야 할 때, 더 이상 남아 있는 에너지가 없다. 사람들은 종종 이렇게 한탄한다.

"나는 엄청난 잠재력을 가졌지만 성취한 것이 없다. 운명은 내 편이 아니다."

운명의 문제가 아니다. 운명이 등돌린 것이 아니라 자신의 행동이 틀렸다! 자신이 가진 모든 '삶의 에너지'를 헛되이 낭비한 탓이다.

성공을 이루고자 하는 분야와 동떨어진 주제에 불필요한 중요성을 두지 말라! 당신이 의사나 엔지니어나 과학자가 되려고 한다면 진지하게 그 분야를 공부하라. 그게 아니라 단순한 관심으로 공부한다면 당신의 행동이 가져올 끔찍한 결과에 대면할 각오를 하라. 모차르트가 음악 외적인 주제에 대해 아는 것이 없었다고 그의 감미로운 멜로디가 바뀌었겠는가? 아니다. 음악이 그의 마음 깊은 곳에서 흘러나오지 않았다면, 그는 결코 모차르트가 되지 못했을 것이다. 그가 모차르트인 것은 그의 응축된 에너지가 음악에만 적용되었기 때문이다.

　마음의 응축된 에너지의 중요성과 집중에 이르는 방식, 그리고 방해물을 파악했을 것이다. 이제 당신의 마음 깊숙이 자리잡은 응축된 에너지의 가장 놀라운 속성을 보여줄 것이다. 이것은 매우 강력한 에너지의 중심이므로 인생의 진보를 위해 필요한 '유일한' 원천이라 해도 틀린 말이 아니다. 왜냐하면 집중은 자신감부터 열정까지, 삶의 진보를 위한 모든 속성들을 아우르기 때문이다. 집중은 모든 속성들의 제왕이다. 집중할 수만 있다면 진보에 필요한 모든 속성들이 틀림없이 따라오게 되어 있다. 다시 에디슨의 예를 들어 설명하겠다.

　이미 전구에 사용될 필라멘트를 찾은 에디슨의 실험을 상세히 설명했다. 이제 생각해보자. 한 가지 실험에 1년을 꼬박 부어넣은 에디슨의 몰입을 어떻게 설명할 수 있을까? 그것이 에디슨의 집중의 수준이었다. 그런 고도의 집중은 인생의 진보를 위해 요구되는 속성의 자동적 반영이다. 전구에 불을 밝히는 필라멘트를 찾을 수 있다는 에디슨의 생각이 필라멘트의 발견으로 연결되었다. 이것이 바로 에디슨의 놀라운 비전과 선견지명이 아닐까?

　6,000번의 실패에도 불구하고 흔들림 없이 필라멘트를

발견하려는 실험을 계속한 상황을 자기 확신이 아니면 무엇으로 설명할 수 있겠는가. 전구를 밝힐 필라멘트가 반드시 있을 거라는 자기 확신은 에디슨의 비전에 들어 있는 믿음이었다. 6,000번의 실패 후에도 패배를 인정하거나 지치지 않고, 실험을 포기하지도 않았다. 이것이야말로 에디슨이 가진 열정의 극치였다. 내가 하고자 하는 말은 이것이다.

집중은 마술적 속성을 갖는다. 이 마술적 속성은 한 가지를 성취하고 나면, 인생의 진보에 필요한 나머지 속성들을 자연스레 이끌어낸다.

당신은 이제 집중이 마법의 지팡이라는 사실을 알았다. 이 마법의 지팡이 없이 인생에서 성공을 맛볼 수 없다.

집중에 관한 재미 있는 사례를 들어보자. 오래전 터키에 한 은둔자가 살았다. 그는 인생의 모든 방면에 해박한 지혜를 지녀 그 명성이 널리 퍼졌다. 사람들이 먼 곳에서 그를 찾아 지식과 교훈을 구하고자 했다. 그런데 그의 방식이 특이해서 어떤 사람들은 이해하고 어떤 사람들은 이해하지 못했지만 그의 명성은 계속 퍼져나갔다. 그의 지혜에 관한 이야기가 왕의 귀에도 닿았다. 왕은 생각했다.

"이렇게 현명한 은둔자가 나의 왕국에 있으니 나의 모든 백성들이 그의 지혜의 덕을 보는구나. 나라고 그에게 지혜를 구할 기회를 갖지 못할 이유가 어디 있겠는가?"

왕은 시종들을 거느리고 어느 날 은둔자의 집을 찾았다. 그때 은둔자는 정원에 구덩이를 파고 있었다. 왕은 병사들을 보내 자신이 도착했음을 알리라고 했다. 왕은 은둔자가 자신의 방문을 매우 기뻐할 것이라 생각했다. 하지만 왕이 기대했던 상황은 벌어지지 않았다.

병사들이 왕의 도착을 알리고 돌아왔지만 은둔자는 여전히 구덩이 파는 일에만 몰두했다. 잠시 어리둥절하던 왕은 병사들과 시종들 앞에서 모욕을 당했다고 느꼈다. 하지만 평정심을 유지한 왕은 은둔자가 구덩이를 파는 뒤뜰을 거닐기 시작했다. 은둔자는 여전히 자기 일에 몰두하고 있었다. 얼마의 시간이 지나 더 이상 참을 수 없게 된 왕이 생각했다.

'이 사람이 진정 지혜로운 은둔자인가? 미치광이인가? 중요한 일을 하거나 기도를 올리는 중이었다면 이해할 수 있을 거야. 그런데 겨우 구덩이나 파고 있질 않은가? 그러면서 뻔뻔하게 나를 기다리게 하다니! 이런 모욕을 당하느니 차라리 떠나야겠어.'

그러나 왕은 다시 마음을 고쳐먹었다.

'멀리서 왔는데 그래도 저 자를 만나고는 가야지.'

이런저런 복잡한 생각에 왕의 발걸음은 더 분주했다.

은둔자는 여전히 구덩이를 파고 있었고, 왕의 복잡한 머

릿속은 순간순간 분노로 가득했다. 왕은 돌아가고 싶었지만 궁금증 때문에 그럴 수도 없었다. 은둔자의 행동에 짜증이 난 왕은 그가 이러는 이유를 알아야 돌아갈 수 있었다.

왕은 은둔자의 지혜가 절실하게 필요해서 왔다. 그러나 은둔자는 아무래도 미친 것 같았고, 과연 그에게 지식을 구할 수 있는지에 의문을 품었다. 다만 은둔자가 이렇게 이상한 태도를 보이는 이유가 너무도 궁금해졌다.

왕이 이런 저런 복잡한 생각을 할 때, 마침내 은둔자가 구덩이 파는 일을 마치고 왕에게 다가왔다. 그리곤 곧바로 왕을 환대하며, 기다리게 한 일에 용서를 구하고 편안한 자리를 권했다. 이미 몹시 불쾌해진 왕은 은둔자의 환대에도 마음이 풀어지지 않았다. 마침내 왕이 은둔자에게 화를 터뜨리며 말했다.

"나는 그대에게 지혜를 얻으려 왔다. 그러나 지금은 아무 기대도 없다. 그대는 어찌하여 하찮은 일로 나를 이다지도 오래 기다리게 한 것인가?"

은둔자가 왕의 눈을 똑바로 들여다보며 쾌활하게 웃었다.

"왕께서는 일의 하찮음에 대해 말씀하셨습니다. 하지만 일에는 평범한 일도 대단한 일도 없습니다. 왕께서 구하고자 하신 지혜라면, 저는 이미 그것을 드렸습니다. 받아들일지 말지의 문제는 오로지 왕께서 결정하실 일입니다."

"이미 주었다고…?"

왕이 깜짝 놀라 생각했다.

'우리는 이야기조차 나누지 않았고 물어본 것도 하나 없었는데, 이미 내게 지혜를 전해 주었다니! 이 은둔자는 미친 게 틀림없어.'

은둔자의 대답은 급기야 왕의 마음을 완전히 언짢게 만들었다. 왕은 이 은둔자가 진짜 미친 걸까, 아니면 미친 척하는 걸까, 라는 생각까지 하게 되었다.

'온 마을이 다 그를 현자라고 믿으니 사람들이 모두 미쳤을 리도 없고…. 아니 어쩌면 그들이 다 미쳤을 수도 있겠군!'

복잡해진 머리를 정리하려고 왕이 은둔자에게 단도직입적으로 물었다.

"그대가 내게 준 지혜가 무엇인지 말해보라. 내가 여기 왔을 때부터 그대는 그저 구덩이나 파고 있지 않았는가?"

은둔자는 연민 어린 태도로 답했다.

"바로 이 지점을 왕께서 놓치신 것입니다. 왕께서는 주의 깊게 보지 않으셨습니다. 저는 그저 구덩이를 판 게 아니라 그 일에 일체화되었던 것입니다. 제가 구덩이 파는 데 얼마나 집중했는지를 보셨다면 왕께서 필요하신 것을 다 얻으셨을 것입니다. 왜냐하면 이런 집중과 열정을 빼면 인생에서 배울 게 없기 때문입니다."

왕이 은둔자로부터 무엇을 배웠는가의 여부는 지금 우리의 관심사가 아니다. 다만 여기에서 얻을 교훈은 당신이 성공의 정점에 이르기 위해 이 에피소드에서 무엇을 기억해야 하는가에 있다.

마음 깊이 자리잡은 집중의 지점을 철저히 파고들지 않고서는 인생의 진보나 성취는 없다. 수많은 방안과 해결책이 있겠지만 모두 허사일 것이다. 사람들은 자신이 처한 모든 일에 해결책을 찾는다. 그리고 타인들에게 일어나는 일은 당신에게도 일어난다. 결국 당신은 다른 사람들과 마찬가지로 뉴턴이나 베토벤, 세익스피어의 반열에 서 있는 자신을 결코 발견하지 못할 것이다. 집중하지 않으면 일상적인 성공조차 영원히 당신을 비껴간다.

집중의 최고 경지에 오르고 싶은가? 그렇다면 에너지를 모으고 자질구레하고 쓸데없는 갖가지 일에 사용하지 말라. 어떤 환경에서든 집중을 분산하지 말고 한 방향으로 통일해야 한다. 당신의 에너지가 분산되어 사용된다면 되돌려야 한다. 이렇게 한 후 당신이 쓸데없이 모아둔 정보와 생각들을 지우고 일상의 책임들을 하나씩 내려놓아야 한다. 그러고 나면 당신의 집중은 점점 늘어난다. 위대한 철학자 비베카난다(Vivekananda. 1862~1902)<sup>*</sup>도 똑같은 사실을 밝혔다. 그가 현자로서 세계적 명성을 얻었을 때 한 저널리스트가 그에게 물었다.

"당신은 굉장한 현자로 보입니다. 당신에게도 배울 것이 더 있나요?"

비베카난다가 무엇이라 대답했겠는가?

"배움이라는 게 인생에서 그렇게 필요한 건 아닙니다. 불행히도 저는 그 사실을 이제야 깨달았습니다. 저는 과거에 배운 것들 때문에 혼란스러워하고 있습니다. 지금 힘쓰는 일은 배우지 않고 잊어버리는 것입니다. 배울 것은 이제 남아 있지 않습니다."

인생을 세심하게 들여다보라. 필요하다는 생각에 배우고 축적한 정보와 모든 것을 돌아보라. 그것들이 바로 당신이 겪는 문제의 근본 원인이고 또 그 문제들이 모든 일에 적용된다는 사실을 깨달을 것이다. 그렇게 쌓아놓은 당신의 지식은 종교, 살아오면서 누적된 온갖 일들, 세련된 인간관계들이다.

---

* 인도의 종교 사상가. 벵골 사람. 캘커타 대학에서 수학한 수재로서 스승 라마크리슈나를 만나 그로부터 결정적인 감화를 받고 세속을 떠나 6년간 히말라야 산중에서 수도하여 이미 지니고 있던 서구적 교양과 지성 위에 열렬한 힌두교 신앙을 전개시켰다. 저서로 《나의 스승(My Master)》 등이 있다.

자세히 들여다보면 당신으로부터 삶의 에너지를 빼앗아 가는 요소들이 바로 이것들이란 사실을 알 수 있다. 삶의 에너지를 빼앗긴 마당에 집중력 강화에 대해 이야기하는 것은 무의미하다. 그렇고 그런 삶을 사는 게 당신의 목표일진데, 성공과 번영의 정점에 이르는 길에 대해 내가 무슨 말을 할 수 있단 말인가? 그러나 아직 당신에게 기회는 있다. 비베카난다의 말을 즉각 따르라!

매일 한 가지씩만 버리면 당신은 바로 재충전될 것이다. 늦었다고 의심하지 말라. 모든 것을 제대로 돌려놓을 수 없을 만큼 아직 그렇게 늦지 않았다.

❋ ❋ ❋

인생은 에너지의 향연 외에 다름 아니다. 에너지 수준을 높일수록 집중력 또한 올라간다. 일에 대한 집중력을 높일수록 활동도 더 효율적으로 바뀐다. 당신의 에너지가 이미 무언가에 대한 배움, 이해, 탐닉에 분산되어 있다면, 내가 제시한 방법으로 언제든 다시 새롭게 시작할 수 있다. 그러니

집중이 안 되는 것은 그 분야의 일을
좋아하지 않거나 에너지가 부족한 탓이다.

기다릴 필요가 없다. 당장 오늘부터 당신에게 불필요한 것은 그게 무엇이건 포기하고, 필요하지 않은 것을 모아두지 말라. 그러고 나서 당신이 얼마나 빨리 다시 활기를 느끼게 되는지 확인해보라.

일단 에너지를 충전한 후 고즈넉이 홀로 앉아 당신이 흥미를 가지거나 즐거운 일이 무엇인지 깊이 생각해보라. 현재 직업에 별 흥미도 없는데 다만 수입이 괜찮아 질질 끌려왔다면 그만두라. 대신 관심 분야의 일을 찾으라. 수입이 적더라도 참고 진행하라. 좋아하는 일이라야 훨씬 잘 집중할 수 있기 때문이다.

집중하면 효율성이 훨씬 나아진다. 성과가 나타난다. 분명 새로 취직한 회사 경영진의 눈에 띌 것이다. 시간이 걸리고 어느 정도 힘든 노력도 따르겠지만, 새로운 회사에서 당신은 빠르게 성장할 것이다. 꾸준히 집중하면 당신의 에너지는 순환 운동을 시작한다. 그러면서 더 큰 활력을 갖게 된다. 당신은 급속히 진보하고 결과적으로 새로운 분야의 직업에서 중요한 위치에 오르게 된다.

기억하라. 잠재력을 지닌 분야를 찾는 유일한 방법은 쉽게 집중할 수 있는 분야에서 즐길 수 있는 일을 찾는 것이다. 그렇지 않다면 지속적으로 강한 인상을 남길 수 없음을 분명히 인식하라.

즐거움의 절정에 도달하라는 이야기는 즐거움 또한 에너지의 주요 원천 중 하나이기 때문이다. 앞서 말했듯이, 흥미 있는 분야의 일을 할 때 에너지는 소모되지 않으며 오히려 기하급수적으로 상승되고 축적된다. 그렇다고 똑같은 일을 항상 반복하기는 힘들다. 아무리 좋아하는 일이라도 계속 일하는 데는 한계가 있다.

한계에 도달하면 에너지가 슬슬 빠져나가기 시작한다. 이때야말로 휴식이 필요한 순간이다. 취미나 레크리에이션 활동을 맘껏 해야 한다. 음악 감상, 스포츠, 또는 여행 등 마음과 몸을 이완시켜주는 활동이 그것이다. 휴식은 결정적으로 당신이 잃어버린 에너지를 회복하게 해준다. 이런 활동들이 당신 삶의 일부가 되어야 한다. 당신이 선택한 일은 그 자체가 기쁨이다. 마찬가지로 그 일로부터 휴식을 취하는 기쁨도 중요하다.

에너지 방전을 원하지 않는다면 매일의 휴식이 중요하다. 휴식은 다음 날 다시 일할 수 있는 에너지를 채워준다. 휴식은 인생의 향신료처럼 꼭 필요하다. 그러니 예술 애호가가 되든지 스포츠맨이 되든지 취미를 가지라. 취미는 일하느라 소진된 에너지를 충전해주는 유일한 방법이다. 휴식을 취하지 않으면 열심히 꽁꽁 쟁여둔 에너지가 하루아침에 싹 날아가 버린다. 특정인의 문제가 아니라 수많은 소위,

지성인들의 문제이다. 많은 예술가들, 사업가들, 다양한 분야에서 성공한 사람들이 일정한 나이까지는 열망과 열정으로 멋지게 성공하다가, 어느 날 갑자기 벽에 부딪치는 안타까운 현실을 보아왔을 것이다. 단조로운 일을 하다 잃어버린 에너지를 재충전하는 비밀의 원천을 알지 못했기 때문이다. 그것은 바로 일과 여가 사이의 제대로 된 균형을 유지하는 것인데 말이다.

미술을 좋아한다면 멋진 일이다! 예술을 사랑하는 것보다 더 위대한 에너지의 원천은 없다. 내가 '예술에 대한 사랑'이라고 한 것은 당신이 화가가 되어야 한다는 말이 아니다. 그저 자신을 위해 무언가를 그릴 수 있거나, 좋은 연극이나 영화를 감상할 수 있거나, 또는 멋진 음악을 하루에 한 두 시간 들을 수 있는 수준을 말한다. 건강을 유지하고 활기 있게 살려면 매일 한 시간 정도의 운동과 한두 시간 정도의 예술 활동(감상도 포함된)에 빠져드는 일이 필요하다.

밝고 복된 인생을 위해서는 무엇보다 자기만족을 누리는 게 중요하다. 춤을 추거나 맛있는 음식을 먹거나 멋진 옷을 입거나, 아니면 좋은 곳을 찾아가는 여행을 통해서이다.

취미는 많을수록 즐겁다. 당신은 취미 활동을 통해 인생을 끝없이 즐기게 될 것이다. 이런 활동을 즐기는 동안 경험하는 유쾌함과 흥분은 항상 당신을 충전해줄 것이다.

그러니 즐기라. 당신은 결코 무기력해지지 않을 것이다. 자기만족을 못 하는 사람은 늘 에너지가 부족하지만 장난을 좋아하고 유머러스한 성품은 마음을 항상 밝게 만들어준다. 그러니 인생을 너무 진지하게 대하지 말라. 늘 '천진난만함'을 유지하라. 심각함은 당신의 인생 에너지를 빼앗는 질병이다.

당신은 이런 일들을 경험했을 것이다. 아직 경험하지 못했다면 실제로 경험하고 느껴보라. 이것이야말로 마음과 연관된 아름다움의 총체이다. 진정한 심리학은 항상 자신의 명제를 증명하며, 과학 또한 많은 실험들을 통하여 자신의 원리를 증명한다. 심리학과 과학의 명제들은 모두 한결같이 증명된 것이다! 하지만 종교의 교리들은 결코 증명될 수 없다. 그것들은 옆으로 치워두자.

증명 가능한 심리적 주장은 이런 사실들이다. 5~6일 정도의 휴식을 취하면, 이후 6개월이 충전된다. 문제는 사람들이 어떻게 휴식을 취할지 모른다는 데 있다. 긴장을 풀고 즐겨야 하는 시간에도 전화기를 꺼두지 않고 여행 중에도 마음속엔 회사 일이 한 짐이다. 이런 식으로는 결코 에너지를 충전할 수 없다.

진정한 휴식은 하루 한두 시간 긴장을 푼 채 즐기고, 연간 두어 차례 5~6일 정도 완전히 쉬는 것이다. 이런 휴식의 기술을 배우면 결코 에너지의 방전을 느끼지 않는다. 이 휴식의 기술은 자신의 관심 분야에서 일할 때에만 적용된다.

당신은 집중과 에너지 출입(방전과 충전)의 비밀뿐 아니라 에너지를 얻고 강화시키는 방법도 충분히 인지했을 것이다. 이 집중과 에너지의 비밀을 이해하면 삶을 성공으로 이끄는 모든 무기는 당신 손 안에 있다.

# 야망 줄이기

성공하고 싶다면 당신의 야망을 줄이고 낮춰라.

내 말이 세상과 반대라고 생각할지 모른다. 내 입장은 뇌의 생각과는 대조된다. 그래서 모순적이라고 생각할 것이다. 하지만 '성공'은 나의 주요 관심사다. 성공은 다름 아닌 마음의 주제이고 뇌가 관여할 일이 아니다. 성공의 공식을 모르는 뇌는 당신에게 계속 이렇게 주장할 것이다.

"성공과 번영을 누리고 싶은가? 그렇다면 목표는 높이, 야망은 원대하게!"

그러나 이 말은 전적으로 틀렸다!

나의 말은 증거가 있다. 바로 나의 작용이고 결과이다. 한 가지 확실하게 해두자. 우주와 그 안의 모든 것들은 규칙에 지배받는데, 그중 하나는 야망이 클수록 실패도 크다는 사실이다. 역사가 증인이다. 세상에 야망 없는 사람이 있을까? 부모치고 아이에게 큰 기대를 가지지 않는 사람이 있을까? '거물'이 되는 꿈을 꾸지 않는 사람이 있을까? 그런데 얼마나 많은 사람들이 성공했는가? 수천, 수백만 명 중 겨우 한 사람 꼴이 아닌가?

이제 그 이유를 당신에게 말할 것이다. 나는 눈에 보이는 존재가 아니므로 과학을 다루는 실험실에서는 증명되지 않는다. 나의 실험실은 다름 아닌 인간의 삶이다. 당신의 인생을 타인의 인생처럼 들여다보라. 그러면 당신은 내가 말한 내용에 대한 충분한 증거를 찾을 수 있다.

이제 설명하겠다. 왜 당신의 야망이 성공을 이루는 데 방해가 되는지. 먼저 주목할 것은 이런 야망이 강요된 것인지, 아니면 외부의 영향인지 하는 문제이다. 당신의 야망이 외부로부터 온 것이라면 나도 어쩔 방법이 없다. 왜냐하면 나는 나만의 독특한 방식으로 작동하기 때문이다. 외부 세계는 티끌만큼도 나에게 영향을 미칠 수 없다.

이제 질문은, 성공을 이루기 위해 나의 독특한 작동 방식을 어떻게 활용할까 하는 점이다. 단순하고 직접적인 처방을 말하면, 특정 분야의 전문가가 되는 일이다. 그런데 어떤 분야일까? 분명히 말하는데, 그 분야는 내가 결정한다! 나야말로 사람들에게 관심을 불어넣는 존재이니 관심을 확장하는 잠재력도 오직 나에게만 있다. 나를 지배하는 규칙은 '외부의 힘으로부터 오는 방해는 그게 무엇이건 용납하지 않는다'는 사실이다.

외부의 힘은 아무 작용도 못한다. 나는 누군가에게 비즈니스 감각을 주는 반면, 누군가에게는 과학적 관심을 불어넣고, 누군가에게는 음악적 재능을 주는 반면, 누군가에게는 문학적 성향을 불어넣는 유일한 존재이다. 온 세상 사람들이 힘을 모아 어떤 아이에게 시인이 되라고 강요한들, 내가 그 아이에게 시를 향한 자질을 불어넣지 않으면 말짱 허사이다.

나의 지배력을 알았다면, 성공이 모든 사람들의 타고난 권리라는 사실도 이해해야 한다. 하지만 내 영역을 방해하면 문제가 생긴다. 관심을 불러일으키는 존재가 나이므로 성공 분야를 결정하는 존재 또한 나이다. 내가 어떤 아이에게 자신을 위한 길로 들어서게 하자마자, 가족들이 그 길을 훼방놓고 떼어 놓는다. 엄마는 아이에게 의사가 되는 야망을 심어주고, 아빠는 사업가가 되라고 강요한다. 삼촌은 과학자가 되라 하고, 할아버지는 시인이 되라 충고한다. 가련한 아이는 가족 모두의 말을 들을 수밖에 없다.

가족의 말을 들은 아이는 그런 목표들을 열망하고 높은 기대를 갖게 된다. 이러한 기대들은 아이로 하여금 자신을 위해 준비된 길에서 벗어나게 만든다. 청년이 되어 몇 몇 분야에서 야망을 가지고 몇 가지 일을 하지만 그 시도는 모두 헛것으로 돌아간다. 내가 원하는 방향과 반대이기 때문이다. 나는 그에게 시를 짓도록 했는데 그는 사업을 시도했다. 이것이 나와 그의 뇌가 마찰을 일으킨 지점이다. 뇌는 그에게 시상(詩想)이 나올 출구를 주지 않고 나는 나대로 사업에서 성공하도록 돕지 않는다.

나는 자신을 위해 스스로 선택한 분야에서만 성공으로 이끌어 준다는 사실을 이해해야 한다. 가족들은 아이에게 야망을 떠안기지 말고 아이의 관심이 변해가는 과정을 주의깊게 살펴야 한다. 아이의 잠재력이 드러나는 분야를 추구하도록 용기를 주라. 그러다 보면 아이는 바로 그 분야에서 확실한 성공을 거둘 것이다.

두 번째 요점으로 넘어가자. 기분, 집중 그리고 자기 확신은 모두 내가 주관하는 영역이지 뇌의 영역이 아니며, 내가 특정 개인을 위해 선택한 영역에서만 적용된다. 뇌가 다른 영역에 집중하도록 이끌어도 그 시도는 나 때문에 비효율적으로 끝난다. 나는 그가 자신의 분야가 아닌 다른 영역에 집중하도록 내버려두지 않을 뿐더러, 분위기를 만들어주지도 않는다.

생각해보라. 분위기와 집중이 없다면, 당신이 아무리 힘들게 일한들 무슨 결과가 나오겠는가? 나를 거스르고 힘들게 일하는 사람들을 둘러보라. 나는 그들을 별 볼 일 없는 존재로 만들어버린다.

나의 의사에 반한 행동이 어떤 위험한 결과를 낳는지 보자. 특정 분야에서 꾸준히 일하면 당신의 지성이 깨어나고, 어떤 과업에 꾸준한 노력을 기울이면 어느 정도의 성취를 이룰 수도 있다. 그러나 이렇게 고통스럽게 노력해 얻은 쥐꼬리만 한 성공이 당신에게 어떤 의미가 있는가? 내가 선택한 관심 영역이 아닌 다른 영역을 선택한 대가로 내가 당신에게 얼마나 많은 곤란한 문제들을 주었는지, 당신이 얼마나 자주 그 안에서 움츠리게 했는지 생각해보라!

그걸 성공이라 하겠지만 자신의 영역에서 일하지 않은 대가로 나는 당신이 눈을 감는 순간까지 쉬지 않고 일하게 만든다!

 성공은 최소한으로 기대한 사람들에 의해,
예기치 못한 방식으로,
기대하지 않은 순간에 이루어진다.

대신에 내가 제시한 길을 걷는다면, 나는 당신이 일을 즐기면서 최소의 노력으로 수천 배의 성공을 이루는 혜택을 줄 것이다.

당신의 삶을 성공으로 이끌어줄 나의 절대 권위를 인정했을 것이다. 또 당신의 야망이 외부의 영향에서 온 탓에 성공의 길에서 어떻게 벗어나는지도 보았을 것이다. 나는 이미 내가 원하는 재능과 지성의 분야를 어떻게 알아낼 수 있는지 수도 없이 말했다.

한 번 더 강조한다. 자신의 관심을 확실하게 끄는 분야, 온전히 집중하고 기쁨을 얻을 수 있는 분야, 그 분야가 바로 내가 당신의 지성과 재능을 일깨우려 애쓰는 분야임을 깨달아야 한다. 그 임무를 완성하여 만족했다면 분명 당신을 위한 분야이다. 마음을 다해 그 분야를 추구하고 지켜보라. 내가 어떻게 당신이 전례 없는 성공에 오르게 만드는지.

당신이 야망 때문에 겪을 수많은 손실에 대해 이야기해보자. 당신은 자신의 삶이 아무것도 아니고, 그저 나의 수준에서 일어나는 일을 비추는 거울일 뿐이란 사실을 알아야 한다.

당신의 전 생애는 나의 '스크린'에 비쳐진다. 행복이든 슬픔이든 만족이든 불만이든, 나는 당신이 경험하는 모든 감정을 비춘다. 게다가 나의 작동 시스템은 일정한 법칙을 따른다. 이 시스템은 체계적으로 관리되기 때문에 당신의 결정과 행동에 따라 자동적으로 반응을 일으킨다. 나의 작동 시스템과 법칙을 알아차리지 못하기 때문에, 이 모든 반응들은 당신이 생각하는 것과는 반대 효과가 난다. 나의 법칙과 조화를 이루고 그에 따라 행동할 준비를 하면 당신 인생은 확실하게 변화된다. 그러니 나의 복합적인 메카니즘에 따른 결과를 받아들일 준비를 하라.

나의 메커니즘의 다른 의미를 밝혀보자. 나의 법칙을 따르지 않는 야망에 찬 사람들을 내가 어떻게 망가뜨리는지를. 당신이 꼭 알아야 할 일이니 주의를 기울여야 한다. 야망을 품는 순간, 당신은 당면한 일로부터 벗어난다. 하지만 일의 효과적인 결과는 야망이 아니라 정확하고 완벽한 일의 수행에서 나온다.

예를 들어 어떤 아이가 1등을 하는 야망을 품었다고 하자. 아이가 이 목표를 세우는 순간, 나는 나의 본분에 착수한다. 아이가 공부하려고 앉기만 하면 온갖 생각에 빠져들게 만든다. 아이가 공부에 집중하려 하자마자 바로 의심의 씨앗을 뿌린다.

 야망은 에너지 최대의 적이다.

'이렇게 열심히 공부하면, 진짜로 1등할 수 있을까?'

첫 번째 단계는 자기 확신을 약화시키고 자신의 능력에 대한 믿음을 흔들어 놓는 것이다. 아이가 이런 생각들을 다 물리치고 다시 공부에 집중하려 한들 무슨 소용이 있을까? 다시금 내가 끼어들어, 1등의 꿈속에서 헤매면서 길을 잃도록 몰아간다. 아이는 다시 생각한다.

'역시 내가 1등을 하면 부모님은 눈에 넣어도 안 아플 만큼 나를 자랑스러워하실 거야. 교장 선생님은 전교생 앞에서 나를 칭찬해주시겠지. 학교 전체가 나를 부러워할 거야.'

스스로에게 물어보자. 쓸데없는 백일몽과 코 앞의 공부가 동시에 이루어질 수 있겠는가? 아이가 어떻게 공부에 집중할 수 있겠는가? 잠시라도 그런 꿈에서 벗어나고자 한들 누가 어떻게 이 아이를 도와줄까? 참으로 짖궂은 존재인 나는 한 번 더 아이를 찌른다.

'그런데 반에서 1등을 못 하면 어쩌지?'

결국 수천 가지의 고민으로 아이를 심란하게 해서 공부에 집중할 수 없게 만들고야 만다. 상황이 이런데 어떻게 아이가 반에서 1등을 할 수 있을까?

반대로 배움 자체에 관심을 가지고 공부를 좋아하는 소년의 예를 들어보자. 이 소년은 행동의 결과에 대해 생각할 필요가 없다. 하지만 그가 1등이 될 확률은 아주 높다.

열매는 행위가 만드는 것이지, 생각이 가져오는 게 아니다.

부지런한 행동이 바로 원하는 결과를 가져다준다. 물론 그 결과는 작업의 질에 비례할 것이다. 헌데, 왜 일어나지도 않은 결과를 곱씹느라 에너지를 산산조각내려 하는가?

기억하라. 야망의 이러한 규칙은 모든 일에 적용된다. 아주 사소한 일에서 최고로 대단한 일까지. 일의 종류와 성격과 무관하게 말이다. 천리길도 한 걸음씩이다. 그러나 걸음걸음마다 생각하느라 멈춘다면 어디에도 갈 수 없다. 결과를 생각하지 않고 단순히 그 일에 집중하는 사람이 수많은 발걸음을 떼는 데 성공한다. 한 번에 한 걸음씩 말이다. 작곡가가 미리 1,000개의 멋진 곡을 만드려고 덤비면 어떻게 되겠는가? 그런 야망을 품으면 작곡은 시작부터 뒤틀어진다. 이렇게 야망에 가득 찬 사람, 명성과 칭찬에 집착하는 사람이 어떻게 감미로운 음악을 만들 수 있을까?

창의적인 작곡을 즐기는 음악가는 어떨까? 작곡이 즐겁기 때문에 명곡들이 하나 하나 흘러나온다. 그러노라면 명성과 칭찬이 운명처럼 따라온다. 따로 야망을 품을 필요가 있을까?

 야망은 당신의 초점을 일에서 다른 데로 돌려놓는다.

일에 집중하고 전적으로 즐기는 사람, 그 사람만이 성공의 정점에 오른다. 나는 그것을 열정, 또는 헌신이라고 부른다.

열정적인 사람은 야망을 품을 필요가 하나도 없다. 이것을 마음에 새겨라. 비록 열정적인 사람이라도 성공의 고지에 절반쯤 도달한 후 다시 한 발자국씩 앞으로 나아가고자 하는 야망이 생긴다면, 그 또한 침체될 것이고 거기서부터 앞으로 나아가기 어려워진다. 야망이 일어나면 그 순간부터 작업의 질은 자동적으로 떨어지기 때문이다. 효과적인 결과를 낳는 것은 작업 수행의 질이지 야망이 아니다.

일에 집중하면 결과는 필연적으로 따른다. 야망에 가득하면 집중은 거덜나고, 연쇄적으로 작업의 질은 떨어진다. 전진을 위해서는 전진에 관해 생각할 필요가 없다. 코 앞에 닥친 일들을 하나 하나 연이어 완수하는 것이 관건이다. 이렇게 하면 필연적으로 당신 인생에서 성공과 진보가 따라온다. 생각하건 안 하건, 원하건 원치 않건, 당신이 내딛는 발자국 하나하나에서 성공을 발견할 것이다.

이런 일은 단일한 영역의 일을 열심히 하는 사람에게, 그리고 하나의 야망을 품고 나아가는 사람들에게 해당되는 얘기이다. 수천 개의 야망을 갖고 사는 사람들은 어떤가? 그들에 관해서는 말할 필요도 관심을 둘 이유도 없다! 당신과 주위 사람들의 인생을 보라. 그러면 모든 것이 저절로 이해될 것이다.

여전히 이해하지 못한다면 당신의 인생이 얼마나 중요한지 깨닫는 데 실패한 것이다. 죽음이 당신의 문을 노크할 때까지 최대한 즐기고 또 무언가 위대한 것을 이루는 과정이 인생이다. 자연의 모든 것이 존귀하듯 사람들 각자도 존귀하다. 태양, 공기, 물, 그리고 자연의 모든 요소들이 제각기 소중해서 그것들 없이는 생명을 영위할 수 없듯, 당신의 존재 또는 당신의 부재가 강력한 영향을 미칠 수 있어야 한다. 삶은 단순히 숨쉬며 살아가는 과정이 아니다. 당신의 지워지지 않는 발자취를 세상에 남기는 것이다.

몇 가지 예를 들어보자. 야망이라곤 없고 그저 자신의 일을 즐긴 사람들에게 내가 어떻게 놀라운 성공을 주었는지. 많은 이들에게 사랑받는 화가 빈센트 반 고흐. 그림은 그의 열정이었고, 그는 마음을 다해 그 열정을 추구했다. 상업적 이득, 포상, 명예, 돈은 그의 목적이 아니었다. 그에게는 그림 그리기에서 얻는 순전한 기쁨, 오로지 그것만이 작업에서 기대하는 유일한 결과였다. 그림으로 향한 그의 열정을 이 세상 누구와 비길 수 있을까?

그는 다만 그렸고 그렇게 그린 그림들을 모아두었을 뿐이다. 선물하기 좋아하는 빈센트는 친구의 집에 놀러갈 때면 그림을 그려주거나 자신의 그림을 가지고 가서 선물했다.

친구들은 선물로 받은 그의 그림을 벽에 걸었다. 하지만 예술에 조예가 없는 친구들은 빈센트가 집을 떠나면 걸었던 그림을 바로 떼어내기도 했다. 그들은 생각했다.

'별 볼 일 없는 그림을 걸어 거실을 망칠 필요가 있나?'

하지만 친구들의 이러한 행동이 그림을 향한 빈센트의 집중을 흐트러뜨릴 수는 없었다. 그에게는 오로지 그림을 그리는 열정뿐이었다.

어느날 빈센트는 산 위에서 해가 지는 것을 보고 있었다. 일몰의 장엄한 아름다움을 유심히 바라보던 그는 경이로움에 휩싸였고, 그 장면을 캔버스에 담아 생명을 불어넣기로 마음 먹었다. 그렇게 산 위에 자리잡고 앉아 몇 달을 일몰을 그리는 데만 빠져들었다. 이러한 정도의 열정이라면 결과는 자연스레 따라오게 되어 있다.

그의 일몰 그림은 불멸의 작품이 되었다. 하지만 그의 그림이 인정받은 것은 사후가 되어서였다. 이 그림은 빈센트에게 세상에서 가장 유명한 화가 중 한 명이라는 영예를 안겨주었다. 이 작품의 영향으로 그의 모든 작품들이 미술 시장을 휩쓸었다. 모든 그림들에 엄청난 가격이 매겨졌다. 당연히 그의 그림을 선물받은 친구들 또한 많은 이익을 얻었다.

대체로 성실한 업무 수행은 반드시 성공으로 이어진다. 성공은 업무 수행의 질에 비례하고, 업무 수행의 질은 집중도에

고흐 〈몽마르주의 일몰〉, 1888

**결과는 야망이 주는 것이 아니다. 다만 그 결과를 향해 나아감으로써 성취된다.**

비례한다. 성공을 위한 다른 공식은 없다. 많은 사람들이 실패에 이르는 이유는 전적으로 이 단순한 공식을 이해하지 못한 때문이다. 이걸 이해한다면 나는 당신을 예측할 수 없는 성공의 높이에 끌어올릴 수 있다.

당신의 비전이 의심의 안개로 흐려지면 자신의 삶을 돌아보라. 야망이란 무엇인가? 욕망에 다름 아니다.

욕망하는 순간 당신의 초점은 일에서 다른 곳으로 이동한다. 성취는 전심을 다한 노력의 결과이지, 욕망의 결과가 아니다. 성공을 향한 원대한 욕망뿐 아니라 기본적인 욕구조차 마찬가지다. 그러니 당신의 삶을 면밀히 관찰하면, 결코 욕망하는 것에 도달하지 못하리라는 사실을 깨닫게 될 것이다.

욕망이 클 때 당신이 얻을 것은 당신이 원하는 것이 아니다. 성공을 원했지만 얻을 것은 실패이고 행복을 원했지만 돌아온 것은 슬픔이다. 조화로운 인간관계를 원했는데 돌아오는 건 비통함이다. 왜 그럴까? 당신의 간절한 욕망은 행위의 초점을 결실로 이끄는 노력이 아닌 다른 데로 돌려 놓기 때문이다. 그 결과 만들어진 인생이 지금 바로 당신 눈앞에 있지 않은가?

왜 실패로부터 아무것도 배우려 하지 않는가? 그 또한 당신의 몫이다! 아마도 당신의 자아가 방해물로 작용할 것이다. 자아는 결점이나 실수를 흔쾌히 받아들이려 하지 않기 때문이다. 역사를 읽어라. 역사와 역사 속 성공적인 사람들의 인생은 두말할 것 없는 증거이다. 역사는 많은 사례를 증명하며, 모든 것은 법칙대로 움직인다. 예외는 없다.

생각해보라. 천진무구한 에디슨이 겨우 몇 년의 정규 교육을 받고 세상에서 가장 성공한 과학자가 되겠다는 목표를 가졌을까? 천만에! 그의 인생을 보라. 그를 성공에 이르게 한 것은 오로지 그의 열정이었다. 알버트 아인슈타인을 보라. 학교에서 보통의 아이로 간주되었던 그가 금세기 최고의 인물이 되려는 야망을 키울 여지가 있었을까? 아니다. 그를 전설적 인물로 만들어준 힘은 바로 그의 집중이었다.

쉽게 생각해보자. 가스 충전소에서 일했던 디루바이 암바니(Dhirubhai Ambani, 1932~2002)*가 '릴라이언스 그룹'이란 거대 왕국을 설립해 세상에서 가장 영향력 있는 인물 중 하나가 되려는 목표를 세웠을까? 천만에! 그의 선견지명과 변화하는 환경에 대한 탁월한 이해가 이런 주목할 만한 위업을 성취하게 했다. 그는 자신의 관심 영역을 연료로 열정을 불태웠고 자신을 강철 같은 사람으로 만들었다.

다시 스티브 잡스로 돌아가 보자. 사생아라는 오명으로 인생의 화려함을 포기한 채, 찬란한 젊음을 인도의 승려로 보냈다. 그런 그가 처음부터 그러한 성공을 목표로 했겠는가? 아니다. 인습에 얽매이지 않는 생각과 자립심이 그를 금세기 최고 혁신가 중 하나로 만들었다.

야망은 성공에 이르는 길의 최고 장애이다. 야망은 집중을 흐트러뜨릴 뿐 아니라 관심 분야에서 멀어지게 한다. 개개인의 지성은 자신의 관심 영역에서만 최고로 계발된다. 부지런히 온전히 집중해서 관심 영역에서 일할 때 놀라운

---

* 인도의 거물 사업가로서 봄베이에 릴라이언스(Reliance Industries)를 세웠다. 미국 썬데이 타임즈(The Sunday Times)에 아시아의 50대 기업가로 소개된 바 있다.

결과로 이어지는 것이다. 이런 방식을 따를 때, 성취들이 하나하나 연결되어 성공의 정점에 도달한다.

이제까지 나의 이야기를 반추하고 당신의 야망을 저지하라. 코 앞에 닥친 일에 초점을 맞추라. 그러면 성공의 정점에 도달할 것이다.

# 자기 확신

"자기 확신은 성공의 열쇠이다!"

"자기 확신 없이는 결코 어떤 일도 이루어낼 수 없다."

　귀에 딱지가 앉게 들은 말이다.

　그러나 자기 확신이 도대체 무엇을 말하는지는 제대로 모른다. 자기 확신 또한 마음의 다른 기능들처럼 사람들에게 내재된 것이다. 그것은 외부로부터 구할 수 있는 것이 아니고 확장되는 것도 아니다.

　이 주제를 파악하기 위해 인간 존재의 궁극적 자유와 나, 마음이 지닌 격렬한 독립 본성을 이해하자. 세상의 모든 권력을 한데 모아 놓아도, 내가 원하는 것과 반대로 하게 강요하지는 못한다. 세상의 모든 군대를 다 동원해도 누군가의 특별한 기억을 영원히 지울 수는 없다. 무언가를 기억하는 것은 온전한 개인의 자유이다. 그렇다. 군대의 위압적 힘 앞에 잠시 기억을 잊은 척할 수는 있지만, 그것을 잊든지 기억하든지는 전적으로 개인의 특권이다. 인간 존재는 언제든 육체적 속박을 당할 수 있다. 그러나 내가 관여하는 한, 환경과 상황으로부터 온전히 자유롭다.

자연에 존재하는 어떤 생명체도 궁극적 자유라는 특권을 천부적으로 타고나지 못했다. 궁극적 자유의 특권을 가진 존재는 오로지 나, 마음이다.

당신의 성장과 진보의 책임 또한 나에게 달려 있다. 이런 책임을 나에게 맡기는 사람들에게 나는 지속적으로 자기 확신을 북돋아준다. 반면에 그러한 책임을 타인에게 의지하는 사람에게는 자기 확신을 근본부터 뒤흔들어 놓는다. 일그러진 자기 확신을 가진 사람이 어떻게 인생의 성공을 맛볼 수 있겠는가?

당신의 인생이다. 어떻게 자기 인생의 책임을 윗사람이나 가족들에게 떠넘길 수 있는가? 성공을 원한 것은 당신인데, 어떻게 당신 인생을 교육의 정도나 행운에 맡길 것인가? 당신 인생의 진보를 원하는 사람은 바로 당신인데, 어떻게

**자연의 어떤 어마어마한 위력도 인간을 노예로 만들지 못한다.**

절이나 교회, 또는 신 앞에 엎드려 당신을 도와달라고 하겠는가. 이게 얼마나 터무니없는 일인가. 무엇보다 나의 규칙에 위배되는 일이다. 이런 행위는 당신의 자아를 전혀 신뢰하지 않는 일이다. 당신 자신을 믿지 못하는데, 어떻게 멋진 결과를 기대할 수 있겠는가? 당신이 무언가에 의지하는 순간 성공을 위한 행동에 나서지 않거나 주저하게 된다. 성공이라는 결과는 오직 스스로의 행동의 결실이다.

자신에 대한 확신은 두 단계이다. 첫 번째 단계는 모두가 경험하는 일상적인 것이다. 사무실로 출근하는 길은 일상의 길이다. 당신은 그 방향을 정확히 안다. 누가 물어보면 확실하게 알려줄 수 있다. 요리나 회계나 운전과 같은, 당신이 경험한 특정 분야에서는 항상 확신을 가질 수 있다.

그러나 당신이 현재 가진 지식이나 경험에만 전적으로 의존하면 발전은 불가능하다. 발전하려면 무언가 혁신적이고 예측 불가능한 일을 해야 한다. 그 일은 바로 당신이 실패한 분야에서 해야 한다. 새롭고 독특한 일을 할 때는 확신을 갖기 힘들다.

결혼을 예로 들어보자. 결혼식을 올릴 때는 관습에 따라 의식을 치른다. 그러나 결혼생활에 익숙해지면 원만한 부부관계를 위해 매일같이 절이나 교회를 방문하지는 않는다. 마찬가지로 사람들은 가게라도 개업할라치면 역서에 의지해 길일을 택한다. 정작 사업이 궤도에 오르면, 사업상 필요나 고객의 편의에 따라 사업을 영위한다. 정리해보자. 새로운 일을 개척하거나 혁신을 위해, 백만 명 중 한 명 정도가 자신의 의지로 배짱 있게 모험을 감행할 뿐. 실제로 이렇게 자신감이 충만한 사람만 성공할 자격이 있다.

 확신 없이 하는 일은 자신이
원하는 결과를 불러올 수 없다.

내가 말하고자 하는 바는, 무엇보다 혁신의 순간에 온전히 자기 능력을 신뢰하는 사람이라야 실제로 인생에서 성공한다는 사실이다.

이러한 자기 확신을 간절하게 원하는가? 유일한 해결책은 당신 자신의 생각, 자질, 그리고 지성을 확신하는 것이다.

삶의 가장 사소한 데서 가장 중요한 것에 이르기까지, 모든 일과 그 결정의 기반을 자신에게 두라. 인생에서 무언가를 시도할 기회가 올 때, 타인에게 의지한 믿음은 실패하게 되어 있다.

아름다운 예를 들어보자.

옛날에 현명하고 동정심 많은 은둔자가 있었다. 그는 온 마을의 존경을 한 몸에 받고 있었다. 단호하고 금욕적인 그는 누구에게도 선물을 받지 않았으며 매우 소박한 생활을 했다. 오두막에 살면서 가진 거라곤 담요 두 장이 전부였다.

한파에 싸인 어느 겨울밤, 은둔자는 담요 한 장은 깔고 한 장은 덮은 채 자고 있었다. 자신을 믿는 이 은둔자는 문단속에는 관심도 없었다. 그때 배고픈 도둑이 주변을 정탐하고 있었다. 도둑은 은둔자의 오두막 문이 열려 있는 걸 보고 잽싸게 집안으로 들어갔다. 오두막을 뒤졌지만 작은 주전자와 깨진 컵 말고는 아무것도 없었다. 지독하게 추운 밤이었는데….

'열심히 뒤져 겨우 깨진 그릇 두 개야!'

도둑은 실망했다.

선잠이 들었던 은둔자가 바스락거리는 소리에 깨었다. 은둔자는 자는 척 실눈을 뜨고 집안에서 도둑이 펼치는 드라마를 가만히 즐겼다. 실망한 도둑은 은둔자가 덮고 있던 담요를 잡고는 생각했다.

'에이, 이걸로라도 위안을 삼아야겠군!'

도둑 체면이 말이 아니었다. 음울하고 추운 겨울밤, 고생만 잔뜩하고 건진 게 하나도 없으니 어찌 '도선생'이라 할 수 있겠나? 그나마 담요라도 챙긴 걸 만족해 하며 마악 문 밖으로 나가려던 참이었다. 그때까지 이 드라마를 조용히 지켜보던 은둔자가 벌떡 일어났다. 그리곤 위엄 있는 목소리로 도둑에게 그 자리에 서라고 했다. 은둔자의 준엄한 목소리를 듣는 순간, 도둑의 발은 그 자리에 딱 얼어붙었다. 은둔자는 일어서서 조용하지만 위엄 있는 목소리로 들어오라고 했다. 도둑은 그 추운 날씨에 식은땀을 줄줄 흘리며 조용히 안으로 들어갔다.

겁에 질린 도둑의 얼굴을 보며 은둔자는 최대한 겸손한 자세와 목소리로 도둑에게 용서를 구했다.

"형제여, 나를 용서하오! 이렇게 추운 밤 멀리서 찾았는데 도울 길이 없구료. 집안에 당신한테 줄 게 하나도 없으니 말이오. 다음에 또 올 생각이 있거든 미리 말해주시오. 당신이 실망하는 일 없도록 이웃에게 무엇이든 얻어놓겠소."

은둔자의 준엄한 목소리에 이미 기가 질린 도둑은 그 너그러운 제안에 힘이 풀려 들고 있던 담요와 병을 스르르 떨어뜨렸다. 우물쭈물하던 도둑은 아무것도 챙길 엄두를 못내고 잽싸게 도망칠 준비를 했다. 이걸 본 은둔자가 한 번더 근엄하게 말했다.

"그대는 훔치기로 작정한 것들을 다 가져가야 하오. 그리고 나갈 때 문을 꼭 닫아주시오. 내가 춥지 않게 말이오."

가련한 도둑! 그는 이제 은둔자의 명령에 고분고분 따를 수밖에 없었다. 떨어뜨린 담요와 병을 슬며시 집어들고는 은둔자가 시킨 대로 문을 닫고 나갔다.

끝이 좋으면 모든 게 좋은 법. 하지만 이 이야기는 달랐다. 불행히도 도둑은 다음날 아침 붙잡혔다. 도둑이 들고 있던 담요가 은둔자의 소유라는 건 마을 전체가 이미 다 아는 사실이었기 때문이다. 마을 사람들은 모두 분개했다.

"이 몹쓸 도둑놈 좀 봐요! 이놈이 고귀하신 은둔자의 집에서 도둑질을 했지 뭐예요!"

 확신은 풍부한 경험, 또는 잠재력이 있는
분야의 추구와 더불어 확대된다.

도둑은 마을 집회에 내세워졌다. 이야기는 삽시간에 퍼져 은둔자의 귀에 들어갔다. 그는 즉시 마을 집회를 찾아가 증언했다.

"이 사람은 내 담요와 병을 훔친 게 아닙니다. 내가 가져가라고 한 거지요. 그는 착한 사마리아인입니다. 나가면서 내가 감기 걸리지 않게 문도 꼭 닫아주었어요."

은둔자의 증언으로 사람들은 도둑을 풀어주었다. 도둑은 감격에 겨워 울었다. 은둔자의 발 아래 엎드려 주인으로 모실 수 있는 기회를 달라고 졸랐다.

은둔자는 잠깐 망설였지만 도둑에게 기회를 주기로 하고 집으로 데려갔다. 도둑을 데려가니 당연히 담요와 병 또한 집으로 돌아왔다. 집에 돌아온 은둔자가 호탕하게 웃는 바람에 도둑이 깜짝 놀랐다. 은둔자가 말했다.

"내가 쓰는 수를 보았나? 담요와 병, 그리고 나를 위해 일해줄 조수까지 얻지 않았는가?"

은둔자는 손해본 게 하나도 없었다. 이것이 바로 자기 확신이다. 그는 도둑이 자기 담요를 훔쳐 도망가는 일이 결코 쉽지 않다는 걸 알고 있었다. 이 우화만큼 자기 확신을 보여

신뿐만 아니라 다른 이들에게
의존하는 순간, 당신의 확신은 줄어든다.

주는 사례가 또 있을까?

이것이 바로 내가 말하고자 하는 자기 확신이다! 자신의 능력과 의도를 온전히 믿는 것이 바로 자기 확신이다. 다른 건 없다. 자신의 능력을 믿지 못하면 아무 일도 자신 있게 할 수 없다. 마찬가지로, 일의 동기에 대한 믿음이 없다면 처음부터 수많은 의문에 휩싸인다.

"이거 잘못하는 거 아닌가? 제대로 하는 건가?"

사람들은 일을 성공적으로 수행하는 과정에서 때로는 종교나 사회적 관습 등에 지나치게 의존한다. 남들의 인식에 의지하는 사람이 무슨 일을 성공적으로 해낼 수 있겠는가?

하지만 자신의 의지를 확실하게 믿는 사람은 종교나 사회 규범 등을 걱정하거나 그것에 방해받지 않는다. 그는 자신이 하는 모든 일이 정당하며 옳다고 확신한다. 스스로 옳다고 생각하는 일을 자신 있게 실행하고, 세상 사람들의 말이나 생각에 방해받거나 의지하지 않는다.

인간은 자연으로부터 절대적 자유를 축복받은 존재이다. 때문에 자기 인생을 성공적으로 꾸리는 일도 전적으로 자기 책임이다. 성공한 인생을 위해서는 일을 효과적으로 수행해야 하는데, 자신감이 없으면 어떤 일도 제대로 이루어낼 수 없다. 자기 확신은 경험의 부산물이다. 당신은 이렇게 말할 것이다.

"먼저 경험을 쌓은 후 자기 확신에 불을 붙이고, 그러고 나서 행동해야지."

이것이 가능할까? 실천하지 않았는데 어떻게 그 일에 대한 경험을 쌓을 수 있단 말인가? 수영은 하고 싶은데 물에 들어가기는 무섭다는 말이나 다름 없다. 당신은 이렇게 생각할지 모른다.

'먼저 수영을 배운 다음 물에 뛰어 들면 되지, 뭐.'

물에 뛰어들지 않고서는 결코 수영을 배울 수 없다. 이것이 바로 인생이다. 이렇게 당신은 인생을 낭비한다.

이런 문제를 극복할 열쇠는 새로운 일을 선택하는 것이다. 그 일을 충만한 자신감으로 하는 것이다. 하지만 자신감에 불을 붙이기 위해 경험에만 의존할 수는 없다. 수영을 배울 자신이 없다면 아무리 자주 물에 들어가도 수영을 배울 수 없다. 반면에 자신감이 있으면 며칠 내로 수영을 배울 수 있다. 자신감이라는 묘약은 당신의 시간과 에너지를 아껴준다.

경험은 당신의 자신감을 불러일으키지만 오랜 세월을 필요로 한다. 당신은 불행히도 경험이 많지 않다. 이제 문제는 경험 외의 어떤 방법으로 자신감을 꽉 채워 새로운 일에 나설 수 있을까 하는 점이다. 자신감이 없으면 성공은 멀어진다. 유일한 해결책은 당신 스스로 뇌의 지배에서 탈출하여 나, 즉 마음을 피난처로 삼는 일이다.

　뇌는 다양한 경험에 관심을 쏟는다. 그래서 사람들은 갖가지 이유로 뇌에게 선동당한다. 뇌는 많은 사람들에게 무수한 유혹을 보낸다. 재미있는 사실은 뇌조차 스스로의 유혹에 굴복한다는 점이다. 나는 당신에게 자신의 재능과 능력에 충실할 것을 충고한다. 그렇게 하면 경험에 좌우될 필요가 전혀 없다. 당신이 할 일은 재능 있는 분야를 제대로 찾아내는 일이다.

　예를 들어보자. 비즈니스는 이익을 얻을 수 있는 방안을 찾는 일이다. 그런데 당신에게는 경영 감각이 없다. 그러니 경영을 공부하라는 동료나 가족들의 압력에 굴복하지 말라. 힘들게 경영학 학위를 딸 수는 있겠지만 경영 감각이 없으니 어떤 사업에 뛰어들어도 자신감을 갖지 못한다. 그렇게 들인 시간과 에너지는 수포로 돌아가고, 결국 다른 직업을 찾아 전전하는 자신을 발견하게 될 것이다. 반대로 경영에 소질이 있는 사람은 경영 관련 학위가 없어도 잘한다. 당신이 학위를 받는 기간에 그는 벌써 사업에 성공해 이름을 날리고 있을 것이다. 당신이 학위를 받는다 하더라도 그 사장에게 채용될 가능성이 높다. 고용인이 사장보다 학벌이 좋은 경우는 얼마든지 많다.

　인생의 발전을 위해 일할 분야를 고를 때, 제발 뇌의 명령을 따르지 말라. 다른 사람들의 충고나 압력으로 자신의 분야를 선택하지 말라. 제아무리 힘들게 노력해도 당신이 그 분야에 자신감을 갖기는 어렵다.

당신이 일할 분야는 당신의 재능이 향하는 곳이다. 재능 있는 분야에서는 저절로 자신감이 싹튼다. 중요한 사실은 자신감은 절대 외부에서 빌려올 수 있는 게 아니라는 점이다. 마음이 원하는 영역과 반대되는 곳에 손을 대는 순간, 당신은 '시장'이 요구하는 바에 따를 수밖에 없다.

이 '시장'에는 다양한 종류의 '가게'가 있다. 어떤 가게는 학위로 유혹하고, 어떤 곳은 마법의 주문으로, 어떤 곳은 종교의 부적으로 유혹한다. 시장에 유혹된 당신은 별의별 것들을 파는 사람들로부터 이제는 자신감까지 사들이려고 한다. 그것들은 당신에게 하등 쓸모가 없다. 왜냐하면 나의 법칙을 따르는 일이 아니기 때문이다. 오히려 그나마 남아 있는 당신의 자신감마저 산산이 부서지고 만다.

일부의 사람들뿐만 아니라 전 인류가 이런 악순환의 사슬에 매여 있다. 사람들은 한두 가지 문제에 한정된 게 아니라, 상당히 많은 이유에 밀려 엉뚱한 분야에서 될 대로 되라는 시도를 한다. 그런 필사적 시도가 열매 맺지 못하면 다시 도전할 만한 새로운 분야를 찾아 떠난다. 하지만 그렇게 찾아든 분야는 자신감을 더 움츠러들게 하는 곳이다. 그렇게 각자의 인생의 격은 떨어진다. 일어나고 다시 여러 번 엎어지고를 반복하며 자신감을 얻을 또 다른 새로운 길을 찾아나선다. 결국 이 불쌍한 사람들은 자신에게서, 그리고 인생에서 남은 자신감을 모두 바닥내버린다!

이런 악순환을 틈타 누가 대박을 터뜨리는지 아는가? 당신의 절박한 심정을 행운의 기회로 활용하는, 자신감을 마약처럼 팔아먹는 사람들이다!

그들은 자신감을 판다는 명목으로 당신을 속여 당신의 자산을 앗아 간다. 상황은 깔끔하게 정리된다. 당신은 자신감이란 계좌와 노후 대비 저축 계좌, 두 가지 계좌를 모두 털린다.

자! 이것이 바로 자신감을 자기 확신이라고 부르는 이유이다. 자신감의 진정한 의미는 당신의 영혼, 당신의 자아에 간직되어 있을 수밖에 없다. 사람들은 자신이 지닌 재능과 자질에 근거하여 그 범위 안에서만 자신감을 가질 수 있다. 시를 노래하고 싶은 열망이 강렬한 것과 무관하게 시상(詩想)이 시로 만들어질 거란 자신감이 없다면, 시인은 자신의 내면에 창작의 불을 지필 수 없다. 부처가 오랜 시간 삶의

인간은 절대적 자유를 지녔다.

철학을 수도 없이 설파할 수는 있어도, 사람들 내면의 창의성을 일깨울 순 없는 일이다. 그래서 부처는 마지막으로 이런 말을 남겼다.

"아파 디포 브하바(Appa Dippo Bhava, 자신을 비추는 등불이 돼라)."

빛을 원한다면, 바로 그 등불이 되라! 부처는 자신의 등불을 켰을 뿐 아니라, 그 빛으로 온 세상을 밝혔다. 그는 의례나 의식이나 신이 아닌, 바로 자기 자신 안에 확신을 두었기 때문에 이 일을 해낼 수 있었다. 마찬가지로 에디슨도 자신의 과학적 소질을 확신하여 전구를 발명하고 온 지구를 밝혔다. 그의 인생 경험은 다음의 말에 담겨 있다.

"모든 경전은 인간이 만든 것이다. 종교는 다 속임수다."

이 말은 오직 자신의 재능과 자질만 믿을 수 있다는 확신을 의미한다. 자신 안의 신뢰와 자신감이 불붙으면 재능을 확장하게 되고, 인생의 불을 밝혀 성공에 이른다. 하지만 다른 데서 빌려온 자신감을 추구하면, 아무것도 이루지 못하고 스스로의 인생을 입증하지도 못한 채 세상을 뜨게 된다.

타인의 판단에 기반한 자신감이 쓸 만한 것으로 입증된 적이 있는가? 당신이 잘 이해할 수 있도록 직설적으로 말하겠다. 많은 사람들이 신에 의해 세상이 창조되었다고 말한다. 신의 의지 '없이'는 나뭇잎 하나도 떨어지지 않는다고 말하는 걸 당신도 들었을 것이다.

인생이 난장판이 되는 지경이면, 신의 의지가 '없는' 단계에 이른 것인가? 그렇다고 치자. 그럼 왜 당신은 그런 상태를 '신의 뜻'으로 간주하고 실패를 기쁘게 받아들여 삶을 즐기지 않는가? 왜 '신의 뜻'을 그대로 수용하지 않는 자신이나 타인을 책망하지 않는가?

이유는 간단하다. 무엇을 듣고 무엇을 믿는가는 별개의 문제다. 자기 확신 없이는 진실한 신앙을 갖는 일도 불가능하다. 누군가가 당신에게 욕을 하면 바로 화가 난다. 그 순간 당신에겐 상대가 당신을 향해 욕하는 행위가 신의 뜻이라는 생각을 가질 여유조차 없다. 나뭇잎 하나 떨어지는 것도 신의 뜻이라 생각하는 당신인데 말이다. 그래놓고는 신의 의지로 창조되었다는 바로 그 동료 인간들을 향해 적대감을 드러낸다. 도대체 당신의 뇌는 제대로 작동하고 있는건가?

자신감이 느껴지지 않는다면, 그 길이 어떤 길이건 잘못된 길에 들어선 것이다. 이 말은 당신이 잘못된 열망을 품은 채 잘못된 방향으로 헛된 노력을 한다는 사실이다. 진정한 자아로 돌아갈 때 비로소 바로잡을 수 있다.

최고의 자신감으로 할 수 있는 일을 찾으라. 당신은 진정한 자아를 찾을 것이다. 이 말은 바로 나, 마음이 바라는 자아를 찾을 수 있다는 뜻이다. 그러고 나면 누군가의 지지, 도움, 확신도 필요치 않게 된다. 이러한 마음 상태에 도달하고 나면 확실하게 알게 되는 것이 있다. 이제 당신의 인생은 피어날 준비를 모두 마쳤다는 것!

나는 소망한다. 잘못된 확신과 거듭되는 실패의 희생양이 되는 일에서 당신 자신을 보호하길. 당신의 인생은 당신의 것이다. 당신의 소원이고 경험이다. 성공하는 사람은 바로 당신 자신이다. 그런데 왜 다른 사람의 지지나 도움이나 확신을 필요로 하는가? 이것만 이해하면, 평범한 인간에서 걸출한 인물로 탈바꿈하는 자신을 찾을 수 있을 것이다. 당신이 자신 있게 할 수 있는 일을 마음껏 하는 삶은 외부로부터 자신감을 빌려와 사는 삶과 비교할 수 없기 때문이다. 자신감이야말로 당신의 목적을 이루도록 인도해주고 당신을 도와 성공이라 불리는 옥좌에 오르게 만들어주는 유일한 방법이다.

# 만족

"만족은 최고의 재산이다."

수도 없이 들었을 격언이다. 나 또한 만족만큼 귀한 것이 없다고 말한다. 만족은 인생에서 부딪치는 모든 문제와 혼란을 없애 당신을 성공의 정점에 올려준다. 당신은 이렇게 질문할 것이다.

"만족하고 나면 도대체 무슨 발전이 있겠어요?"

수많은 사람들이 같은 생각을 한다.

'발전과 번영을 원하는가? 높은 야망을 가지고 링으로 뛰어들어 자신과 싸우라. 결코 만족하지 말라!'

언뜻 보면 단순하다.

하지만 이 명제는 사회의 모든 영역을 파고들어 사람들을 극심한 경쟁으로 내몬다. 잠깐 숨돌리고 생각해보자. 수많은 우여곡절과 엄청난 노력을 쏟아 붓고나서 당신이 얻은 게 과연 무엇인가?

생각하라. 스스로 얼마나 많은 좌절과 염려, 그리고 불안을 가지고 살아 왔는지! 이런 일을 다 겪었음에도 성공은 고사하고, 일상적 삶조차 당신에게는 시련임을!

사람들은 나아져야 한다는 일념으로 미친 듯한 경쟁에 내몰린다. 하지만 그렇게 해서 성공의 길에 들어선 사람은 거의 없다. 여기저기 뛰어다니며 온갖 문이란 문을 두드리는 삶이 당신의 삶을 나아지게 하지 않는다.

물론 뇌는 이 사실을 쉽게 받아들이지 않는다. 심리학적으로 보자. 만족이 의미하는 게 무엇일까? 어디에 있든지, 어떤 상황이든지, 무엇을 가졌든지 스스로 충족하게 여긴다는 걸 의미한다. 그러나 뇌는 이런 정의를 다르게 해석하고는 당신에게 문제를 제기한다.

"만족해버리고 나면 어떻게 인생에 발전이 있겠어?"

이것은 뇌가 마음의 계산과 작동 방법을 이해하지 못한 결과이다. 뇌는 당신과 스스로를 속인다.

생각해보자. 현재에 완전히 만족하면 나, 마음에는 어떤 영향을 미칠까? 나는 바로 느긋해져서는 평화와 최고의 행복을 느낄 것이다. 그러고 나면 모든 슬픔과 분노와 걱정은 저절로 사라질 것이다. 나, 당신의 마음은 기쁨과 즐거움으로 넘치게 된다. 이러한 마음의 상태를 유지하는 자체가 삶의 성취가 아니겠는가? 사람들이 극심한 경쟁에 나서는 궁극적 이유가 결국은 느긋하고 평화로운 삶을 영위하려는 것이 아닌가?

미래가 아닌 바로 여기, 바로 지금, 그런 평화로운 삶을 살 수 있다면 손해 보는 제안이겠는가?

만족하는 삶이 주는 최대의 이익을 밝혀보자. 앞서 말했듯이 만족은 즉각적인 기쁨과 쾌감을 안겨준다. 마음이 행복한 상태를 유지할 때, 이제까지 변덕스러운 성향으로 쓸데없는 일을 해온 당신의 뇌는 제대로 된 사고 모드로 설정된다. 뇌가 내리는 결정 또한 제대로 된 결정으로 바뀐다. 인생의 궁극적인 결과물들은 당신이 내리는 결정의 옳고 그름에 달려 있다.

예를 들어보자. 당신에게 제2의 빌 게이츠가 되려는 야망이 있다. 그런데 당신이 내리는 결정이 하나같이 잘못되었다면, 어떻게 빌 게이츠가 될 수 있겠는가?

만족한다는 것이 모든 활동을 중단한다는 의미는 아니다. 만족스러우니 주변에서 일어나는 일에 관심 두지 말라는 뜻도 아니다. 당신이 만족한다 해도 일상은 여전히 돌아간다. 당신은 변함없이 그날그날의 일을 한다. 당신이 지금의 상황을 만족해 하는 순간, 정신 나간 질주에서 벗어나고 비교의 습관에 빠지지도 않는다. 평소처럼 일상에 몰두하지만 마음은 아주 긍정적 상태에 들어서게 된다.

마음이 긍정적 상태에 들어서면 극한경쟁에서 벗어나 보다 나은 삶으로 나아가기 위한 기회를 정확히 파악할 수 있다. 좋은 기회가 보이는 순간 그것을 포착해 최대한 활용할 수 있다.

반대로 더 나아지려는 필사적인 시도를 할 때는, 삶에서 맞닥뜨리는 모든 일과 상황을 기회로 여기게 된다. 여기가 바로 당신이 흔들리는 지점이다. 만족하지 못할 때, 당신 마음은 수천 가지 근심 걱정에 얽혀 들어간다. 그리고 그것들 때문에 스스로를 배신하는 결정을 하게 된다.

최악의 경우 이러한 마음으로 더 나은 삶을 위한 수천 가지의 방법들을 찾아 헤매게 된다. 그러면 십중팔구 잘못된 결정으로 이어지고, 결국 발전 대신 퇴보가 시작된다. 하지만 스스로 만족하면 최소한 후퇴하는 일은 없다. 자기가 어디에 있든 간에 변함없이 확고부동한 사람만이 발전할 수 있다. 퇴보하지 않는다는 보장은 엄청난 확신을 불어넣어준다. 더 나은 삶을 위해 이 확신이 얼마나 중요한지는 이미

**성공의 사다리를 오르고자 할 때 만족보다 더 매력적인 것은 없다.**

설명했다.

만족의 두 번째 장점을 밝히겠다. 만족한 사람은 언제든 자기 인생을 철저히 누리며 취미 생활을 즐긴다. 반면에 극한경쟁에 내몰린 사람은 자신을 위한 시간을 갖지 못한다. 이런 사람에게 인생은 소모전일 뿐이다.

아름다운 이야기로 결론을 내려보자. 안정적으로 자리 잡은 '니르브'라는 이름의 만족스러운 삶을 누리는 사업가가 있었다. 그는 자신이 필요한 것들을 다 갖추고 행복하게 살고 있었다. 사업에 집중하는 여섯 시간 외의 시간은 모두 자신을 위해 썼다. 균형 잡힌 식사와 운동 요법 뿐 아니라 취미 활동으로 음악 감상과 독서에 충분한 시간을 할애했다. 가족들과도 행복한 시간을 지냈다.

그에게는 에이킨이라는 처남이 있었는데 소프트웨어 기술자였다. 에이킨은 회사 내 경쟁에서 이기려는 야망으로 조바심치며 살았다. 뿐만 아니라 네댓 개의 직종을 넘나 들며 호시탐탐 사업에 뛰어들 기회를 노리고 있었다. 어느 날 두 사람이 담소를 나누던 중 니르브가 에이킨에게 물었다.

"여러 번 생각해본 건데, 나는 자네가 인생에서 무엇을 원하는지 정확히 모르겠어."

에이킨이 거들먹거리며 대답했다.

"내가 원하는 건 사업 수단을 마련해 새로운 사업을 시작하는 거죠. 열심히 일해 자리를 잡고 돈도 많이 벌어 정착하는 겁니다. "

에이킨의 계획을 듣고 니르브는 조금 걱정이 되어 말했다.

 인생에서 만족보다 더 큰 재산은 없다.

"모든 게 계획한 대로 되고 자네가 이것들을 다 이루고 나면, 예순 살쯤 되겠군. 그러고 나면 어떻게 되는 거지?"

에이킨이 대답했다.

"그러고 나서라…. 만족스럽고 평화롭겠지요!"

니르브가 웃으며 대답했다.

"자네는 그걸 오늘 할 수 있다네. 한 가지 일만 하면 되거든. 그저 오늘의 삶에 만족하면 되지 않겠나? 왜 30년이나 걸리는 엄청난 모험을 해야 하지?"

에이킨이 무어라 대답했건 안 했건, 당신이 이 질문에 어떻게 답하건 간에 센스 있는 사람이라면 이 이야기로도 충분히 알 법하지 않은가? 당신은 센스 있는 사람이니 말이다.

요약해보자, 만족이 주는 즉각적 이익은 바로 지금, 바로 여기에서 행복할 수 있다는 것이다. 두 번째 이익은 항상 긍정적인 마음 상태가 유지된다는 점이다. 올바른 결정을 내리는 데 마음의 긍정적 상태가 얼마나 중요한지 모른다. 각자가 내리는 결정이 그의 성향뿐 아니라 인생의 방향과 분야를 정해준다는 사실은 반복해서 말할 필요가 없다. 만족한 사람만이 인생의 궁극적 목적인 행복과 평화를 경험할 수 있다. 만족한 사람은 퇴보할 일도, 더 노력할 일도 없다. 만족한 사람만이 현재의 상황을 누릴 수 있다. 만족에 담겨 있는 높은 가치를 받아들여라. 만족은 인생에서 모든 문제들을 단번에 없애주고, 당신을 새로운 성공의 정점에 오르도록 돕는 힘이 있다.

지금, 당신의 인생을 만족해 하며 성공의 길로 떠나라!

# 맺는 말

삶의 목적은 두 가지밖에 없다. 즐겁게 사는 것, 성공의 꼭 대기에 오르는 것.

이렇게 분명한데 겨우 몇몇 극소수의 사람들만 행복과 성공을 거머쥔다. 나머지 사람들은 자신의 현실을 불만스러워하고, 미래에도 회의적이다. 사람들은 인생의 성공을 위해 별별 방책들, 즉 가족과 사회, 친구에 얽매이고 온갖 제도와 정책들을 만들어 그것들에 기대왔다. 종교나 교육의 힘을 빌린다 해도 행복과 성공은 여전히 요원하다. 인간은 오랫동안 과거의 원칙과 관습에 의지하여 행복을 추구하고 성공에 도달하려는 노력을 지속해왔다.

이 지점이 바로 사람들이 중대한 실수를 저지르는 부분이다. 자신을 위한 멋진 인생을 만드는 데 특출하게 '영민한' 인간들은, 수천 년간 이어져 왔지만 비효율적으로 판명된 바로 그 낡은 관습에 기대고 있다. 게다가 그들은 인생이 한두 가지 요인이 아니라 다양한 힘에 영향받는다는 사실을 모른다. 뇌가 원하는 것이 따로 있고, 때로는 DNA의 요구를 따르려 하니, 몸과 유전자가 따로 논다.

게다가 '자연'과 '사회'라는 상충되는 강력한 두 개의 힘 또한 분명하게 인간을 어느 한 쪽에 놓아두지 않는다. 더군다나 나, 마음이야말로 삶에 절대적 영향을 미침에도 사람들은 나에 대해 거의 모른다.

나에 대해 말해보겠다. 나는 완전히 독립적이며, 내가 작동하는 시스템은 복잡하다. 나는 항상 나 자신의 법칙에 의해서만 작동한다. 달리 말하면 당신이 나의 작동 법칙에 따라야만 나의 기능을 이해하고 나를 다룰 수 있다는 이야기다.

나의 특성에 대해 말한다. 한편으로 나는 엄청난 능력들의 중심이다. 다른 한편으로 나는 내 안에 숨겨져 있는 몇몇 부정적 측면의 중심이다. 나의 부정적인 면에 대한 지식과 이해가 없고, 그것을 다룰 줄 모른다면 사람들은 슬픔에서 벗어날 수도, 성공의 정점에 오르는 길에 나의 능력을 활용할 수도 없다.

당신이 알아야 할 가장 중요한 사실은 바로 이것이다.

슬픔을 없애는 방법으로 제안한 다양한 심리학적 해결책들은 바로 아이들에게 풍부한 특성들이란 점이다.

그 해결책은 이를테면 현재를 살기, 콤플렉스의 덫에 걸려들지 않기, 집착과 기대 수준 낮추기 등이다. 아이들에게는 대개 걱정이나 혼란스러움이 없다. 아이들을 유심히 관찰하면 내가 제안한 성공을 위한 특성들을 풍부하게 가지고 있다는 사실을 알 수 있다. 그 특성들은 바로 자기 확신, 집중, 창의성, 열정, 내적 인격의 개발, 정보의 적절한 적용들이다.

그래서 아이들을 유심히 관찰해야 한다. 아이들이 똑같은 장난감을 가지고 몇 시간이고 놀 수 있다는 사실에 주목해야 한다. 장난감은 고사하고 진흙과 물만 가지고 놀아도 질리지 않는다. 아이들이 놀이에 몰두하는 장면을 어떻게 묘사할 수 있을까! 최고의 명상가조차 아이들에게 견줄 수 없다. 아이들은 집중력이 떨어지지 않는다. 집중력은 당신의 삶과 에너지를 결정적으로 확장시켜주는 가장 경이로운 자질이다. 이것이 대부분의 아이들이 마음의 '초의식적 상태'로 살아가는 이유이다.

열정, 자신감, 그리고 확고부동함은 나, 마음의 내면에 들어 있는 특성들이다. 아이들이 무언가에 고집부리면 어쩔 수 없이 따라줄 수 밖에 없다는 사실에도 주목해야 한다. 그들의 확고부동함은 비길 데가 없다. 인류는 이제까지 아이들의 열정을 언제나 지켜보았다. 한 걸음 떼는 데 수십 번 넘어지고, 수없이 무릎이 까져도 아이들은 제대로 걷는 법을 익힐 때까지 결코 포기하지 않는다. 동시에 아이들은 현실을 수용할 줄도 안다. 수용력은 모든 슬픔을 없애줄 명약인데, 아이들에게는 그 자질이 풍부하다. 그들은 손실을 뛰어 넘는다. 원통해 하거나 슬픔에 빠지는 일은 아이들의 본성이 아니다. 장난감이 망가졌거나 긁히면 잠깐은 속상해할지언정, 금방 새로운 무언가에 집중한다.

과학적 연구에 따르면, 네댓 살이 되면 아이의 두뇌는 80% 정도 발달한다. 어떤 면에서 과학은 옳다. 하지만 한계가 있다. 과학은 실재하지만 보이지 않는 나의 존재에 대해 완전 무지하다. 그래서 나의 초의식적 상태마저 뇌가 하는 일로 간주한다. 그러나 그것은 틀렸다.

아이의 두뇌는 네댓 살이 될 때까지 충분히 발달하지 않는다. 오히려 아이들이 나의 '초의식적 상태'에 있기 때문에 나의 본질적인 특성이 그들에게 나타난다. 아이들이 건강하게 성장하는 건 나의 초의식적 상태가 잘 유지되는 덕분이다. 나의 이 상태가 온전히 보존된 아이는 확실하게 발달한다.

뇌의 역동적 상태와 마음의 초의식적 상태는 공존할 수 없다. 아이가 자라 두뇌가 발달하면, 나의 '초의식적 상태'는 기억에서 사라지고 아이는 '의식 상태'로 떨어진다. 한 번 더 분명히 해두자. 나와 뇌의 구별을 이해하지 못하면 마음에 쏟아 붓는 모든 노력은 아무 소용이 없다. 우리들(마음과 뇌)의 시스템과 작동 영역의 차이점을 확실하게 이해하지 못하거나, 우리가 분리된 별개의 존재라는 사실을 인식하지 못하면, 지금까지 내가 말한 모든 혜택을 부여잡지도, 인생을 기적적으로 바꾸지도 못한다. 그러므로 내가 이미 설명한 뇌와 나 사이의 차이점을 읽고 또 읽어 충분히 숙지할 필요가 있다. 반드시 그렇게 해야 한다.

자신에게 이런 질문을 해야 한다.

"마음의 초의식적 상태로 살아가는 아이들은 인생의 성공에 도달할 수 있는 특출한 능력을 지녔는데, 자라나면서 그 능력을 어떻게 잃어버리는가?"

그 이유는 뇌가 강화되기 때문이다. 아이의 뇌는 어떻게 강화되는가? 나에 대한 무지와 잘못된 가르침 때문이다. 그러니 인생에서 발전과 진보의 길로 들어서려면 우선 '아이 같은' 마음 상태를 되찾도록 노력하라. 마음의 '초의식적 상태'의 특성을 얻지 못하면 수많은 해결책을 시도한다 해도 행복과 성공은 여전히 멀리 있다.

나의 작동 시스템과 관련된 잘못된 심리학적 처방들은 당신을 퇴보시켜 행복과 성공의 길에서 멀어지게 만든다. 당신은 '학습 해소'의 과정을 거쳐야만 하고, 마음의 초의식적 상태에서 사는 경험을 한 번 더 해야 한다. 일단 이 상태를 회복하고 나면, 다음 코스는 완전히 또 다른 주제이다. 지금 당장 그에 관한 이야기는 하지 않겠다. 지금까지 나는 당신이 '초의식적 상태'에 들어가 살 수 있는 방법을 간단히 설명했다.

정리하자. 내가 당신에게 진정으로 바라는 것은 이것이다. 아이들을 방해하거나 시험하지 말 것! 모든 가족 구성원, 교사, 사회 및 종교 지도자들이여, 제발 아이들을 마음의 초의식적 상태 너머로 인도하는 방법을 이해하고 배우라!

만약 이에 대해 무지하여 여전히 아이들에게 당신이 제시한 길을 가도록 강요한다면, 당신이 하는 일은 모두 허사로 돌아갈 것이다. 당신은 그들을 잘못 인도할 뿐이다. 아이로 하여금 소중한 마음의 '초의식적 상태'를 잃어버리게 하거나, 나의 '의식 상태'에서 살도록 강요하는 충고와 교훈을 버려라! 슬픔, 걱정, 혼란, 불행, 그리고 불안은 모두 나의 의식적 마음 상태의 본질적 특성들이니 말이다. 정말 가여운 일은, 무지한 사람들이 다른 사람들에게 떠넘긴 부당한 의무 탓에 오늘날 인류가 이런 절박한 상황에 처했다는 사실이다.

행복과 성공의 크기와 무관하게 인생이 즐겁고 성공한 사람들은 모두 어린 시절 초의식적 마음 상태의 특성들을 유지하거나, 성장 과정에서 부모님이나 선생님이나 누군가가 그 특성들을 유지하도록 도와준 덕분이다. 행복하고 성공한 사람들을 모두 찾아 목록을 만든다면, 당신은 그들이 완전히 성장한 후에도 초의식적 마음 상태가 여전히 활발한 사람이라는 것을 발견하게 될 것이다. 그들 중 많은 이들은 확실하게 자신의 지능과 이해력 덕분에 초의식적 마음 상태를 유지한다. 잠시 잃어버렸을 수는 있지만 말이다.

궁극적으로 집중, 자기 확신, 열정과 같은 그들의 초의식적 마음 상태가 그들을 성공의 정점으로 끌어올렸다. 그래서 나의 소박한 요구는 아이들이 그들의 초의식적 마음 상태를 유지하거나 뛰어넘을 수 있는 가르침을 주라는 것이다. 경험을 통해 아이들 마음이 지닌 무한한 능력들이 피어나고, 그와 더불어 뇌의 발달이 촉진되도록 허용해 주라는 것이다. 그 방법을 모른다면, 최소한 아이들에게 그들이 원하는 요구에 반하는 일을 강요하거나 그들의 삶에 특정한 무언가를 강요하지 말라.

당신에게 밝힐 가장 중요한 비밀은 이것이다. 당신이 인생의 진정한 의미를 파악했다면, 인생 전반이 바로 나를 중심으로 하여 펼쳐진다는 것을 알아차릴 것이다.

나의 복잡성과 나의 힘, 이 두 가지는 엄청나게 광범위하다.

이야기의 범위를 초의식적 마음 상태를 달성하는 데에 한정했지만, 이것은 내가 지닌 잠재력의 십분의 일노 안 된다. 당신이 툭! 하고 내게 신호만 보내면, 나는 이 엄청난 힘들을 당신에게 가득 안겨줄 것이다. 그러면 당신은 자기 인생의 주인이 될 뿐 아니라, 다른 사람들에게도 자신들 인생의 주인이 되게 해줄 수 있다. 이것이 나의 베일을 벗기는 첫 번째 시도이다.

서둘지 말고 한 걸음 한 걸음 나아가라. 머지 않아 당신의 손을 잡아 당신을 나의 초의식적 상태 너머의 여정으로 이끌 것을 약속한다. 나의 이야기를 끝까지 들어준 당신에게 희망과 감사의 인사를 전한다!